基督教文化研究丛书

主编 何光沪 高师宁

六编 第 2 册

近代温州基督教史（上）

陈丰盛 著

花木兰文化事业有限公司

国家图书馆出版品预行编目资料

近代温州基督教史（上）／陈丰盛 著 —— 初版 —— 新北市：花木兰文化事业有限公司，2020〔民 109〕

序 14+ 目 8+248 面；19×26 公分

（基督教文化研究丛书 六编 第 2 册）

ISBN 978-986-518-078-2（精装）

1. 基督教史

240.8   109000615

ISBN-978-986-518-078-2

9 789865 180782

基督教文化研究丛书

六编 第二册   ISBN：978-986-518-078-2

近代温州基督教史（上）

作　　者　陈丰盛
主　　编　何光沪 高师宁
执行主编　张　欣
企　　划　北京师范大学基督教文艺研究中心
总 编 辑　杜洁祥
副总编辑　杨嘉乐
编　　辑　许郁翎、张雅淋　美术编辑 陈逸婷
出　　版　花木兰文化事业有限公司
发 行 人　高小娟
联络地址　台湾 235 新北市中和区中安街七二号十三楼
　　　　　电话：02-2923-1455 ／ 传真：02-2923-1452
网　　址　http://www.huamulan.tw 信箱 hml 810518@gmail.com
印　　刷　普罗文化出版广告事业
初　　版　2020 年 3 月
全书字数　405459 字
定　　价　六编 8 册（精装）台币 20,000 元

近代温州基督教史（上）

陈丰盛 著

作者简介

　　陈丰盛，牧师，先后毕业于华东神学院（2003）、伯特利神学院（2005）、建道神学院（2012、2018），获神学学士、教牧学硕士、神学硕士。现任杭州市基督教会思澄堂牧师、建道神学院哲学博士研究生、建道神学院基督教与中国文化研究中心义务助理研究员。

　　从2002年开始从事温州基督教史研究，2012年5月开始参与《浙江通志·宗教卷》编撰工作及浙江基督教史研究。2013年1月由中国基督教两会出版《诗化人生——刘廷芳博士生平逸事》，2017年9月由香港方舟机构出版《温州基督教编年史》。先后在《金陵神学志》、《天风》、《华东神苑》、《浙江神学志》、《教材》、《当代宗教研究》、《瓯风》、《世纪》等刊物发表文章及论文近百篇。

提　　要

　　温州基督教，被誉为"中国的耶路撒冷"，与基督教在温州的发展中信徒之众、教堂之多离不开关系。自1867年中国内地会传入至今，超过150年的历史，外国差会的开拓，教案的暴发，自立运动的发起，本土教派的争端，均与中国基督教的发展有密切联系。

　　本书作者自2002年开始搜集史料，至今已逾17年之久。来往于海内外，穿梭于各大图书馆、档案室，借一手史料还原百多年前教会发展的概况。期间，编撰出版《温州基督教编年史》（2017年，香港方舟机构）一部，将史实抄录其中，望给予学者提供详实史料，免重复翻爬、查找、抄录。作者不想将本书写成学术专著，而是以普罗大众作为写作的对象，给读者呈现通俗易懂的温州教会发展故事。作者对于各差会宗派、历史人物与特殊事件的追溯不加个人评论，惟尽量让史料说话，求客观叙述史实。

　　本书追溯1949年前的温州基督教，洋洋洒洒42万字（含注脚），先后详细追溯中国内地会、循道公会、中国耶稣教自立会（平阳、温州分会）、温州中华基督教自立会、温州基督徒聚会处、基督复临安息日会浙南区会的历史，且初步探索真耶稣教会在温州的始末。

　　作者视本书为《温州基督教史》的"上卷"，"下卷"（1949年后）则仍在持续研究之中。作者愿以本书为引玉之砖，为温州基督教研究提供史料基础，为学者进深研究的垫脚之石。

"基督教文化研究丛书"总序

何光沪　高师宁

　　基督教产生两千年来，对西方文化以至世界文化产生了广泛深远的影响——包括政治、社会、家庭在内的人生所有方面，包括文学、史学、哲学在内的所有人文学科，包括人类学、社会学、经济学在内的所有社会科学，包括音乐、美术、建筑在内的所有艺术门类……最宽广意义上的"文化"的一切领域，概莫能外。

　　一般公认，从基督教成为国教或从加洛林文艺复兴开始，直到启蒙运动或工业革命为止，欧洲的文化是彻头彻尾、彻里彻外地基督教化的，所以它被称为"基督教文化"，正如中东、南亚和东亚的文化被分别称为"伊斯兰文化"、"印度教文化"和"儒教文化"一样——当然，这些说法细究之下也有问题，例如这些文化的兴衰期限、外来因素和内部多元性等等，或许需要重估。但是，现代学者更应注意到的是，欧洲之外所有人类的生活方式，即文化，都与基督教的传入和影响，发生了或多或少、或深或浅、或直接或间接，或片面或全面的关系或联系，甚至因它而或急或缓、或大或小、或表面或深刻地发生了转变或转型。

　　考虑到这些，现代学术的所谓"基督教文化"研究，就不会限于对"基督教化的"或"基督教性质的"文化的研究，而还要研究全世界各时期各种文化或文化形式与基督教的关系了。这当然是一个多姿多彩的、引人入胜的、万花筒似的研究领域。而且，它也必然需要多种多样的角度和多学科的方法。

　　在中国，远自唐初景教传入，便有了文辞古奥的"大秦景教流行中国碑颂并序"，以及值得研究的"敦煌景教文献"；元朝的"也里可温"问题，催生了民国初期陈垣等人的史学杰作；明末清初的耶稣会士与儒生的交往对话，带来了中西文化交流的丰硕成果；十九世纪初开始的新教传教和文化活动，更造成了中国社会、政治、文化、教育诸方面、全方位、至今不息的千古巨变……所有这些，为中国（和外国）学者进行上述意义的"基督教文化研究"提供了极其丰富、取之不竭的主题和材料。而这种研究，又必定会对中国在各方面的发展，提供重大的参考价值。

就中国大陆而言，这种研究自 1949 年基本中断，至 1980 年代开始复苏。也许因为积压愈久，爆发愈烈，封闭越久，兴致越高，所以到 1990 年代，以其学者在学术界所占比重之小，资源之匮乏、条件之艰难而言，这一研究的成长之快、成果之多、影响之大、领域之广，堪称奇迹。

然而，作为所谓条件艰难之一例，但却是关键的一例，即发表和出版不易的结果，大量的研究成果，经作者辛苦劳作完成之后，却被束之高阁，与读者不得相见。这是令作者抱恨终天、令读者扼腕叹息的事情，当然也是汉语学界以及中国和华语世界的巨大损失！再举一个意义不小的例子来说，由于出版限制而成果难见天日，一些博士研究生由于在答辩前无法满足学校要求出版的规定而毕业受阻，一些年轻教师由于同样原因而晋升无路，最后的结果是有关学术界因为这些新生力量的改行转业，后继乏人而蒙受损失！

因此，借着花木兰出版社甘为学术奉献的牺牲精神，我们现在推出这套采用多学科方法研究此一主题的"基督教文化研究丛书"，不但是要尽力把这个世界最大宗教对人类文化的巨大影响以及二者关联的方方面面呈现给读者，把中国学者在这些方面研究成果的参考价值贡献给读者，更是要尽力把世纪之交几十年中淹没无闻的学者著作，尤其是年轻世代的学者著作对汉语学术此一领域的贡献展现出来，让世人从这些被发掘出来的矿石之中，得以欣赏它们放射的多彩光辉！

2015 年 2 月 25 日
于香港道风山

高 序

高师宁

2016 年 10 月，我为名叫舍禾的一个温州年轻人的书《当代温州基督教研究》写了序。时隔三年整，又有一个温州人陈丰盛请我为其《近代温州基督教史（1867～1949）》一书写序。这不由得使我大大地感叹：温州真不愧是中国的耶路撒冷，它那丰富多彩的基督教素材，已经让不少研究者神往、驻足，还在不断地吸引他们去广探、深挖。

温州是中国的耶路撒冷，我想这不仅是指在温州这片土地上的基督徒最多，教堂最多，教会形态多样、活动多彩，政教关系复杂微妙，温州基督徒在世界许多地方宣教与值堂的成果丰硕，而且也是指温州基督教的历史悠久，传教士的足迹遍布，基督教传统深厚，等等。陈丰盛的《近代温州基督教史（1867～1949）》正是对这一段时期温州基督教的广探、深挖。

温州最早的基督教痕迹可以追溯到也里可温教，而明清时期天主教在温州的活动则有清晰明确的记载。陈书正是以此为引子，用大量的篇幅对从内地会、偕我会、到温州教会的自立运动，从最早的西方传教士到本土的众多牧师，从最初的建堂到教会的各类活动，在以时间为线索的大框架之内，无数的细条流淌出来，汇成巨大而多面的立体柱，把温州近百年基督教史疏理得清清楚楚、丰富多彩。这洋洋洒洒几十万字的力作需要研究者有求真求实的信心与执着，有扎实的历史考据功底，有长期的关注与积累，有巨大的热情与耐力。而陈丰盛都做到了。我认识的一位温州学者说，读了陈丰盛的书稿，不仅对此书提供的详实史料惊讶，更被作者的那种精神感动。我对此话开始不以为然，但读了一点后就有了同感。感谢、感恩我们有这样的作者，有这样的好书！

如果说舍禾的《当代温州基督教研究》是一部关于温州基督教的平面图，那陈丰盛的《近代温州基督教史》就是一部关于温州基督教的立体图。这两本一经一纬的著作，呈现了温州基督教的全景。温州学者对本土基督教的研究不仅表明了区域性研究的重要性（尤其是对温州这个特殊地方的研究），也证明了本土学者对本土研究的优势。

作为读者，我期待着还有更多的像陈丰盛这样广而深的区域性研究成果问世。

高师宁

2019 年 10 月 31 日

于北京

梁　序

基督教在温州地区的发展，可说是个特例。

这里被称为中国的耶路撒冷。一个地理位置略为偏远的浙江沿海小城市，竟然有人口比例最高的基督徒人数，其数额比好些基督教发展较差的省份的信徒总人数还多。并且，由于信徒中不少是从事小商品的制造和贸易的，他们为教会的发展提供了较比充裕的人力和财力支援，包括可以斥资建造宏伟的礼拜堂，推动多元化的事工，诸如数十间规模大小不一的神学院。随着温州商人的脚踪覆盖全中国乃至大半个地球，温州的植堂和宣教事工也拓展到全国和全球的各大城市。他们在欧洲好些地区的教会发展模式，被视为华人教会在欧洲拓植最为成功和健全的一种。还有，温州基督徒与外界接触频繁，眼界开阔心胸宽广，近数年间，他们引进了愈来愈多新的布道、植堂和宣教的形式，包括因应城市年轻人的品味和关怀而建立的新兴教会，这种与时俱变的灵活性，是诸如河南和安徽等以农村信徒为主的基督徒大省难以望其项背的。

好些人寻问这个特例是怎样造成的。上帝为何特别赐福这片土地和这个族群，让他们特别蒙受福音的好处？

随着人材辈起，有愈来愈多温州信徒刻意搜集、保存和撰述这个地区的教会历史，迄今已出版的在十种以上。这些努力，除了帮助复原过去的故事，鉴古知今外，也让我们得以从特例中寻找常规。

对温州教会的研究，让我们认识基督教如何在西国传教士的耕耘下，得以在中国的土壤里扎根成长；基督教如何在面对长期严酷的政治迫害中挺立，继续存活，继续发展；教会如何因时和因地制宜，建立适合其生态环境的传教路线和事工模式，俾使她在失去外在道统的拱卫和专业牧者的带领的情况下，仍没有断绝发展的生机；教会又怎样在政治夹缝中寻找空间，徘徊于合法与非法之间……。上述种种课题，都不会仅是温州独有的；从这个地区的经验中，我们可以总结出一些历史教训，订定行动所靠赖的假说，以便更有效地推进中国福音化的大业。

我们由衷盼望温州不仅是个特例，而是让我们窥知上帝在中华大地的全面作为的一扇窗户。

丰盛是一位出色的基督徒学者，从对历史的业余兴趣，逐渐成为扎实的史学研究者，一直用心搜集温州地区的教会史料，从翻爬文献档案到口述访问，并从编订大事年表入手，积累了数十万字的研究文稿。近数年间有幸在学术路上与他偕行，我可以见证他是个笃实、专注、认真、勤快的治学者，对真理和真相执着，对人情义兼具。虽然在他所处的环境，要长期从事历史研究一点也不容易，甚至可说是荆棘满途，处处险阻；但他既然满怀信心要坚持走下去，我便只能为他献上无限的祝祷，也祈愿海内外的有心人，为华人教会的这群秀异人才提供更多资源，使他们肩负的轭略为轻省，可以走更远的路。高师宁教授邀请丰盛将本书收入所编系列付梓，我的心有说不出的雀跃和感谢。

荣归上帝。

梁家麟

2019 年 6 月 11 日

王　序

一

今年六月下旬丰盛兄通过微信联系我，说有著作要出版，问可否写个序。我收到信息后迟疑一下未立即回复，此事令我略感意外。原因有三，其一，与丰盛兄素未谋面，尽管之前偶有微信互动，但只是泛泛之聊；其二，写序之事本应属于资深长者之事，我与丰盛兄属于平辈（我大他三岁），实有受宠之感；其三，也是稍有顾虑之处，因为彼此背景在某些中国基督教群体里属于"楚河汉界"，按通俗的说法，他出身"三自教会"，我属于"家庭教会"。这种背景说不复杂一点都不复杂，因为历史已形成，大家早已"各按其主"；可要说复杂那也的确有点，有时二者在某些地方某些时候还会"口诛笔伐"。而像丰盛兄与我这样既出身基督徒世家又分属不同背景的，事实上一出生就没有选择余地——属于被"泾渭分明"了。其实就我与丰盛兄而言，尽管目前彼此分居京杭，其实我们是老乡中的老乡，不仅都来自温州，而且同属一个县城，老家相距仅二十分钟车程。但或因"各为其主"，或因各忙其事，彼此始终没有机会相聚，其实彼此也根本没有任何纠葛，但由于背景的缘由，平生也只能屡屡插肩而过。因此论地理而言，我们是"天涯咫尺"，可论背景而言，我们则是"咫尺天涯"。

其实，就中国教会这两个群体而言，更多的因素源于百年来的复杂历史背景造成，即是 49 年后错综复杂的国际关系背景及政治风波影响教会后形成的分离状况。事实上教会内部之信仰形态和教理认信的差异并没有想象的那么大，众多的不同并不是内部的差异而是外部环境迫使和压力的结果，而且不少的对峙常为情绪和义气之争。当然，需要说明的是，笔者仍然坚定认同那些在逼迫环境尤其是文革岁月里坚持信仰并为此而身陷囹圄的忠仆们，他们对信仰的坚贞和持守是中国教会永远的精神遗产。无论我们身处什么样的背景和身份，历史无法抹灭也不应该忘却。但同时，就现实环境而言，具体的问题要具体分析和看待，面对具体的任何一个教会或任何一个个体，就不能简单以某一种背景去轻易下结论。因为任何教会和个人都身处在错综复杂的环境里，期间的千头万绪和参差错落都不是一黑一白能细数道尽。当然，就理想的角度来说，我们巴不得马上就变天，宗教信仰能彻底自由，乃至"中华归主"。但事实上很多想法都是人为的一厢情愿，因此，我们更需要按照上帝的美意，踏踏实实把手中的工作做好。历史总是提示我们，有时口号和武断既不能反映现实，也改变不了现实，只有实事求是的态度和兢兢业业的耕耘才能由点到面、由面到体，从而铸就更合乎上帝心意的局面。

其实真要论及信仰持守和忠诚的话题，有时也不一定是按我们人为的立场去界定。比如有些人面临的环境就会迫使他们必须要在体制内与体制外两个层面之间做抉择，这其中有人会选择在体制内做坚守，也有人会索性去体制外开拓事工。事实上这两种模式在《圣经》里都有一些依据，比如但以理就选择在体制内做坚守，以利亚就游离在体制外开展事工。而就一些一度影响整个国家的划时代属灵领袖而言，其身份也有分体制内和体制外，比如上帝曾使用尼希米借用波斯国王亚达薛西的御令回归耶路撒冷开启重建城墙的计划，而摩西则依靠上帝力量带领以色列民以"解放"的方式离开埃及。毫无疑问，这些先贤都体现出自己对上帝使命的持守和忠诚，因此，有时问题的关键不在于外在的身份和形式，而在于内心的坚守和虔诚。当然，如何在具体环境中做出决定和选择，那就需要个体在上帝面前领受更清晰的使命和美意。

二

丰盛兄这本书取名为《近代温州基督教史（1867-1949）》，显而易见是关乎近代以来直至49年的温州基督教历史。通常涉及温州的事，国人通常首先想到的便是改革开放后温州人独特的经商模式（即所谓"温州模式"），它反映了温州人在天然资源极度匮乏的情况下所体现的一条以家庭单位为起点，以小商品经济为主导，以乡镇企业为特色的经营模式。基于温州人敢于冒险、勇于拼搏的创业精神，其也一度被坊间誉为"中国的犹太人"。据 2016 年世界温州人大会的统计，温州人大约为 1000 万，其中外出温州经商的温州人已达 243 万（175 万在全国各地，68 万在世界各地）。他们在外共建有 760 余个温州商会或侨团，其中分布在国内有 280 个温州商会，遍布世界各地的温州侨团则有 480 个。事实上与温州有关的还有另外一个绰号，这便是通常被海内外基督教群体描述为"中国的耶路撒冷"的称号，其意表明温州为中国基督教发展最为迅速的地区之一。如果以通常所说的百分之十五的比率来概括的话，那 1000 万左右的温州人中就有近 150 万基督徒，很显然这是一个很吃惊的比率。

有关温州人在经商方面的介绍和专著并不罕见，但涉及温州基督教发展状况尤其是其历史发展脉络的著作，目前来说还所见不多。其原因可能有多方面，或是由于投入这方面研究的当地人还不多，也或者是地方性基督教题材的收集和研究工作本就不太容易或不太方便。当这次得知丰盛兄厚积薄发准备要出《近代温州基督教史》，心里顿时感到欣喜和欣慰。说心里话首先是感佩，因为初步翻看后立马感觉到作者的细心和用功，单看目录就觉得"功力十足"。其实之前丰盛兄的《温州基督教编年史》已让我感觉到其在文献史料收集方面的专心致志。在翻看《近代温州基督教史》的过程中，有多处让我过目不忘，比如过去有人提起温州内地会先驱蔡文才牧师时，通常只是短短几十字的只言片语，但作者通过《戴德生与玛利亚》、《戴德生传》、《戴氏遗范》、《二十六年：曹雅直夫妇温州宣教回忆录》、《万国公报》、《晚清温州纪事》等著作的梳理，竟能较清晰地串联起该人物的各段生平篇幅，足见作者的良苦用心。此外，通常来说提到早期温州传教士故国时大多想到的是英国（如曹雅直、苏慧廉等），而作者却能通过史料分析花大篇幅论述早期源自美国的传教士，比如通过多方文献和专著系统论述了"美北浸礼会来浙江的第一人"玛高温博士来温工作于海关的事迹。其中提到玛氏丰富的生平阅历及所写的《博物通书》、《日食图说》、《航海金针》、《医业传教事业宣言》、《中国的行会》等专著时印象尤为深刻，这些梳理不仅拓宽了我们对早期温州传教士来源国的认识，同时也让后人更深入了解了早期在温传教士的人生阅历和知识结构。尤其值得一提的是对于温州内地会原总堂——花园巷堂是否重建过的问题，作者也进行了专门和细心的论证，其共采用四处原始文献资料佐证了该堂已重建过的事实，这几乎是首次以较充分的第一手资料明确了该堂属于被毁重建的历史事实。而关于该堂是否为温州第一所内地会耶稣堂的说法，作者也以确凿的史料给予了否定，指出事实上五马街教堂才是内地会在温的首座教堂。

此外，大家对于早期温州基督教史的关注多会留意外国传教士，这的确没错，因为大部分福音事业的确是西方传教士奠基的，但丰盛兄书中对早期温州本地基督徒的描述却让人眼前一亮，不仅提及的几位人物之前少有人知晓，还把几位都写活了。比如其提到温州本地第一位基督徒鲍新进传福音的事迹时，仿佛挖掘到了 150 年来温州基督徒所固有的特点——不屈不挠的布道精神、热情洋溢的传道态度。作者通过文献资料展示了1877 年鲍新进受洗后便"疯狂"传福音的事迹尤其令人印象深刻。当时以挑柴卖柴为业的鲍新进时常是挨家挨户传福音，从不知疲倦，尽管期间因为做事缺乏章法和规矩其一度被差会停工处理，但经过数年反省后却重新得力，之后不仅没有灰心气馁，还立志完全放下职业全心投入布道事业。因着他火热的布道心志，其也被誉为"福音向不同地区传播的管道"。当笔者得知第一位温州基督徒原来是这样一种特质时，不禁感叹和钦佩前辈们的火热心志，仿佛找到了百多年来温州教会和基督徒火热传道的信仰根源，甚至觉得百年来温州教会的信仰脉搏里事实上都流淌着这些早期先辈们的属灵血液。通过第一位温州基督徒的故事，我们仿佛能感受到上帝所说的"我的能力在人的软弱上显得完全"（哥林多后书 12：9）之经文的精义所在。如果我们再留意这第一位温州基督徒的故事的话，上帝的话语真的就是实实在在印证在他身上。按书中的记载，近代中国教会上帝所重用的仆人刘廷芳就跟鲍新进有关，因为刘廷芳的祖母刘夫人就是在鲍新进手下信主的。当年刘夫人家庭遇到了一连串不幸的事件，起先因为夫家吸食鸦片不仅导致家道衰落还负债累累，令人唏嘘的是之后丈夫又突遭不幸中年去世，显然刘夫人悲痛之心难以言喻。但鲍新进带着基督之爱却极为同情其遭遇，不仅在关心之余时常向她传福音，甚至把自己尊贵的新约圣经赠予她。因着鲍新进的热情关照和火热布道，刘夫人终于下决心归信基督。皈依后其整个人像变了样一样，充满喜乐，不再忧愁。

作者在著作后的附录也解决了我一直想系统了解的话题——温州勉励会，因为自己属于第四代基督徒（高祖父在清末民初年间归信），因此自小开始父辈们就时常会提起 49 年前温州不同教会背景的故事，比如内地会、自立会、循道会、勉励会，其中就时常听到勉励会的信仰见证，因此一直以来就有兴趣想探个究竟。当翻看到作者附录里的这篇详细介绍后，终于得以全面了解该会的来龙去脉和信仰特征。其中的一个片段更是让我过目不忘，就是作者提到刘廷芳与司徒雷登相识就是跟勉励会有关，即二人是通过1909年召开的中国勉励大合会相识。会议期间二人一见如故，其时司徒雷登问刘廷芳人生志向为何，并询问他是否有心志离乡赴美留学，刘廷芳当时并未直接答复，只是说先许祈祷由主安排。由于司徒雷登爱慕贤才又急欲求得，于是在别后不久便写信邀请刘廷芳前往圣约翰大学求学，以备为赴美求学做准备。

初步翻看完丰盛兄的这本专著，使我大体留下三个方面的印象，其一是涉及面广，作者几乎把近代以来涉及温州的重要或不重要的相关议题都做了严谨的论述和考证，不管是广为人知的团体如内地会、循道会、勉励会、自立会及代表人物如曹雅直、苏慧廉、刘廷芳，还是稀为人知的本地基督徒如鲍新进、梁士元、孙世元等，乃至不同国籍的在温传教士如玛高温、偕我会首任传道人金先生等，作者都分别作了专门论述。其二是史料量足，这一点可以从其已出版的《温州基督教编年史》可见一斑，治史尤以史料为首，作者此等功夫无疑独有千秋。其三是论述力强，尽管作者强于史料的收集和整理，但对于相关争议或疑难问题，也清晰明确并有理有据下过系列结论，比如关于花园巷堂重建问题、永嘉最早教会之偕我会教会的界定问题、温州教会崇拜仪式的简介问题等。

心里话，阅读丰盛兄的这本专著就我而言不仅是系统了解温州基督教的历史，更是在串联自小开始的那些片段记忆，因为书中不少的故事我或多或少已从前辈们的口中略知一二，如今能从这本专著里获悉这么多系统性、全面性的"干货"，心里的欣喜或欣慰之感溢于言表。无论涉及研究话题的广度、深度还是高度，目前为止本书实为温州基督教史研究的里程碑之作，就我对家乡温州基督教史研究之状况的了解而言，丰盛兄实为研究温州基督教史第一人。

王文锋博士

牛津共识召集人

2019年纪念和合本《圣经》百周年抄经计划发起人

2019年8月5日

自序：为什么需要多一本《温州教会史》？

为什么需要多一本《温州教会史》？相信是许多拿起这本书的读者想要问的问题。当笔者与高师宁教授联系，申请将拙稿加入她所主编的丛书中时，她的第一个反应也是"舍禾已经出了一本《温州基督教史》，你这本有什么特别的？"这当然一度成为我的困扰，因为在 2015 年，书稿已经成形，《温州基督教编年史》正在方舟机构排版准备出版的同时，我就已经为拙稿寻找出版的机会。然而，舍禾弟兄的《中国的耶路撒冷：温州基督教历史》率先在台湾宇宙光出版，使我有意将书稿闲置、埋藏。但恩师梁家麟院长的一句话提醒了我："对于温州教会的研究，三本书够吗？被称为'中国的耶路撒冷'的温州教会，七、八本，甚至十几本不同角度的研究都不算多。"

在舍禾之前，温州教会的通史类著作已有两本，分别是莫法有的《温州基督教史》（1998 年，建道神学院）和支华欣的《温州基督教》（2000 年，浙江省基督教协会）。莫法有的书虽早于支华欣出版，但支华欣可算为温州教会史研究的"开山者"，早在 20 世纪 80 年代末就已经受温州基督教"两会"的授意搜集史料，并于 1994 年编辑出版《浙江省宗教志：资料汇编（二）》，为温州基督教史的最初成果。无奈支氏并非历史学专家，史料也限于二手资料，著作无法全面涵盖全貌，笔者对其做口述史访谈时坦言期待后起之秀能在其基础上做更好的研究。

　　笔者于 2002 年底开始从事相关史料的搜集，起因就是发现两位学者在史料方面的严重缺乏，希望多方寻找原始资料，以助呈现全貌。到 2007 年，笔者将搜集到的史料，开始用编年的方式抄录、整理，设想身为教牧，可能无法专心且深入研究，为帮助更多学者免去在图书馆、档案馆（室）翻查、抄录史料的辛苦，编辑《温州基督教编年史》作为研究者共享的资源，计划在福音入温州 150 周年（2017 年）时，作为献礼。期间，因顺便搜集温籍神学家刘廷芳博士的史料，于 2013 年完成《诗化人生——刘廷芳博士生平逸事》，在中国基督教两会出版。

　　阅读舍禾弟兄的著作，其研究的执着、宽广的视野值得敬佩。阅读过程中，读者必能看到拙稿的限制和缺点。但笔者在开始着笔时，就没有想到写出另一本学术的著作，反而初以《温州教会历史小品》来命名，每篇文章都争取不超过 2000 字，且尽量以简练的语句描述枯燥的历史，以助读者轻松通读。因此，拙稿对于温州城市的历史、各时期的社会背景等均没有详细的涉及，甚至几乎没有触及，在这方面舍禾所下的工夫可以想见。同时，拙稿停留在 1949 年（仅"附录"中稍有涉及 1949 年之后的历史），并不只出于"安全"的考虑，而是认为后面 70 年的历史需要狠下苦功。笔者认为，被誉为"中国的耶路撒冷"的温州教会，1949 年前的历史只是一个铺垫，其后的 70 年则是需要分期立项深入研究的，也正是笔者接下来所要努力的。

　　拙稿洋洋洒洒 40 多万字，除对两个传统的差会——中国内地会、循道公会——作详细的追溯之外，还对平阳中国耶稣教自立会、温州中国耶稣教自立会、温州中华基督教自立会、温州基督徒聚会处、基督复临安息日会浙南区会都有详细地追溯，且对真耶稣教会在温州的活动有初步的探索。这可以说是弥补舍禾巨著之缺，帮助读者鸟瞰全貌。

　　本书的写作虽仅五年，但史料搜集却要追溯至 2002 年。在整个过程中，笔者得到许多单位与个人的帮助，包括许多师友、牧者、学者。在此仅举例并致谢：王忠森、朱晓红、尤虔诚、郑大同、邢福增、刘义章、沈迦、苏德慈、吴圣理、吴旭东、冯耀荣、陈桂照、刘荣黔、傅聚文。

　　为本书的出版还要特别感谢导师梁家麟院长，鼓励出版拙稿并赐序；感谢游斌教授的推荐，才得出版的机会；感谢高师宁教授接纳、允准在系列丛书中出版并赐序；感谢王文锋博士作为温州籍同工代表赐序；感谢杨嘉乐女士为编辑排版付出努力。

最后，要感谢家人一直以来的支持，父母、兄姊及家人，还有妻子、女儿，都成为我的支持系统。在我进入人生低谷时，他们无条件的接纳，给我极大的力量。当然，这一切的爱，都源自天父的恩典！

陈丰盛

杭州思澄堂

2019 年 6 月 30 日

绪论　基督教早期在温州的活动

温州，地处浙江东南地带，被称为"国家历史文化名城"，有"东南山水甲天下"之美誉的城市，从公元 323 年建郡，至唐朝（公元 675 年）称为温州，至今已近 2000 年历史。借改革开放的"春风"，温州人以其敢闯、敢为、吃苦、耐劳的精神，在世界各地经商，遂得"东方犹太人"的美称。

基督教传入温州可追溯至元代，称为"也里可温教"，经明清时期天主教在温州活动，最终于 1867 年基督新教传入温州，并在此扎根，成为中国基督新教信徒最密集的城市，亦得"中国的耶路撒冷"的称号。

第一节　也里可温在温州

基督宗教最早传入温州当属"也里可温教"[1]。不过，未有一段记载可以明确也里可温在温州最初传教的具体年份。由于资料所限，本文就仅有的资料探索早期也里可温在温州的时间上限及所建教会的规模。

浙江通志馆于 1948 年主持编修、由余绍宋等纂的《重修浙江通志稿》第102 卷中记载："元至元十二年（公元 1275 年），教徒马薛里吉思偕赛典赤至闽浙造舍里八，义大利教士马可波罗亦于是时至浙，是为耶教至浙之始，未几温州设有基督教掌权衙门。"[2]该段文字首先显示，温州的"也里可温"由谁

---

1 也里可温教，泛指元朝传入中国的基督教，包括再度进入中国内地的景教和当时传入中国的天主教。又因二者都崇敬十字架，又被称为"十字教"，教堂被称为"十字寺"，蒙古语"也里可温"原意为"有福缘的人"，本为对教士、司铎的尊称。摘自文庸、乐峰、王继武主编：《基督教词典（修订版）》，北京：商务印书馆，2008年 3 月，第 559 页。

2 浙江通志馆修，余绍宋等纂：《重修浙江通志稿》，第 102 卷，1948 年，第 44 页。

建立，至今未能确定，而能明确的是也里可温于 1275 年之后在温州传教并建立教会。

另一段重要的文字记载在《元典章》第 33 卷，其中记载元成宗大德八年（1304 年）江浙行省准中书省关于江南诸路道教徒控诉温州"也里可温"咨文，可使我们概观温州"也里可温"的规模及与民教之冲突。其文云："大德八年、江浙行省准中书省咨，礼部呈奉省判集贤院呈，江南诸路道教所呈：温州路有也里可温，创立掌教司衙门，招收民户，充本教户计，及行将法箓先生诱化，侵夺管领，及于祝圣处祈祷去处，必欲班列于先生之上，动致争竞，将先生人等殴打，深为不便，申讬转呈上司禁约事，得此。照得江南自前至今，止有僧道二教，各令管领，别无也里可温教门。近年以来，因随路有一等规避差役之人，投充本教户计，遂于各处再设衙门，又将道教法箓先生侵夺管领，实为不应，呈乞照验，得此，奉都堂钧旨，送礼部照拟，议得即目随朝庆贺班次，和尚先生祝赞之后，方至也里可温人等。拟合依例照会外，据擅自招收户计，并挼管法箓先生事理，移咨本道行省，严加禁治，相应具呈照详，得此，都省咨请照验，依上禁治施行外，行移合属并僧录司也里可温掌教司，依上施行。"[3]

首先，可见也里可温在温州的活动在不到 30 年的时间内已获得极大的成功。如文中提出"照得江南自前至今，止有僧道二教，各令管领，别无也里可温教门。"因此，也里可温在温州不久，但在短时间内已建立有规模的"掌教司衙门"。著名历史学家罗香林[4]在其著作《唐元二代之景教》对温州也里可温教的发展作了如下解释："惟元时浙江之景教重心，则似在温州，而非在杭州。……所谓'创立掌教司衙门'者，必为主教驻节之所。温州为元时对外通商七港之一，蕃客荟萃之所，意景教乃于其地设置主教，为管理中心也。道教原呈所争之点，或不在朝贺班次之先后与也里可温之获免差役，

---

3 参罗香林：《唐元二代之景教》，香港中国学社出版，1966 年 7 月，第 181-182 页；陈援庵（陈垣）：《元也里可温考》，台北：九思出版社，1977 年 8 月 1 日，第 17 页。

4 罗香林（1906-1978），字元一，号乙堂，广东兴宁宁新镇水楼村人。著名历史学家、客家研究开拓者。早年毕业于清华大学历史系，师从梁启超、王国维等著名学者。历任中山大学、香港大学、珠海书院教授，获香港大学终身名誉教授衔。他学识渊博，治学严谨，生平著书 41 种，发表学术论文近 300 篇。其主要著作有：《中国族谱研究》、《中国民族史》、《中国通史》、《唐元二代之景教》等。

而实以法篆先生之被诱化，有以摇动道教根本也。此亦可知元时浙江景教之发展矣。"[5]

　　罗香林的描述由于温州"对外通商七港之一"的独特地位，也里可温在温州的发展规模比杭州更加庞大，成为"元时浙江之景教重心"，甚至成为主教驻节之地。天主教方豪神父[6]在其著作《中西交通史（三）》中解释说："前言温州路创立掌教司衙门事，其材料存于元典章卷三三，乃礼部据集贤院呈，转呈中书省，又由中书省咨江浙省者。集贤院乃掌管道教之机关，盖因也里可温新立教堂，招收教徒，且有'将法篆先生诱化，侵夺管领；及于祝圣处、祈祷去处，必欲班立于先生之上，动致争竞，将先生人等殴打，深为不便'。此也里可温与道教之争，而其史料赖道教之控告以存也；道教控诉之第一点为法篆先生被诱化，足见道教对也里可温恐惧；朝贺班次，礼部本定也里可温在和尚、先生（道士）之后，不过以其为新来宗教耳，本无所谓荣辱也；然此新来之教竟欲驾先生之上（未闻与和尚争），则其势至少已可与道教抗衡矣。至谓被殴，则片面之词；原呈又谓也里可温教徒，多为规避差役者，此语尤为无根，盖元代各教皆免差役也。"[7]

　　另外，莫法有在其《温州基督教史》中提出也里可温在温州市区有四个"十字寺"，即东门天宁寺（今解放军118医院院址）、南门花柳堂、西门庆云寺（现称上门）和小南门永宁门外靠城池处。然而，我们目前尚无任何遗物和其它文字资料实证此四"十字寺"的具体位置。

5　罗香林：《唐元二代之景教》，第181-182页。
6　方豪神父（1910-1980），字杰人，笔名芳庐、绝尘、圣老，余杭人。出生于基督教圣公会家庭。1921年随全家皈依天主教，并入杭州神学院预备学校攻读国学、拉丁文、宗教等。1929-1934年入宁波圣保禄神哲学院攻读哲学。1935年晋铎。抗日战争爆发后，辗转到达云南，在昆明复刊天津益世报社任总主编及副社长。后又在遵义浙江大学迁校和重庆复旦大学任教。1946-1948年，应田耕莘枢机主教之请，在北京上智编译馆主编各种刊物，又在辅仁大学任教。20世纪50年代以后在台湾大学任教。曾任台湾"教育部"学术审议委员会委员、"考试院"典试委员、"中华战略学术委员"，连任三届台湾"中国历史学会"理事长、政治大学文理学院院长。先后参加德、法、意、澳、日等国举办的国际学术会议。1969年选为台"中央研究院"院士和评议员。1975年7月，天主教教皇保罗六世授予名誉主教加"蒙席"衔。1980年12月20日病逝台北。著作有《中西交通史》、《宋史》、《李之藻研究》、《方豪文录》、《方豪六十自定稿》、《方豪六十至六十四年自选待定稿》、《中国天主教史人物传》等。
7　方豪：《中西交通史（三）》，华冈出版有限公司出版，1977年12月，第102页。

第二节　明清时期天主教在温州的活动

天主教传入温州的具体年份已无从考证，据西班牙多明我会若望·弗朗多在《多明我会在菲律宾、日本、中国的传教史》的记载，可以窥探当时传教士路经温州时留下了福音的种子："明崇祯十年（1637），西班牙籍多明我会传教士黎玉范（J.Bapc.Morales, 1597-1644）及其会友德·方济（Francisco Diaz）以偷渡入境传教，由福安经浙江押解南京。不久，弛禁而返，途经温州、瑞安、平阳，及至浙闽边界。但闻知闽北教禁仍严，他俩乃折回瑞安。在官府宽容下，随遇而安，手执十字圣架，身穿修会制服，出入大街小巷，传道宣教，劝人改恶从善，弃邪归正；或与文人学士谈经辩道，阐述人生真谛。只因语多抨击中国敬孔祭祖之古礼，反对设立灵牌香盏，激起听众（特别是佛门弟子）的愤恨，告于当地官府，黎等被官兵捕送到温州府，又由温州府递解福宁（今福建宁德霞浦），后放逐广东香山，黎等夜逃澳门而去。"[8]

这段史实证明，黎玉范、德·方济在瑞安有传教行动。且因得到官府的宽容，在瑞安的传教一度畅通无阻。他们在瑞安的大街小巷传教，且与当地的文人学士有过信仰上的辩论。但由于他们在辩论中对中国传统敬孔、祭祖等有诸多的抨击，遂遭到以佛教为代表的民众反对，从而被官兵逮捕，后被放逐，从澳门逃离。

据《温州天主教简史》记载，天主教浙闽代牧区于1696年（清康熙三十五年）建立，可以肯定温州当时已经有天主教会。

《宁波教区简讯》记载，清康熙三十九年（1700）秋，法国耶稣会士马若瑟（Joseph H.M.Premare, 另译为朴勒玛、朴莱玛尔）[9]神父从江西秘密到温

8　莫法有：《温州基督教史》，香港：建道神学院基督教与中国文化研究中心，1998年7月，第10页。

9　马若瑟，号温古子，1666年7月17日生于法国，1683年8月16日入耶稣会，1698年11月4日来华，先在江西饶州传教，也曾去建昌、南昌、九江等地区传教。1724年雍正皇帝发动教难时，撤至广州，后于1733年转至澳门。最后于雍正十三年（1735年）卒于澳门。马若瑟为法国汉学家的先驱之一，曾与白晋、傅圣泽共同探讨《易经》、《春秋》、《老子》等古籍，以寻求与天主教教义类似的词句。其著作有《圣母净配圣若瑟传》、《六书析义》、《信经真解》、《杨淇园行迹》、《中国文范》、《在中国古籍中发现天主教主要信条的痕迹》、《书信集》等。参方豪：《中国天主教史人物传》，宗教文化出版社，2007年8月，第430-431页；（法）费赖之：《明清间在华耶稣会士列传（1552-1773）》，梅乘骐、梅乘骏译，天主教上海教区光启社，1997年11月，第611-627页。

州来访问视察，并进行传教活动。是年 11 月 1 日马氏从温州致函法国修会，该信主要汇报在温传教情况[10]，以及"叙述中国现状，人民生活艰苦，以及弃婴现象"。[11]方志刚主教记载："1700 年 11 月 1 日，朴莱玛尔（P.Premare）神父写了一封发自温州的信。1831 年巴黎出版的《益灵和趣性函牍》26 卷收集刊载此信时，却误把温州划归江西省所属，但这已足以证明朴神父确实在温州落过脚，证明在当年教禁森严的情况下，温州教会依然存在，传教士仍在隐蔽地活动，而他的落脚点很可能是以福建会馆为掩护栖身。"[12]

然而，随着礼仪之争愈演愈烈，导致原本天主教传教士内部的差会（耶稣会与多明我会）之间对于祀孔祭祖的矛盾演化为康熙皇帝与教皇之间的公开冲突，从而使得天主教在中国的传播严重受挫，从而发生逾百年的禁教。而浙闽代牧区于 1718 年被取消。[13]

---

10 莫法有：《温州基督教史》，第 10 页。

11 费赖之：《明清间在华耶稣会士列传（1552-1773）》，梅乘骐、梅乘骏译，天主教上海教区光启社，1997 年 11 月，第 624 页。

12 温州市政协文史资料委员会编：《温州文史资料（第 7 辑）》，1991 年 12 月，第 341 页。

13 《温州天主教简史》，天主教温州教区，2006 年 10 月初版，第 1 页。

第一篇　清末基督教在温州

第一章　中国内地会在温州

　　基督新教传入温州，最早属中国内地会英籍传教士曹雅直，受创始人戴德生[1]所差派，于 1867 年 11 月正式到达温州传教。由于他是一位身体残障的

1　戴德生（James Hudson Taylor，1832-1905），1832 年 5 月 21 日生于英国约克郡巴因斯力山区，曾祖父、祖父和父亲都是循道会的会友。他自小受父亲严格的宗教教育，父母在他未出生之前许愿将献上往中国作传教士。戴德生于 17 岁悔改重生，并受洗归入基督。于 1849-1853 年学医，并在伦敦最脏乱地区布道，学过信心生活。1853 年，戴氏受中华传道会差派来华，于翌年 3 月 1 日抵达上海传教。1856 年他曾与宾威廉（William C. Burns，1815-1868）牧师在汕头布道数月。这对他的内心，留下深刻的影响。同年回到上海，转往宁波工作，约有三年半。1857 年他脱离中华传道会。1858 年与戴耳牧师的女儿玛利亚结婚，因健康问题于 1860 年 7 月返英休息。夫妻二人在船上祈求主继续使用他们，并在留英期间，至少能得着五位传教士，愿意到宁波和浙江其他地方传教。不久有宓道生（Meadows）夫妇受派，于 1862 年 1 月 8 日启航，6 月 6 日宁波。1865 年 4 月 12 日又有江乔治（George Crombie），白土培（Stephen Barchet）两位启航，同年 7 月 24 日抵宁波。两周后又有施金娜小姐（Miss. Skinner）（后来嫁给江乔治）也启航前往。所以戴氏夫妇所祈求的 5 人，都蒙听允，来华传教。1865 年 6 月 27 日，戴氏正式创立"中国内地会"，并于 1866 年 5 月 26 日，以"中国内地会"名义派遣的第一批传教士"兰茂密尔团体"（Lammermuir Party）在伦敦启航。1867 年终，内地会的传教士已遍布在浙江境内的杭州、宁波、奉化、绍兴、台州、温州等地。1885 年之后，在戴德生的倡导下，内地会从一个超宗派的差会，变成为超国界的国际性差会。英国以外的基督徒，因内地会传教士的牺牲刻苦冒险传福音的精神，以及迅速的扩张，而大得鼓舞，闻风兴起响应，纷纷组织咨询会。1889 年，苏格兰咨询会（Scottish Auxiliary Council）、北美咨询会（North America Council）、澳大利亚咨询会（Australasian Council）相继成立。同时，有不同的差会加入内地会在华传教，受其指导，与其分工合作。其中进入浙江处州传教的有德华盟会（The German China

—9—

独脚人士，在温州的传教生涯显得尤其艰难。但因其坚强的毅力，与妻子曹明道携手在温州传教长达 20 年时间，开设医院，开办学校，广传福音，将基督信仰传至温州市区、永嘉、乐清、瑞安、平阳、泰顺等地。

特别令人动容的是，在戴德生愿意冒险差派这位独脚残障人士远赴中国传教时，有人问曹雅直："为什么是你？一个只有一只脚的人，想到中国去呢？"他说："因为我没有看到两只脚的人去，所以我必须得去。"在自述在温州传教两年的经历时，他毅然为温州付上全部，说："要是有人给我机会去选择自己今天的处境，我只能说'温州'，纵使我有能力去治理一个国家，我不愿改变。"因此，在 150 余年后的今天，所有温州基督徒必须纪念，也必须感恩的是：温州教会的基础是神借由一条腿的人建立起来的！

也值得一提的是这位客死在异国他乡（法国戛纳）的传教士，是在准备回温州传教的路上病发而亡的。也就是因为他奉献身心的见证，吸引了许多后继者（包括外国传教士和本地传道人）为温州这片土地而挥洒汗水、奉献青春，甚至倾倒生命。一个个普普通通的名字，如蔡文才、稻惟德、朱德盛、戴存爱、衡秉钧、夏时若、鲍新进、孙世元、梁士元、周殿卿、陈日铭、刘世魁等，都为温州基督教的发展留下了佳美的脚踪[2]。

第一节　曹雅直与温州内地会先驱

一、基督新教传入温州的年代考

温州教会历史研究的学者都一致承认，首位来温州传教的基督新教传教士是来自内地会的英国传教士曹雅直（George Stott）。[3]不过，在学者们的著作

Alliance Mission）。戴氏于 1905 年 6 月 3 日卒于长沙。内地会从 1865 年创立直到 1905 年戴德生去世，仅 40 年里，将福音传入中国十一省及蒙古，并传到满州、新疆、西藏东部、缅甸北部。汤清：《中国基督教百年史》，香港：道声出版社，1987 年，第 471-480 页。

2　取自《圣经·罗马书》10 章 15 节："报福音、传喜信的人，他们的脚踪何等佳美！"

3　有关温州教会历史研究及出版专著的有三人。第一位是原温州基督教协会牧师支华欣牧师（已于 2005 年 4 月 29 日去世），其著作《温州基督教》于 2000 年 5 月在浙江省基督教协会出版。第二位是现温州师范学院教授莫法有，其著作《温州基督教史》由香港建道神学院基督教与中国文化研究中心于 1998 年 7 月出版。第三位是温州师范学院客座研究员胡珠生，其著作《温州近代史》于 2000 年 9 月由辽宁人民出版社出版。

中，至今未能有统一定论的是曹雅直具体来温的时间。本文将分两部分来论述：先分析温州几位学者的记载，然后再根据权威性著作重新确定。

有关温州教会历史研究及出版专著的有三人，先是教会人士支华欣牧师，他于 2005 年 4 月 29 日逝世。另外就是温州师范学院教授莫法有和胡珠生先生。

教会人士支华欣牧师在不同时期的著作中有不同的记载。在 1994 年出版的《浙江省宗教志——资料汇编（二）》第五章"基督教"部分，支华欣记载"1866 年（清同治五年）10 月，英国传教士曹雅直来温州传教。"[4]2000 年出版的著作《温州基督教》中，则记载曹氏初次来温的时间是 1867 年（清同治六年）7 月[5]。前后相差九个月时间。明显他在不断地修改过程中。莫法有在其于 1998 年香港出版的著作《温州基督教史》中则认为是 1867 年 7 月（农历）[6]。胡珠生在其 2000 年出版的《温州近代史》则肯定地说是清同治五年九月（即 1866 年 10 月）[7]。

笔者于 2004 年 12 月对支华欣牧师作了两天的口述史采访。据介绍，支华欣牧师所著《温州基督教》基于三方面的资料，首先是解放初期（1951 年）温州市社会团体与宗教团体登记时的资料，其次是 1960 年代政府组织教牧人员撰写的控诉帝国主义的资料，最后则是 1980 年代各县教会撰写的教会史料。从这三方面的资料看来，支华欣牧师关于曹雅直来温的时间，最可能引自 1951 年的登记资料与 1960 年代的控诉资料。

从《温州市社会团体登记表》、《温州市宗教团体登记资料（1951 年）》中看到，有关中华基督教自治内地会温属总会的记录，都只有记载为"1867 年"，却没有记录月份。在高建国牧师所写的〈温州内地会百年记要〉、〈温州内地会办学校的前前后后〉与胡归耶牧师所写的〈温州内地会简史〉中，都记载曹雅直是于 1866 年（清同治五年）10 月从宁波来到温州传教。[8]可以肯定，这几份资料中的时间，正是支华欣牧师于 1994 出版的《浙江省宗教志——资料汇编（二）》第五章"基督教"部分的时间根据。也可以确认，胡珠生在其《温州近代史》一书中的时间正是引用了支华欣的著作。

4　浙江省宗教志编辑部，《浙江省宗教志——资料汇编（二）》，1994 年 3 月 15 日出版，第 237 页。

5　支华欣编著：《温州基督教》，浙江省基督教协会出版，2000 年 5 月，第 3 页。

6　莫法有：《温州基督教史》，第 52 页。

7　胡珠生：《温州近代史》，辽宁人民出版社，2000 年 9 月，第 106 页。

8　虽然几篇文章都没有记载具体写作时间，但同属于 1960 年代的控诉资料。

不过，支华欣于 2000 年出版的《温州基督教》中将时间修改为 1867 年（清同治六年）7 月，其时间根据哪里？笔者在温州基督教两会档案室找到的资料中，除了显示为"1867 年"之外，就是"1866 年 10 月"。我们可以猜测，支华欣会不会参考了莫法有教授的《温州基督教史》？是有可能的！因为莫氏的著作于 1998 年在香港出版，比支氏的著作早两年。笔者在 2007 年寻访莫氏时，他称自己已经不太记得细节。因此，我们无法考证莫氏的"1867 年 7 月"的出处。

从支华欣介绍的资料中，我们可以肯定支氏的资料几乎没有第一手资料。这也难怪，他对于曹雅直来温的具体时间未作明确的界定。在苏慧廉的《晚清温州纪事》（A Mission In China）一书中，提到温州的拓荒者是于 1867 年 11 月来到温州的。书中记载："当曹雅直和蔡文才于 1867 年 11 月到温州时，有一段时间住在当地客栈里，他们只是住在那里等待时机，并未介入重大的传道事务。他们花了好大气力租到了一间小屋后不久，愤怒的群众破门而入。凭着曹雅直先生的勇气与忍辱负重的精神他们才未被驱逐。"[9]

另外，更为确切的记载，应属曹雅直的师母曹明道在其《Twenty-six Years of Missionary Work in China》一书中的记载。"在此期间，曹雅直先生掌握了当地的方言，在靠近温州地区的宁波待了十八个月后便起身去温州并在 1867 年的 11 月抵达温州。曹雅植在温州的事工就这样开始了，但却缺少了期待的礼遇。三个月来，他跟曾陪同他去过台州的蔡文才先生（Mr. Jackson）一起住在一家旅馆里。当地人都很惧怕他们，没人愿意租房子给番人。一次次的谈判就在快达成协议时，租金都被退了回来，于是又得重新开始寻找房子。"[10]

二、曹雅直早年在温州

1865 年 8 月底，正值中华内地会创立之初（内地会于 1865 年 6 月 27 日创立），创始人戴德生的工作变得异常忙碌，他要写信、会客、演讲，并要联络英国爱主的士绅及女士们，预备将献身于中国的传教士发到中国。这时，他特地跑到苏格兰，为一个叫曹雅直的同工安排出国事宜。[11]

---

9 苏慧廉：《晚清温州纪事》，张永苏、李新德译，宁波出版社，2011 年 5 月，第 13 页。

10 Grace Stott, *Twenty-six Years of Missionary Work in China*, London: Hodder and Stoughion, 1898, p.10.翻译取自《二十六年宣教在中国》。

11 蒲乐克（John Pollock）：《戴德生与玛利亚》，严彩琇译，台北：校园书房出版社，1982 年 8 月，第 224 页。

MR. STOTT.

曹雅直，苏格兰的亚伯丁郡（Aberdeen）人[12]。他于 1835 年 12 月 6 日[13]出生在一个农民家庭，从小父母就教导他如何干农活。但是，19 岁的时候，他在路上滑倒，膝盖撞在了一块石头上。这个小小的意外，使他的脚进入白色肿胀。两年之后，他就被迫截掉左腿。就这样，他无助地在病床上躺了九个月的时间。也就在这个痛苦的时期里，神的恩典临到他并拯救了他的生命。从此，他从无助和被漠视的情况下从耶稣基督得到了神无比的爱。曹雅直身体痊愈之后，连续几年在一间学校里教书，直到他第一次从一位准备去中国的朋友的口中得知中国的迫切需要。

在接受宣教工作的过程中，戴德生很坚决地证明信心已经很突出地表现在曹雅直的特性之中。不过，那时是没有一个宣教机构愿意差派一位独脚教士到宣教前线去的。日后，他很感激戴德生，因为他愿意冒这个没人敢冒的险。当有人问曹雅直说："为什么是你？一个只有一只脚的人，想到中国去呢？"他说："因为我没有看到两只脚的人去，所以我必须得去。"[14]

1865 年 10 月 3 日，在戴德生的安排下，曹雅直——这位独脚教士和结婚才三个星期的范明德（J.W.Stevenson）夫妇一同启帆，经过四个多月的艰辛，于 1866 年 2 月 10 日抵达中国宁波。[15]

到达中国之后，曹雅直在宁波逗留了 18 个月，在那里学习当地语言。1867 年 11 月，他来到温州——一个充满庙宇和偶像的地方。一到温州，当地人都以敌视他。接下来的三个月时间里，他和同伴蔡文才先生（Mr.Jackson）生活在一间客栈里。当地人都惧怕他们，没有人愿意将自己的房间租给可恶的外国人。经过多次多方地谈判，最终还是不能租下房子。后来，当地有一位较

---

12 蒲乐克（John Pollock）：《戴德生与玛利亚》，1982 年 8 月，第 224 页。

13 根据在法国戛纳曹雅直墓碑上的记录，曹氏生于 1835 年 12 月 6 日，卒于 1889 年 4 月 21 日。

14 Grace Stott, *Twenty-six Years of Missionary Work in China*, January, 1897, Chapter one.

15 汤清：《中国基督教百年史》，第 474 页。

有影响力的人因为自己陷在鸦片毒瘾和赌博中无法自拔，从而愿意提供一间房子给曹雅直。曹雅直因为要掩人耳目就安静且快速地搬进了新家。

兰茂密尔团体先驱（1865）后排左起：白克敌、范约翰、范夫人、江郎笔；前排左起：曹雅直、玛莉亚（Maria Taylor）、戴德生、江夫人。（图片取自《惟独基督——戴德生生平与事工图片纪念集》）

　　但是第二天，消息传遍了那一带地方，当地愤怒的人群聚集门前，强迫曹雅直搬出去。他们砸烂了曹家的大门，在房间里大肆破坏。曹雅直随即出来站在众人面前说："你们看看这个跛足的人，如果我想从你们当中跑走，我做不到；但你们若是想杀死我，则轻而易举，不过你们会引来麻烦；如果你们现在赶紧离开，你们就会发现我对你们是没有任何伤害的；不管怎样，我来了，就已经准备留下来了。"他们被他的安静的神情、有力的语言而震慑，强着面子再扔了几块石头，然后分散和平地离开了。[16]

　　生活安定下来之后，曹雅直就立刻尝试开办一所男童学校。他以供应午餐为饵，劝说他们每天出席学校的学习。开始的时候，有不少的孩子参加，从表面上看，算是有了一个好的开始。一天，曹雅直来到学校，在学校里他只见到老师在里面，学生却消失得无影无踪。他问老师事情的原因，老师告诉他，有一个消息正在社会上流传，说他诱骗孩子在学校里，目的是要挖他们的心肝用

16 Grace Stott, *Twenty-six Years of Missionary Work in China*, pp.10-11.

来制造药物。家长们都不愿将自己的孩子交给这么可怕的危险人物。从那时开始，也没有一个有学识的人来参与该项工作。在接下来的几个月中，曹雅直被迫单独面对。在如此危险和不安之中，他的信心也差点随着消失殆尽。

从1867年11月进入到达温州以后，曹雅直超过两年的时间，独自工作；并且超过一年的时间，没有见到一张英国人的脸；而且听不到一个英文单词。因为直到1870年2月去接曹明道（后来成为他的妻子）为止，他没有离开温州一晚。在那段时间里，他创立了男童寄膳寄宿学校，共有12个男孩。不过，那时整个城市才两个人正式受洗入教。可惜的是，几年后，他们也提出后悔受洗了。

曹雅直先生婚后第二天[17]，就决定即刻回温州投入事奉。他们租到一只帆船，准备用三、四天的时间到达温州。当他们的船只刚出宁波的时候，就只能找到安全的地方靠岸。因为海岸线有许多海盗出没，若没有舰队的掩护，是绝对不敢继续前往的。曹氏夫妇就在宁波和温州的途中滞留了九天时间。仅仅150海里的行程，他们最终花了14天时间。

据曹师母的第一印象认为，温州是一个适合居住的城市，这里四面环山，并有美丽的江河。当她进入温州的海岸线时，感觉自己回到了古老的苏格兰。那时的温州并未开放，直到七年之后，贸易船只才获准进入温州水域。到达温州那天，蔡文才举行了一场隆重的欢迎仪式。他在曹雅直去上海的时候，一直代替曹雅直的工作。当曹雅直回来之后，他就立即回到了自己的事奉工场。

曹师母初到温州时，令她印象最深的是，全城的人都将她当成异类，所到之处都有无数围观的人。因为她是他们所见过的第一个外国女人。以致她都不敢轻易冒险出门。好一段时间，曹师母只得坐在轿子里出门。不过，每次出门，挑夫们都会被那些好奇的人拦住不能前往，等到他们看好了之后，才得放行。

1870年的中国充满了磨难，最令人难以忘怀的是"天津教案"。在很长的一段时间里，曹氏夫妇陷入一种可怕的境遇。有一次，在城市的告示牌上贴了一则关于他们的事。写着说：天津教案中，所有外国人都已经被杀或被驱逐。因为他们诱拐并杀害儿童，挖了他们的眼睛、心脏及肝脏，用来制造药物。同样的恶行也发生在这个城市里。这样，大约三个月的时间里，曹师母都不敢再冒险出门，因为曹雅直经常在外面被石头砸。连续几天，有川流不息的人群来他们家搜寻证据。有人问小学生，在哪里失去儿童。若他回答说：那些都是胡说八道，都是谎言时，他们就认为他是因为吃了外国人的药而不愿意讲。

17　下文详述曹雅直师母曹明道来华与曹雅直结婚，并准备长期在温州传教。

曹雅直一度感觉情况很令人不安，他觉得若只有自己一人，就会更勇敢地面对，但如今他对其他人负有责任。一天，他与师母商量，是否可以离开一段时间，等情况安定了再回来。但是师母却不愿离开，她担心离开后，就再也不能回来了，她宁愿自己信靠主而留在这里。师母的话令曹雅直很安慰，就这样，他们在神的怜悯之中，经历了这场风暴。

曹雅直在1870年9月写给一位挚友的信中说："自我上次给你写信，我们又经历几次令人欢欣的环境。一次是我在事工上深感沮丧的时候。由于天津教案的影响，我们也陷入了困境，无法出门，也很少有人过来。一天，一个从邻县来的人说想见我。他说，和他在一起的一个人，是我们布道团的成员。他听那个人讲过耶稣基督和上帝创造天地的故事，说上帝差遣祂的儿子为罪人死。他们每天晚上一起读经祷告，祈求上帝赦免拯救他们。他也相信了耶稣的'教义'和耶稣的救赎大功。还有三、四个人也跟着他相信了。这是我从没见过的。不过这人是个小商贩，那几天是来城里进货，每晚都来参加我们的敬拜。现在他又离开这里出去跑生意了。还有，就是两个男孩对真理也很感兴趣，他俩思路开阔，对经文理解很快。即使在最黑暗的时候，上帝也常常鼓励我们。尽管这些果子不一定都会成熟，但看起来是充满希望的。"[18]

三、女教士曹明道首途温州传教

Grace Ciggie Stott

曹明道（Grace Ciggie Stott，1846-1922）出生在英国的格拉斯哥（Glasgow），于1861年悔改归主。刚刚归主（年仅16岁），就开始尽她有限的能力事奉主。

1865年春天，曹明道首次听说有关中国的事。那时，正好戴德生带着巴克敌（Mr.Barchet）以及他的同工（后来，他们也来到中国宣教）来到格拉斯哥进行演讲。在演讲会上，曹明道听到戴德生讲到有关中国需要传教士的故事。那时，曹明道问自己："为什么你不去宣讲救主的爱呢？"

18 曹明道：《二十六年：曹雅直夫妇温州宣教回忆录》，温州恩际翻译团契译，台北：宇宙光全人关怀，2015年10月，第37页。

几天内，这个声音持续在她心里回响，她心里认定自己有一个优势，就是没有家庭的牵挂。但她心里却有另外的顾虑："我合适吗？"因为当时她未曾听说一位年轻的女孩到异教的国家去传教的。

后来，她带着疑问去请教戴德生。戴德生的回答是，他自己没有任何理由拒绝她去。他认为：即使是一位年仅二十岁的女孩，只要有神的呼召，就适合奉献于祂。不久后，曹明道受戴德生的邀请到伦敦。她到伦敦的第二天，正赶上范明德夫妇的婚礼。在婚礼中，她首次见到并认识了曹雅直。三个星期之后，曹雅直先生和范明德夫妇就启航赴中国了。

曹明道在伦敦生活了几个月。期间，她一直在戴德生夫妇及其团体中间，直到他们于1866年5月航赴中国。若不是因为生病，她就可能已经随团远赴中国了。生病之后，她到处就医，但都是无济于事。虽然如此，她决意要前往，但医生诊断她暂时不可以去中国。最后，戴德生勉强决定，让她暂时不要去中国，并说："我希望你能够在一年之后去。"这个决定带给曹明道很大打击。她开始反省自己当初要去中国的心志，是出于自己，还是出于神的。她也希望从神知道到底是去还是留。但是，答案却是"留"。因此她做了更多的自省：如第一次，她感觉到中国是一件容易的事，其实是自欺。晚上的时候，她痛哭求神救她脱离这种自欺的感觉。

一天晚上，当她跪在神面前，为自己的任性而痛哭的时候，心中有个声音对她说："如果你还想服侍我，就回格拉斯哥，带着我的信息到盐场（Salt Market）及周边地区。"她心中顿时出现另一种声音：盐场是格拉斯哥罪恶聚集的地方，那里住着的几乎都是小偷和不正经的女人。就连男人也不一定适合去那里，神怎么派一个年轻的女子去呢？为什么不是男人？那里没有安全感？去那里意味着要面对许许多多的危险？曹明道安静地跪在那里，一句话也说不出来。后来毅然在神面前回答说："好的，主啊！如果你在我去的路途中与我同在，我就去。"然后，她告诉神，若没有让她感觉到神的同在和神的能力，她不愿一人上路。那个时刻，她心里的力量开始恢复。就在那几天，兰茂尔号准备启程前往中国。

出发前两星期，布道团中有一位以母亲患病为由离开了。那时船票已经买好，为了不浪费船票，戴德生就转向曹明道。那时她已经得着力量，认为这并不可能出于神，神已要她留下，不可能又为她打开去中国的路。她在神面前祷告，要求从神得明确的指示。后来，虽然，她很不愿意说，但还是鼓起勇气对戴德生说："我不能去。"

　　"兰茂密尔号"于1866年5月26日启航，共有22人，其中成人18人，孩子4人，分别是：戴德生夫妇、四个孩子（戴存恩、戴存仁、戴存义、戴存礼），与16位传教士：铁匠倪义来夫妇、石匠童跟福、木匠卫养生、铁匠路惠理、木匠蔡文才、布商史洪道、麦克莲、福珍妮、白爱妹、包玛丽、贝玛丽、包美丽、班苏珊、夏安心、劳莉莎。他们被称为"兰茂密尔团体"，于1866年9月30日抵达上海。该团体的成员虽然没有超众的才华，但他们使中国内地会在中国正式扎根，成为各地教会的开荒者。

内地会第一批宣教团体"兰茂密尔团体"（又称"兰花团体"，Lammermuir Party"兰茂密友尔号"）

　　"兰茂密尔号"启航几天之后，她回到格拉斯哥。不久，探访盐场区。在那里，曹明道与盐场里的人一起学习，为他们祷告，而且照顾穷苦病人、生火、泡奶茶、或打扫房间（若有需要），帮助照顾孩子，以致他们将自己的心和家门都向她敞开了。三年半的事奉里，她从没有受到任何冒犯和侮辱，也没有听到任何不礼貌的言语。期间，曹明道逐渐明白神暂时不让她去中国有祂美好的旨意，祂要装备她、训练她，让她可以长期留在中国事奉。经过三年半在格拉斯哥贫民区的工作，曹明道的身体恢复，她开始感觉是时候去中国事奉了，也是时候赴约帮助曹雅直的工作了。

1869 年 12 月 4 日，曹明道只身从伦敦坐 "Kai-sow" 号船出发，并准备用四个月的旅程。几天之后，她笑着对船长说："我想可以在 3 月 12 日到达上海。"他想了一会儿回答说："不太可能！否则，就是历史上最快的航海记录了。"他问："为什么要在 3 月 12 日？"她说："我希望我在生日那天到达。"经过三个多月的长途旅行，他们果然于 3 月 11 日晚进入吴淞口，就在 3 月 12 日她 24 岁生日那天，到达上海。那时，曹雅直已经在那里接她，并带她去宁波。受到浸礼会罗尔悌（Dr.Lord）[19] 的热情接待。1870 年 4 月 26 日，她与曹雅直在宁波正式结婚。

四、温州内地会先驱蔡文才

蔡文才（Josiah Jackson，？ -1906），这位于 1866 年 5 月 26 日乘坐 "兰茂密尔号" 来华的内地会首批传教士团体成员，于 1867 年 11 月与曹雅直一起来温州的英藉传教士，常常被温州教会提起，却又是经常被忽略的。

不少资料对蔡文才的生平只有以下描述：蔡文才，英国内地会传教士，于 1866 年 5 月 26 日乘坐兰茂密尔号启航来中国。1867 年 11 月与曹雅直一同到温州，后到处州传教。1884 年离开内地会。最后于 1906 年去世。

笔者觉得仅数言的记录，对于这位曾经在温州、丽水、台州均有过服侍的传教士来说是太过简单，因此希望尽自己所能，将资料整理一番。由于目前就蔡文才牧师个人的资料不完整，所以本文就所掌握的有限资料进行串联，希望可以对蔡氏有简单的了解：

---

19 罗尔悌（Lord，Edward Ciemens，1817～1887），美国浸礼会传教士。清道光二十七年（1847）六月，偕夫人到宁波传教。同年 10 月 31 日，与玛高温一道在西门组织了华东最初的浸会。是年冬，罗尔悌在宁波的住宅新屋落成，成为西人在甬第一所洋房。1849 年，罗尔悌在西门公会内创办男学校一所，不数年停办。1851 年 7 月，罗尔悌牧师因夫人身体软弱，偕妻回美休假。罗夫人最终在美不治，于 1853 年 5 月 5 日病故。1854 年 6 月 1 日，罗尔悌续娶后与诺尔登夫妇来到中国，协助布道工作。1863 年，因美国南北战争，教会经济困难，传教士不得已而另谋兼职。罗尔悌牧师因此辞去差会工作，任美国领事职务，公余从事传道事工。同年，罗夫人在北门江滨（盐仓门永丰路）开设一所女校，经费多数由罗夫人在英国朋友供给，名为浸会女校。至 1875 年成为差会的一个膳宿学校，更名为圣模学校。1863 年，因与浸礼会国内差会意见不合，辞职独立传教。同年任美国驻宁波领事职。1881 年和浸礼会恢复关系，继续传教及教育工作。1887 年染时疫，病逝于宁波。黄雪痕编著：《华东浸会百年史（1843-1943）》，上海：浙沪浸礼议会，1950 年 12 月，第 2 页。

在《戴德生和玛利亚》一书中提到蔡文才简单的身世："一个是三月间才加入的约书亚·杰克逊，他是从金斯兰镇来的木匠，后来转行作布商。"[20]可见，蔡文才是于 1866 年 3 月加入内地会，并乘坐兰茂密尔号来到中国。该书所指"后来转行作布商"，可能就是指着他在 1884 年离开内地会之后的事情。《戴德生传》一书又记载，兰茂密尔号启航至中国的途中，蔡文才和其他传教士的热忱帮助的精神给予未信福音的船主和船员们美好的见证："可是这些开始不受欢迎的人，有一种不可隐藏的基督香气。基督的同在叫他们心里充满了爱，并表现丰富的服务精神。苏格兰铁匠李格尔，木匠查克生及卫养生技术高明，尽力帮助船员。戴氏替他们治病，又讲饶有兴趣的生理卫生，急救法等题目给他们听。因此渐得各船员及水手的心……"[21]

鲍康宁在其《戴氏遗范》中提到曹雅直与蔡文才初到温州的情况。文载："当时浙江省、未曾听过福音地方、有六十多州县、内中有九个府城、东南有台州府、正南有温州府、都是人烟稠密之地。德生打算请曹蔡二位先生、上温州去、盼望能在那里设立教堂。且说那时候、外国人在中国、甚为稀少、内地人民、都是少见多怪、又好听信谣言、说什么洋人挖心挖眼、熬千里镜、又说什么拐带婴孩那些话语。叫妇女孩子们、一见外国人、就吓得跑到屋内、躲在家里、不敢出来。因此、体面人家、不喜欢同外国人交往、也不把房子租给洋人、恍惚看作妖魔鬼怪似的。二人到了温州、在客栈住了三个月、租不着房子、末了有个人、又吃大烟、又好赌钱、天不怕、人不怕、才把一所房子、租给他们、当下急忙搬进去、满心感谢主恩、叫他们得了落脚之地了。……那时正是耶稣降世一千八百六十七年、就是前清同治六年、只有蔡曹两位牧师在那里。"[22]

曹明道介绍自己刚到温州时，受到蔡文才牧师的热情接待。当时的蔡文才是常驻台州，经常来温州帮助曹雅直。她说："一到温州，就受到蔡文才先生热情欢迎。他是从台州来的，曹雅直不在的时候暂时接管他的工作。不过很快，蔡先生就要回到他自己岗位上服事。"[23]

---

20 蒲乐克：《戴德生与玛丽亚》，严彩琇译，台北：校园书房出版社，1977 年 9 月，第 207 页。

21 查克生就是蔡文才英文名字直译。戴存义夫妇：《戴德生传》，胡宣明节译，上海：中国主日学合会，1951 年 4 月，第 17-18 页。

22 [英]鲍康宁译述，《戴氏遗范》，汉口：中国基督圣教会印，1922 年，第 103-104 页。

23 曹明道：《二十六年：曹雅直夫妇温州宣教回忆录》，第 35 页。

　　曹明道又记载蔡文才牧师于 1870 年年底来到温州参与事工，协助曹雅直租下五马街铺面为礼拜堂。她说："蔡文才先生在我来温州的第一年年底就过来参加我们的事工了。这时候，曹雅直和蔡文才在市区租了间大铺面做为礼拜堂，里面隔出一部分装修成为书店，请一位当地牧师每天坐在书店里，一边卖书，一边向进来的人传道。下午，礼拜堂开放，他们两个讲道。开头人还很多，成群结队地来听。但过了段时间，人就渐渐少了，只剩下三三两两的那些真正渴慕的人。"[24]

　　1873 年，蔡文才在宁波结婚，按照先前的约定，婚后他就带着年轻的妻子来到温州。"那时，我们已有楼上三间楼下三间住房，他们夫妻俩就在我们这里住了几个月。后来因为蔡文才夫人身体不好，不得不转道台州返回宁波。他们再来温州，是将近一年之后的事了。这次，他们在温州另一个地方租了房子住下来。有位女士来这里和我同工显然好多了，尽管我们以前并没有多少交情。虽然因为身体因素，他们不得不经常离开温州，但我们外出休假的时候，他们乐意承担起男校女校和教会的事工，对我们来说，却是必不可少的。"[25]

　　1878 年 2 月，偕我会英籍牧师李华庆来到温州传教。初来乍到，李华庆也遇到曹雅直、蔡文才初来温州相同的问题。但因为内地会已经在温州十余年，李华庆就来到内地会，找当时在温的蔡文才商量（曹雅直回英述职），并得到他的帮助。蔡文才帮他在嘉会里巷找到一个住处。他于 1878 年 2 月 5 日在给英国偕我会总部的一封信中写道："我成功地找了一个住处，可用十年，花了三百八十个墨西哥元。当然，它还得另外开支一百美元，以便改造得适合英国人生活。"[26]

　　1884 年 10 月发生了甲申教案，温州内地会花园巷教堂被烧毁，那时在堂的牧师除了曹雅直之外，还有蔡文才。从当事者苏慧廉的记载显示，焚烧教堂的第一把火从城西堂开始。在城西堂被烧之后，苏慧廉去内地会花园巷堂，得与蔡文才一起去见官。苏慧廉在《晚清温州纪事》中记载："就在这难忘的周六晚，我们相聚在一起，我们再相聚已是很久以后了。此刻，我执笔在手，当时的情景又浮现眼前：小小的礼拜堂，昏暗的油灯，几个疲惫的信徒，尖声的传道人，虔诚的祈祷者……骤然间，情况突变：猛烈的敲门声，呼啸的

24　曹明道：《二十六年：曹雅直夫妇温州宣教回忆录》，第 44 页。

25　曹明道：《二十六年：曹雅直夫妇温州宣教回忆录》，第 72-73 页。

26　The United Methodist Free Churches Magazine，1878，p.447.

暴徒；石块飞了进来，打破窗户；一群赤膊狂徒冲进我们下人的外屋；地板上闪动着耀眼的灯火；一看到我，暴徒就逃，我在后面门阶徒劳地呼喊他们；'嗖'一块大石头擦着我帽子的边缘飞过，'哇'的一声，我身后的一个基督教徒被击中头部；我们只好匆匆逃离，狼狈不堪；很快石头雨点般砸进我房间的大门。前街聚集大批围观者，大多是邻居，他们默默地给青年人让路，而年轻人则尽可能镇定，穿过人群。随后县衙门的人来了，衙役和守门人跑过去，挡住外国人去见知县大人的路；我仓促步行到内地会的大院，并迅速跟随蔡文才先生回来；同意我们去见官了，虽然我们曾派四个不同的信使去见他都没用；官家穿上他的官服，坐上轿子往出事地去了，但为时已晚：我家燃烧的熊熊烈火映红天空。"[27]

关于蔡文才的去向，我们目前没有得到详细的资料，但知道他是于 1884 年离开内地会的。而从更多的资料显示，1884 年，蔡文才就在温州内地会服侍，且是经历了"甲申教案"。可以说，蔡文才是从该教案的火焰中逃出来的。当时，偕我会教堂被毁，苏慧廉逃出来，先到内地会大院，与蔡文才一同去见官。接着，暴徒们又去毁掉了周宅祠巷的天主教堂，转而来到蔡文才的住处，也就是内地会的小教堂。因此，就在那个时候，蔡文才与苏慧廉在温州的房子被毁，已无家可归。[28]

五、蔡文才师母墓碑史实考略

2014 年 3 月初，我收到温州吴旭东的留言，说是找到了与曹雅直同时来到温州传教的蔡文才牧师的妻子墓碑[29]。他详细介绍寻找的过程，并附上一张相片。若不是我对旭东兄为人的了解，我还真不相信自己的眼睛，因为蔡文才师母可以说是第一位死在温州的外国人，于 1878 年去世，距今已逾 150 年。

墓碑虽经历百多年风雨，上面的英文仍可清晰辩认，全文为："法兰西斯·额莉莎白纪念碑：中国内地会蔡文才之爱妻，1840 年 8 月 24 日出生于约克郡，1872 年 11 月抵达中国，1878 年 8 月 22 日在温州死于霍乱。一位忠实而体贴的妻子，中国人的朋友。她不是死了，乃是睡了。我们若信耶稣死而复活了，那已经在耶稣里睡了的人，神也必将他们与耶稣一同带来。"

　　这位死在温州，年仅 38 岁的英国内地会女教士，为了温州人灵魂得救，从遥远的英伦来到中国，最终丧命于此。可见，她的生命值得温州基督徒的纪念。在此，对蔡文才及师母作简要追溯。

　　曹雅直夫人曹明道在《二十六年在中国》中记载："1873 年，蔡文才先生在宁波结婚。按先前的约定，婚后他带着年轻的妻子来到温州。那时，我们已有楼上三间楼下三间住房，他们夫妻两个就在我们这里住了几个月。后来因为蔡文才夫人身体状况不好，他们不得不转道台州返回宁波。他们再来温州，是将近一年之后的事。这次，他们在温州另外一个地方租了房子住下来。有位女士来这里和我同工显然好多了，尽管我们以前并没有什么交情。虽然因为身体原因，他们不得不经常离开温州，但我们外出休假的时候，他们乐意承担起男校女校和教会的事工，对我们来说，确实是必不可少的。1878 年 9 月，蔡文才夫人离开了这个世界，留下她刚刚出生九天的女儿。"（张孝民译）

　　从历史考证可以得知，蔡文才牧师与师母在温州，且师母染病死在温州之时，正是曹雅直牧师夫妇回英国度假之期。曹雅直牧师夫妇于 1877 年上半年回英国度假，于 1878 年 12 月 31 日才回到温州。[30]

　　在曹雅直牧师夫妇离开温州期间，蔡文才牧师夫妇从台州来到温州，代替曹牧师处理教务。然而，就在 1878 年夏天（六月下旬），温州发生霍乱（即痧疫），仅在市内每天死者不下三、四十人。孙守一报道："夫死者人人所必不免而，或因饥饿而死，或患病服毒而死，或堕山临渊而死，或遭水火而死，或被干戈而死，皆非吾人可预知，处必然之势也。而病则每异，其病死有缓急之不同，突出人之所不测。即如温州府永嘉、瑞安、平阳等县，自本夏六月下旬以来，痧疫遍发，患者腹痛作泄兼吐缩筋，随时即死，不及救治。仅永邑城中每日死者不下三四十人，甚至棺木缺售，坟山遍瘗。死家有悲寡哀独之惨，生邻莫不俱伤心而怵胆，殊属意外之大劫焉。"[31]

　　就在同时，蔡文才师母于农历七月十四日生了一个女儿，为当时教会的一大喜事。孙守一记载："本会英国牧师蔡君师母，于孟秋月旬有四日得生一女。自分身以后，日渐安宁，体质亦觉康强。蔡君以欣以慰，西人各来贺弄

30 Grace Stott, *Twenty-six Years of Missionary Work in China*, p.118.
31 林乐知主编：《万国公报》第 10 年 508 卷，华文书局股份有限公司印行，1878 年 10 月 5 日，第 107 页。

瓦之喜，教友同集祝婺焕之庆，牧师喜出分外。"[32]但仅过九天，蔡师母意外地感染霍乱，于农历二十四日凌晨两点病逝。孙守一报道："讵料于廿三日八点钟时，偶沾痧疫，腹痛吐泄，即延医服药，未获止阻。当日夜间将二点钟时，归天矣。呜呼哀哉！欢声未断哀声起，贺客反为吊客，还可怜小婴早失恃，更惜牧师快处世凡，吾今生之人要知命之修短有数，如蜉蝣于天地朝生暮死，何必争名夺利而忘终身。宜当早归耶稣，以图永福。虽死在朝夕，可坦然无忧矣。"[33]

Sacred to the memory of
Frances Elizabeth
法兰西斯·额莉莎白纪念碑
The beloved wife of Josiah Alexander Jackson
Of the China Inland Mission,
中国内地会蔡文才之爱妻
Born Yorkshire, England, Aug 24, 1840
1840年8月24日出生于约克郡
Arrived in China Nov 1872
1872年11月抵达中国
Died of cholera Wenchow Aug 22nd, 1878,
1878年8月22日在温州死于霍乱
A faithful and loving wife.
一位忠实而体贴的妻子
A friend to the Chinese.
中国人的朋友
"She is not dead but sleepeth."
"她不是死了，乃是睡了"【路8:52】
"For if we believe that Jesus died and rose again
Even so them also that sleep in Jesus will God
Bring with him."
"我们若信耶稣死而复活了，那已经在耶稣里睡了的人，神也必将他们与耶稣一同带来"【帖前4:14】

蔡文才师母墓碑（现存于温州花园巷）

六、曹雅直牧师离温与去世

首位来温州传教的曹雅直牧师于 1887 年 4 月 29 日携妻子曹明道离开上海，准备经美国回英国。[34]这是已经在温州服侍达 20 年之久的苏格兰传教士第二次回国述职，他还计划着重新回到中国。但是，20 年余在温州的服侍，

---

32 林乐知主编：《万国公报》第 10 年 508 卷，第 107 页。

33 林乐知主编：《万国公报》第 10 年 508 卷，第 107 页。

34 Lodwick, Kathleen L, *Chinese Recorder and Missionary Journal*, Volume XVIII, Shanghai: American Presbtterian Mission Press, 1887, p.212.

曹雅直牧师夫妇（Mr. & Mrs. Stott）

已经严重损害了他的健康。回国后，曹雅直的健康状况时好时坏。在 1888 年 11 月，他到法国戛纳去度假，希望身体得到恢复，但在半年后，他的身体每况愈下。1889 年 4 月 21 日，曹雅直牧师在戛纳去世，享年 54 岁。[35]

China's Millions 登载了布迦（W.T. Berger）先生给海恩波牧师的信件，描述了曹雅直牧师临终时的情形：

在这条坦途上我们看见他凭着信心勇敢踏平了罪恶、死亡、阴间的权势。他所重复最多的话就是，"主耶稣，请您来就近我！愿您就来，愿您就来！"他常常张开双臂迎接这位他确要来亲近他的主。有一两次当他极痛苦的时候，他大声地呼求着："神啊，求您来帮助我；神啊，怜悯我！"在患难中神应允了他，在危急中刚强了他。我们寻求能为他在过这条幽暗的溪流时铺设一些踏脚石。我们不断对他说生命的话语，我们欣喜地看到他的信念因这些话语得到坚固。当他妻子说道："你很快就能听到主人对仆人说：'你这又忠心又良善的仆人，进来享受你主人的快乐吧！'"他不断重复着这句话，然后举手向主祈求："神啊，求让我此刻就能进去——进去——享受我主人的快乐——我主人的快乐！"……改变发生了，紧缩的面孔和注视的眼睛告诉我们，最后的争战已经开始了。我们都不由急促地说："他快要走了！"我不期待那时他还能说话。当他的意识正在消退时，我说了句"主人来接你了"。他却因此听到了，出乎我们意料，他用仅剩的气力说："那么扶我起来一下，我要再次献上赞美。"我用手臂环绕着他，轻轻地扶他往前倾斜了些。喘过一丝微弱的气息，他把这气息化作了赞美。"神啊，我们赞美您，您的圣名是配得我们称颂的！"他不断重复着。得听此言，美妙无比，我立即告诉了陪伴他一起工作生活的妻子。他妻子屈跪在那儿，忍受着内心的悲伤，压着声音

---

35 法国戛纳曹雅直墓碑记录：生于 1835 年 12 月 6 日，卒于 1889 年 4 月 21 日。

抽泣着。她握住他的手，看见死亡的阴霾从他的脸上掠过，这阴霾像从死亡的领域中发出的胜利宣告，"这是他留给你最珍贵的遗物了。"

她问："亲爱的，你还认得我吗？""还认得你吗？如果不认得你，那就怪了。"他继续回答，他所存留的气力让我惊奇不已，"我们再见，Gracie。不要再和我讲话，我要去见王了。"

我们早已潸然泪下，却不知道为什么。他正注视着我们眼睛无法看见的事物，听着我们耳朵无法听见的声音。我们听到他很轻声地喊了句，"主耶稣，请您来！——主啊，我把我的灵魂交给您；来——来——来了……

来了！我们亲爱的雅直弟兄最后说的一个词，在复活节早晨6：30的时候，他进入得见到了在荣美圣洁光中的王。接着爆发出压抑的悲伤释放出的哭喊，呜咽，但是它们都非常的短暂。我们流下的是喜乐的眼泪。"我不为他悲伤，我为我自己。他是何等有福，现在已安息主怀了。"于是我们都跪下一起赞美主，因他使我们能够在那夜看到死亡没有毒钩，坟墓也没有得胜……

曹雅直牧师对温州教会的影响是有目共睹的，我们可从三份史料中得知其贡献：第一、1896 年 4 月，《中西教会报》登载由林领第撰写的文章《论温州圣道之繁盛》，其中记载曹雅直的贡献："窃思温州各处。在二十余年之前。未设教堂。并未有传道之门。但蒙神之恩泽。临于温郡。嗣有英国牧师曹雅直闻知。中国未听圣道者甚众。而牧师奉主之命。不惮数万里东来。并不惜己之命。愿作主之工。将圣道广行。当其初至温时。语言不通。信道者寡。而牧师待人。犹其恩施深厚。岂意愚蠢者。见其为泰西产。反而加以辱詈焉。虽然。牧师依主之命。心存忍耐。不与计较。后则开设男女学堂。教授生徒。继以送书施药。如是有四五年之久。信而受洗者。实繁有徒。未几。五县乡村分立教堂。而平邑各处之信道者。日增一日。且人皆痛改前非。如前之尼尼微无异矣。并倚主流血之功。入德之门也。然而圣道虽兴。又孰意于光绪九年八月十六日。教堂住宅。悉被焚烧。迨事经和息。重建教堂。日夜辛勤。积劳成病。旋即回国医治。奈因病入膏肓。难以挽回。竟辞世升天。享无穷之福矣。"[36]

---

36 《中西教会报》，上海美华书馆，光绪 22 年 3 月（1896 年 4 月），第 12-13 页。

第二、温州内地会的 1906 年报告，见证了曹雅直牧师在温州事奉的成果：有堂点 49 处，传教士（包括师母、助理）9 人；受薪华牧师 6 人，助理传道 8 人，学校教师 3 人，派发圣经者 5 人，女传道 4 人；义务传道 45 人，长老 7 人，执事 7 人，女传道 1 人；受餐者：男 469 人、女 358 人，1905 年受洗者 119 人，从开创之日起受洗者 1125 人；寄宿学校 2 所，学生：男 12 人、女 38 人，日校学生：男 9 人、女 4 人。[37]

第三、温属内地会华牧仇九渊[38]于 1924 年在《中华基督教会年鉴》中追溯了曹雅直牧师在温的功绩及其影响，详文如下："窃思温州内地会，自英国苏格兰曹雅直抱道东来，驻吾瓯城五十余载，述其成绩，不亚当时保罗设教于马其顿也，盖其建教堂，兴学校，开医院，办道学，布福音，设养老院，创勉励会，与主日学等等善举。各中西善牧相继续行于今，且有分设教师驻足地四十余区，内会支堂百五十余处，星散设于永乐平泰瑞青六县，受洗者约四千余人，学友约四千左右，主日领袖助士约百另，传道卖书数位，内分十二小总会，三大总会，（永乐）（平泰）（瑞青）凡大小总会会长，皆华教牧充任之，大总会议事部职员十二名，内有四名，由小总会会长兼充，余八名大总会代表中选出，此乃温属内地会之大概情形也。"[39]

第二节　温州内地会早期发展

一、曹雅直与内地会仁爱义塾

曹雅直于 1867 年 11 月到达温州之后，花了三个月的时间才租到（1868 年 2 月）大南门东城下黄宏林的房屋，鲍康宁记载："二人到了温州、在客栈住了三个月、租不着房子、末了有个人、又吃大烟、又好赌钱、天不怕、人不怕、才把一所房子、租给他们、当下急忙搬进去、满心感谢主恩、叫他们

---

37 Edited by D. MacGILLVRAY: *A Century of Protestant Missions In China（1807-1907）*, Shanghai: The American Presbyterian Mission Press，1907，p.160.

38 "仇九渊，字静泉，年四十五岁，浙江永嘉人，清光绪三十一年入教，隶内地会，曾任内地会传道，大总会正副会长，勉励会司库义务传道助士，现任温州中华内地会总堂主任。"中华全国基督教协进会编，《中华基督教会年鉴（第 7 期）》，上海：中华全国基督教协进会，1924 年，台北：中国教会研究中心、橄榄文化基金会联合出版，1983 年 3 月重印，第 7 页。

39 中华全国基督教协进会编，《中华基督教会年鉴（第 7 期）》，第 93-94 页。

得了落脚之地了。"[40]他与蔡文才经历过被驱赶的危险,但最终还是站住了脚跟。

为辅助福音事工,曹雅直于 1868 年下半年创立了男童学校。为了吸引学生,学校规定提供免费午餐。但不久之后,出于误会,很多家长不愿意孩子来学校,因为"外边有一种传言,说他诱拐孩子过来上学,目的是把孩子的心肝挖出来熬药。"因为有一段时间,曹雅直雇不到人,只好自己独力支撑。孤军奋战了一年多,曹雅直的男童学校改为寄宿学校,高建国牧师记载:"凡来读者,一律免费供应膳宿,并奉赠书籍文具、雨伞钉鞋;此外,其家庭还可每月津贴大洋十元。"[41]

1869 年,男童学校共有 12 个男孩。曹雅直于 1869 年写给朋友的信中介绍了学校的情况:"我的家里有这些人:十二个在这里上学的男孩,一位校长,一位我的中文教师,两个男佣,还有一个洗衣服的年老女佣。如果按常规来管理他们,肯定能管好,但这中间有个明显的问题。我向你简单算一下我的时间安排:早上六点起床,灵修、祷告、吃早饭,然后去学校开个晨训会,再祷告。接着就是采购,米、菜蔬、鱼、柴火、针、扣子、鞋等一些日常琐碎的东西。每样东西的规格、数量、品质,都要事先确定好。采购完毕,我便开始学习,准备主日以及晚上的讲道,或接见一些重要客人,找机会向他们传讲真神、罪及救恩的道理。午饭后继续上午的学习,会见来访的客人,或带上一些福音小册子骑马到郊外传道,找机会向人传讲耶稣基督。那时,我还没有胆量冒险在大街上传道。回到家,孩子们也放学了。晚饭要等到天黑才吃。晚饭前我还是要叫这帮孩子忙活一阵,怕他们一旦闲下来就会乱捣蛋。晚饭后我们也做一些娱乐活动,比如讲故事、看图片、学音乐等,一直玩到祷告时间。有时有几个朋友也来参加,如果他们能读书,我们就读经,接下来是简短的讲道,再做祷告。祷告后,就到了孩子们提问题的时间。在这个环节中,我一旦发现孩子们有悟性的火花闪现出来,就立即加以引导、挖掘。即使没有发现这样的思想火花,也尽力培育。我的身体很好,这里气候也非常适合我。有时我精神很好,有时情绪也会低落,想起那些让我棘手的人和事,包括我自己,我的心情就变得忧郁沉重。如果你没有两年或两年

---

40 [英]鲍康宁译述,《戴氏遗范》,第 103 页。

41 高建国:〈基督教最初传入温州片断〉,中国人民政治协商会议浙江省温州市委员会文史资料委员会编:《温州文史资料》第 7 辑,1991 年,第 344 页。

以上这样的经历，是不会理解我的工作。这种经历就是：你的工作是和你整个人生连结在一起的。要知道，这里离最近的宣教站也有八天的路程。但是，如果今天再让我选择我的宣教地点，我仍然选择温州。即使让我去做一个国家的君王，也不会改变我这一决定。"[42]

我们不知道这个男童寄膳寄宿学校最初的名字是什么，但在1876年5月《万国公报》第8年386卷登载〈温郡内地会仁爱义塾条规〉一文中显示该校的名称为"仁爱义塾"。〈条规〉于1876年正月二十一日发布，首先介绍仁爱义塾的简介："仁爱义塾之设业有旬载历年以来无论城乡多有人寄寓其子于本塾肆业者然吾塾必择其人忠直良驯而后受之教读经书俾知人事训诵圣经致识天道若知人事则入无不孝出无不悌识天道则性可率道亦可修皆为人所必须而不可须臾离也夫本塾以仁爱为名尔等诸生亦当以仁爱为心以此心为己即当推此心于人苟能如是则俯仰于天地之间亦无所愧矣为此申明条款预告尔等入塾诸生各宜肃礼貌而敦性情领训诲而修天道庶几入世可得美誉出世可冀长生是余之所厚望也夫"。[43]

继而，该义塾列举十项条规，内容为：

一、本塾诸生每日六点钟上馆六点钟放学

二、诸生上馆各宜修整衣服正纳冠履勿致欹歪以讥大雅

三、本塾每日早晨先当扫除揩拭案桌整顿书籍诸生均听秉公轮派毋得推诿

四、本塾诸生课程向有定例上午专读圣经下午兼读诗书

五、诸生上馆各宜正容端坐专心敬读书声明朗毋得交头接耳虚度光阴

六、诸生背书正书说书务须句句明朗勿许赘累句读肴乱口音亦不许高声齐读像群鸦晚噪一般

七、凡尔等诸生务须谨守书本摊案时不许手拈碎破执业时不许任情卷捏各宜敬惜字纸尊重圣贤

八、尔等诸生毋许私自出外或有公事必须前来禀告出告返面一切循礼而行

---

42 曹明道：《二十六年：曹雅直夫妇温州宣教回忆录》，第31-32页。

43 林乐知主编：《万国公报》第8年386卷，华文书局股份有限公司印行，1876年5月6日，第503页。

九、尔等诸生毋许扬声喧叫或行走时亦须除除安步毋得疾趋以致足
　　容不重

十、尔等诸生各宜契爱永敦友谊勿许顽耍以致争闹[44]

在高建国牧师的〈基督教最初传入温州片断〉一文中记载了其中 11 位学员的名单：叶如周、周殿卿、陈益新、梁士元、孙世元、缪锦铭、李成佑、李成修[45]、刘星垣[46]、王家滔、祝福荣[47]。他们大多成为温州内地会早期华籍传道人。

二、温州城外第一个传教站——桐岭

2009 年 9 月 26 日，我借在温州三溪牧区马桥教会主领培灵会的机会与教会同工们一起到桐岭做实地调研。我们来到位于瑞安与瓯海的边界——桐岭，在那里有一个教堂原地基，当地人由于不知道教会最早期的历史，只将从解放前后的历史做了简单地回顾。该教堂于 1958 年左右被拆毁。就在不远处，就经过一个原城墙的遗址，过了城墙就是瑞安的地界。而在边界上的地方就是桐岭，且分为内桐岭与外桐岭，内桐岭归属瓯海，外桐岭归属瑞安。桐岭正是古时从温州到平阳的必经之地，经过桐岭的道路为官道，又是物资商路、征战要道、传送文书邮件的驿道。从温州市区到桐岭约有 20 公里。从桐岭开始，经过陶山、马屿，可到平阳坑。

---

44 林乐知主编：《万国公报》第 8 年 386 卷，第 503-504 页。

45 李成修后来成为温州中国耶稣教自立会的发起人之一，且该会的会设就是设在李成修的住宅，即施水寮日新浴池楼上。《通问报》报道："温州教会。倡说自立。历四五载矣。迄今尚未实行组织。兹适俞牧。主任温处义赈。驻瓯办事处。内地会黄起文君。谒见俞牧。谈及自立之要素。邀同王活泉。梁树声。陈时荣。谢楚庭。陈时俊。潘仲华诸君及鄙人等。向俞牧师商议办法。于十一月十八号。即行公举梁树声君为会长。陈时荣君为会计。谢楚庭君潘仲华君为干事。鄙人为书记。职员举定。妥商一切会务。刷就缘起简章。通函各处支会。令派代表共谋自立进行。已于十二月五号开成立大会。暂假府前李成修住宅为会所。是日到者商学各界。并大同女校学生约有二百余人。洵称一时之盛云云。"时为 1912 年 12 月 5 日。参：支华欣编著：《温州基督教》，第 8-9 页；《通问报》，第 531 回，上海：北京路 18 号，民国元年（1912 年）十二月，第 6 页。

46 刘星垣，原名刘世魁，是刘廷芳的父亲。按《China's Millions》1881 年记载，刘世魁随其母亲于 1881 年一起入住温州内地会，同时进入男童寄膳寄宿学校。Edited by J. Hudson Taylor, M.R.C.S., F.R.G.S., *China's Millions*, London: Morgan and Scott, 1881, p36.

47 高建国：〈基督教最初传入温州片断〉，《温州文史资料》第 7 辑，第 344 页。

在这条古道边上，曾经建立了温州基督教史上，内地会第一个城外传教站。1873 年 4 月，曹雅直在温州已经站稳脚跟，就开始向城外发展传教站。他最先开始建立的，就是位于温瑞古道边上，在温州与平阳之间的桐岭。很明显，曹雅直原计划是要在瑞安建立传教站，但是瑞安民众仇教、仇洋甚盛，凡是见到外国人进入瑞安县城，都会遭到百众赶逐。项崧于 1909 年在其《项崧午堤集记甲申八月十六日事》中记载："教士之建堂，亦择形胜地，旁邑如泰顺僻在山乡外，乐清之盘屿，平之巴艚头，亦皆有堂，惟瑞独无，西人谋之数年，无应者。每西人至，数十儿童，掷石尾其后，官命役护之，亦然。故西人畏瑞人甚，仅于霞浦建一教堂，每至瑞，必取道桐岭，不敢至城，他邑则否，而乡人之从其教者亦复不少矣。"[48]很明显，曹雅直牧师最初到温几年未能将福音传至瑞安，只好"取道桐岭"，将桐岭作为一个传教驿站，为瑞安、平阳的福音传布做准备。曹雅直于 1873 年在桐岭建立城区之外的第一个城外宣教点[49]，成为内地会在平阳建立分会的中转站。每次有传教士要到平阳时，就会先到桐岭暂歇。1874 年，内地会平阳分会建立。[50]

曹明道在《Twenty-six Years of Missionary Work in China》中详细记载曹雅直首次进入桐岭建立教会的经过。详文摘抄如下：

> 1873 年的 4 月份，曹雅直先生第一次来到一个叫桐岭的地方，他这样写道："上个礼拜我去了一个离这大概有二十里远的乡村旅行。而在出发的两天前我到访了离这六里远的村庄，回来时却发现我骑的小马驹受伤了，它的背被马鞍勒出了伤痕。没办法只能让它休息两天再重新背鞍。而这背鞍的活对我来说还真不简单。 在那个约好的时间，我起了个大早，我的一位同事陪我一道前往，还有一个人为我背床。这是一个可爱的春天早晨，途中的乡间小路显得格外美丽。我听到了这个季节的第一阵青蛙清脆的哇哇声，油菜花遍地盛开，空气中弥漫着它们散发出的清香；农民在田间收割早稻；鸟儿在竹林深处欢快的歌唱春天；就连蛇也按捺不住地出来晒太阳，在路边扭动着它们丑陋的身体。大约骑了五里路，我们来到了一排小山的山脚下，吃了饭便去了我们看得见的村落传道并卖给他们书

48 张宪文辑录：《温州文史资料（第 9 辑）》，浙江人民出版社，1994 年 3 月，第 226 页。
49 Grace Stott, *Twenty-six Years of Missionary Work in China*, pp.35-41.。
50 汤清：《中国基督教百年史》，第 488 页。

籍，就这样我们从一个小村传道到另外一个小村。在这之前，整个村落从来没有外国人来过。在不远处的田间，人们抛下卑贱的仆婢，放下手中的工作，像逃命一样，从四处聚集过来。人群越来越多地聚集到这里，仿佛生命也越来越多地被吸引。我们的到来使得这里人声鼎沸，到处充斥着中国话的嘈杂，谁也听不清谁在讲什么，因为每个人都在以最高分贝的声音说话，发出刺耳的响声，这是讲英语的人无法制造的喧哗，人们会继续这样，直到他们听到一个比这嘈杂更高分贝的声音。

我接着传道直到太阳快下山时，我们来到一个屋子（可能是寺庙之类的地方），这里虽然许多生命被禁锢但却极度需要我们传道（然而围观的人依旧喧哗）。最后，为了让大家静下来听我讲，我拿起自己的拐杖重重地敲打在这令人绝望的木板隔层上，（这巨大的声响）才使得每个人的舌头安分下来。出乎我的意料，我竟成功地让他们静下心来听我滔滔不绝地传讲耶稣基督拯救的过程，直到我的喉咙沙哑为止。接着为我背床铺的人拿起了偶像并告诉大家这只不过是用木头和粘土做的木偶，它是不会给大家带来好处和祝福的。他还劝诫大家要敬拜我们唯一的又真又活的上帝，他差遣他的独生子为众人打开了通往天国的路，为信他的人赎罪。这时大多数人回去吃晚饭了，但很快又带着更多的人回来了。尽管已经累得筋疲力尽，但我还是又开始讲了一小时的道。最后我让大家回去等第二天早上再来听道。当我正要上床睡觉时，来了位村里长老们的代表说，附近村里的一些老者从年轻人那里听说我来传道，他们就聚集在一个老屋子里等我去跟他们交谈这令人惊奇的事。这是一个相当少又很好的机会让我去讲我们的救主耶稣基督，在主的指引下我的心向他靠拢，他赐下生命和能力，让我作他的器皿在乡间传扬他的圣名。

我又给十四个人做了将近一个小时的讲道，因为他们一直听得非常专注。其中一个人问我说"该如何敬拜真神"。我告诉他们，并跪在湿漉漉的泥地上为他们祈祷，感谢主赐予他们生命和食物，恳求主赐予圣灵去教导他们，开启他们的心窍。我起身，他们都很惊讶；一些人惊愕地看着我，不知该如何对待。其中有一个人问我："上帝听得见你的祈祷吗？"我回答说："圣经上说上天是有眼睛的，这是真的，如果有上天有眼睛而没有耳朵不是很奇怪？"他们都回答说："对，对，对！"

很晚了，他们才离开，我情不自禁地感谢主赐予这个良机将他的名显于这么多人面前。这些布道历程都尽可能多地在继续。有时我会陪同他到较近的地方，更多的时候我还要继续照顾家务。谈到其他一些游历，曹雅直先生写到：

大概三个礼拜之前，我经历了一次很有意思的布道。我们拜访了许多镇子和村庄，经常会有上千名听众；有时，我们在戏台上讲道；有时，在乡村的祠堂；有时，若没有好的场所，我就在我的马背上。我有两个当地基督徒跟我一起同工，他们也轮流讲道。其中一个第二天声音沙哑了，另一个还能继续讲。他的声音数英里之外都能听到。我极少听到过像他这样（高亢）的声音。或许，可以与逝去的邓肯·马西森的声音相媲美，但是邓肯是浑厚的男低音，我说的这个当地人是尖锐的男高音，并且与悦耳拉不上任何关系。无论如何，他在传讲耶稣基督时，表达明白而丰富。这种状况在我离开之后又维持了十来天，此后又去了其它地方讲道。

在外面呆太久了我会感觉不舒服，因为留下曹雅直夫人独自一人，有那么多的人需要她去照顾；然而，她现在与别人交通的时候好多了，可以讲得很好，在中文方面进步很大。她一周要出去探访两次，上一天主日学课程，星期天下午带一堂查经课。除此之外，她要负责整个学校的膳食和衣物，还有我们自己的事情和她的中文学习，使得她一直很忙碌，故此，她几乎连一小时闲暇的时间也没有。然而，令我感恩的是她的身体健健康康。

我希望我有时间详细地分享这次探访过的很多地方。尤其是有一个地方很特别，是我所看到过的最美丽的地方；但是，那里的人似乎非常落后。这个村庄座落在一个马靴型的山谷里，山谷后面和侧面小山直立陡峭，几乎呈现了山脉的面貌，而前面是个长长的旷野，宽阔无边。一条美丽的河流从村庄流过。我们靠近时，田园里果实硕硕，桔子、柚子和石榴都成熟了，挂满了树。村庄的村长留我们住下，盛情款待了我们。晚饭后人们蜂拥而至，我向他们讲了一个小时的道，而除了跟我在一起的这些当地人之外，在接待室里还有更多的听众。他们对我如此友好，是因为之前我曾医治过一位患热病的女士。

第二天早晨我起床，用过早餐后，就在太阳升起的时候又坐上马背，赶路去另一个村庄。所有人都出现在庙宇的院子里，我爬上戏台，和当地的讲道人轮流布道。过了不久，当地的僧人在众偶像前面提出了一些异议。我说如果有人反对我在这里布道，我可以到另外的地方去布道。大部分人哭了，"不要，不要，留下来。"人群里一个人喊到："如果那个僧人不安静下来，我们就会把他弄到山顶上去，把他绑在树上。"这句话引起哄堂大笑，这就是那个可怜的僧人的代价，之后的时间他都保持沉默。我想马上离开，私塾先生如此好客，他希望留我下来吃晚饭。

这件事之后，桐岭的很多人都感兴趣了，我丈夫受邀去给他们讲道。结果，其中的一员在他的房子前面建了一座小教堂。

一天，曹雅直先生去桐岭，希望租一间房子做小教堂。那天我盼着他回来，这时来一个人，送给我一条很大的鱼做礼物，说曹雅直先生已经找到地方做小教堂，而且派他过来送钱去解决问题。这个礼物有点令人怀疑，问他是否有信给我，他说有，但是在下船的时候掉进河里不见了。我又问了些问题，就知道他是骗子了。我说要去叫衙门捕快，他丢下鱼跑走了。一会儿，我丈夫回来，我们喝茶的时候谈论这条鱼，笑着谈论这个愚笨的骗局。[51]

我们虽然没有足够的资料来记载桐岭教会的情况，但从零星的资料中，可以窥见该教会对于温州内地会的影响。《教务教案档》记载 1895 年在温州府属教会情况时，提到温州府属瑞安县只有一个教堂，即桐岭教堂。文称："瑞安县桐岭底下蒲地方英国设立教堂一处。房屋四间系属华式。住堂教士林庆增系温郡人。另有西人每月到堂一次。堂内并无育婴施医等事。"[52]

另外，温州内地会早期最为著名的本地牧师蒋宝仁，就是一位桐岭人。他是温州内地会最为著名的传道人，后来成为曹雅直牧师的得力助手，在平阳、桐岭等地开展教会事工。曹雅直牧师离温、去世之后，蒋宝仁协助曹明

51 Grace Stott, *Twenty-six Years of Missionary Work in China*, pp.35-41.译文录自：《麦种》总第 13 期，2008 年 4 月，第 18-19 页。

52 吕实强主编，中国近代史资料汇编，《教务教案档》第 5 辑（三），光绪十三年-光绪二十一年，中央研究院近代史研究所编，第 1815-1817 页。

道以及后来的衡秉钧牧师、夏时若牧师，襄助教务[53]，历任温州内地会副会长[54]。他的生平资料，将在民国温州内地会详细交待。

三、刘夫人叶氏归主

1877 年，曹雅直夫妇回英国度假，后于 1878 年 12 月 31 日回到温州。在此期间，樵夫鲍新进带领刘夫人叶氏归主。

叶氏出生于书香富裕之家，接受过基本教育，是当时社会中少数能识字并阅读的女子。20 岁时，叶氏嫁入刘姓富豪人家。不久，因为刘家上从祖父下至兄弟都染上了鸦片，家道顿时败落。几年之后，刘家又因她公公去世大搞丧礼，以致背了一身债务。所有债务偿清之后，只留下祖上的 10 亩地。两年后，叶氏丈夫去世，仅 29 岁的她就独自担负起养育孩子的重任。在最为窘迫之时，她只好将土地卖了 2.5 亩。不过，因为她的勤劳，剩下的 7.5 亩土地足已供养她的一家。自从丈夫去世之后，她将所有的希望寄托在烧香拜佛之上，但她疲惫且受伤的心灵却从未得到慰藉。

鲍新进平时以卖柴火为生，自 1877 年受洗加入教会，自此热忱传道，每当他进一户人家时，就会趁机向他们传讲基督。[55]台湾中原大学教授查时杰在〈刘廷芳——多才多艺的教会杰出领袖〉中详述刘夫人在遭亡夫之痛之后的困境：“廷芳的祖母系书香门第出身，受有教育，中年守寡，突遭亡夫之痛，自然极度悲伤，而中国旧式大家庭制度下，人繁口杂，亲戚宗族窥产业已久，往往以其寡妇孤儿可欺，暗之中伤，使廷芳的祖母受尽委曲，在无处可伸冤之下，常携其子来亡夫坟前祭扫，并寻求慰藉，然以路远，又是缠足妇女，行走实有不便，是以每每途中在路旁凉亭歇息，她面带忧愁的脸容”。[56]这样的情况被鲍新进所注意，同情她的不幸遭遇，就把基督的福音与安慰传给她，并且送了一本新约《圣经》给她阅读。刘夫人深为基督福音所吸引，福音的种子就此播撒在她心里，不久后皈依基督。

曹雅直夫妇从英国回来两三天之后，就被安排去见她和另一位刚信主的姊妹。曹师母见她们对信仰的追求心志，就先在她们家里办起了圣经班。不久，刘夫人就开始主动向人传讲救赎主的信息。甚至她自愿在每星期抽一天

---

53 *China's Millions*，1908，p.191。

54 《通问报》，第 186 回，上海：北京路 18 号，丙午（1906 年）正月，第 2 页。

55 Grace Stott, *Twenty-six Years of Missionary Work in China*，pp.118-119.

56 查时杰：《中国基督教人物小传（上卷）》，第 238 页。

时间与曹师母同行，挨家挨户地传福音。有时发展到三、四十人在一个院子里听她讲道。1881 年，曹雅直夫妇看到她的成长和热心，就请她放弃针线活，进入女子寄宿学校专职侍奉。

1881 年，刘夫人的婆婆刘老太太去世，留下了一笔可观的遗产。在筹备丧事的过程中，刘夫人因信仰立场坚持自己和儿子不向死人下跪，从而放弃刘家大部分遗产。

曹明道记录刘夫人抛弃刘家祖业而见证基督的过程。从中得见刚信主不久的刘夫人，特别是一位寡妇，愿意为信仰的缘故而放弃唯一能够维生的遗产，其心志是值得敬佩的。"周三，我照常地来到刘女士家，但她不在家。黄女士转告刘女士办丧事去了，因为她婆婆于两天前去世。她留话要求我们为她代祷，因为她不知道应付这样的场面。于是，那天下午我们取消了圣经学习，转而祷告会。求神保守祂正处在逆境和试炼中的孩子。在接下来的两三天中，我还是迫切地为她代祷。我担心因着偶像敬拜会带来一些负面影响，很想知道她是否有勇气在她骄傲有学识的亲戚面前承认耶稣基督。三天之后，她来看我。我一眼便认定她很好，因为她面露喜色。她开口便说：'奇妙啊！奇妙啊！神一直与我同在。'她一边搬椅子一边流泪，激动的情绪使她不能自已，她喊着：'神帮助我荣耀祂！'当她到了那里，看见她所有亲戚都走向拜偶像的灵堂祭拜，她的心猛然地一颤，她感到自己必须要承认基督。于是她将亲戚叫到一起并告诉他们，从上次见过面后，她身上发生了奇妙地改变：她听说了一位又真又活的神，能洗净她身上一切的罪并赐她世间任何人无法给予的喜乐；知道了天上永恒的家乡，胜于得着世上所有，尽管她和儿子是已故者最直系的亲眷，有权继承大部分的遗产，但她不愿由于祭拜祖先而触犯神。儿子虽小，但她希望他也能渐渐成为基督徒，并她也不愿儿子为遗产而祭拜。因此，她放弃所有遗产继承权，愿由他们决定给多少。她知道这样使她和儿子从祖先祭拜中释放出来。她又提到，亲戚们开始询问她是怎样信仰能使她作出这样的决定。因此，她说：'在那三天里我没做其它事，一直给他们讲耶稣基督。在我回来之前，神让我知道自己已经荣耀了祂，因为我听到一个亲戚说：这一定是个好宗教，因为你找遍整个城厢也找不出另一个宗教可以让人如此放弃遗产的。'关于此事我羞于提起的是他们只给了她应得之份的十六分之一，但借此她得到了一份书面文告，声明在她死后，任何人不可干涉她的葬礼，或进行祭拜仪式。这些年来，她成为一位忠实和宝贵的助手。"[57]

57 Grace Stott，*Twenty-six Years of Missionary Work in China*，pp.72-76.

　　此后，39 岁的刘夫人与年仅 13 岁的儿子得曹雅直夫妇的接纳，入住温州内地会花园巷，与曹氏夫妇同住，并全时间参与服侍，她儿子也进入仁爱义塾。[58]查时杰说："叶氏被内地会接纳，获得其全力支持，又以其受过完备教育，故聘她出任温州新设立的女校校长，综理一切。从此廷芳的祖母生活逐渐安定，她把全付精力放在女校的工作上，也教育独子刘世魁，她活到七十高龄始安息主怀，从她一生的经历来看，特别是在清末传统中国的社会环境中来看，廷芳的祖母实在是一位不平凡的伟大女性。"[59]

　　刘夫人叶氏，即中国基督教著名神学家刘廷芳博士的祖母。刘廷芳在 1938 年 2 月写给三弟刘廷蔚的信中提到祖母的懿范及遗训，成为刘家世世代代的祖训："伏念吾家自祖母大人皈依圣教不畏万难打破一切旧礼教之束缚屏除社会之一切迷信创办女子教育开故乡风气之先声毕生虔诚笃信励志守道懿范在人间至今为乡里所传颂。祖母遗训嘱吾家子孙须世世信奉圣教。母亲大人早岁守节谨遵祖训努力奋斗使吾辈得有今日并使刘家垂绝之支得复而盛。饮水思源，不能不使吾辈激励孝恩。"[60]

图片取自《Twenty-six Years of Missionary Work in China》
后排站立：刘夫人叶氏；前坐右：刘世魁；前坐左：李玺；刘世魁前站着的是刘廷芳

58　Edited by J. Hudson Taylor, M.R.C.S., F.R.GS., *China's Millions*, 1881, p.36.

59　查时杰：《中国基督教人物小传（上卷）》，第 240 页。

60　致刘廷蔚、吴元俊，1938 年 2 月 15 日。

四、花园巷堂被毁与重建[61]

对于温州原内地会总堂——花园巷堂的重建，现在花园巷堂内部流传着不同的说法。特别在 2007 年编写花园巷堂史的时候，笔者曾于 1 月 29 日在花园巷堂与几位编写委员会成员做过相关的探讨。

记得当时编写委员会中，季姓长老提出花园巷堂在 1884 年甲申教案中没有被烧过，而至今保存的老教堂就是 1877 年由曹雅直所造，因此该教堂至今（2007 年）已有 140 周年。他们提出的理由是：第一、教会本身没有与被烧毁相关的口头传说，他们认为如果有被烧毁，一定会有流传下来；第二、教会没有找到相关的资料证明教堂被烧。当时，我指出他们的两个理由不能证明教堂没有被烧。为了证明该教堂确实在甲申教案中被烧，我找出相关的资料，作为佐证。

首先，作为当事人之一，曹雅直的妻子曹明道在 1885 年的 China's Millions 中记载："我们的房子、学校、教堂以及所有财产都被付之一炬。……我亲爱的丈夫穿着法兰绒睡衣逃了出来，孩子们也穿着睡衣直接从床上被拽了出来。我丈夫、孩子们以及来帮助他们的玛高温医生都被枪林弹雨似的石头赶到衙门里。甚至有些孩子逃走后不知去向，直到第二天才找到。"[62]

其次，同样的文章里记载，当时的英国驻温州领事答应曹雅直回温州，并愿意尝试去租一套房子。文称："我们花了一礼拜时间为他们预备衣服和床铺。现在什么都过去了，我们明天会去上海拿来许多必需品。很快，领事答应我丈夫回温州并尝试去租一套当地房子，以致我们回去的时候，可以聚集我们亲爱的会友。"[63]

再次，1886 年 6 月 11 日（光绪十二年五月初十日），浙江巡抚刘秉璋向朝廷递送的《奏报审明拿获温郡焚毁外国教堂各犯按例定拟摺》中记录："是夜正值救护月食，游观人多，仓猝之间，激成众怒，致周宅巷、岑山寺巷、五马街、泉坊巷、花园巷等处教堂洋房同时被民众纷往焚毁。复至双门打毁税务司洋关房屋，并将洋人器皿什物搬出关外空地，举火焚烧。"[64]

---

61 "甲申教案"的详情，将在"清末温州教案"一章中追溯。

62 Edited by J. Hudson Taylor, M.R.C.S., F.R.G.S., China's Millions, London: Morgan and Scott,1885, p24.

63 Edited by J. Hudson Taylor, M.R.C.S., F.R.G.S., *China's Millions*, 1885, p24.

64 朱金甫主编，中国第一历史档案馆，福建师范大学历史系合编，《清末教案》第 2 册，中华书局出版发行，1998 年 10 月第 1 版，第 425-427 页。

最后，1885 年，China's Millions 登载了曹雅直夫人曹明道于 5 月 18 日写的一封信，信中提到 5 月 17 日温州内地会有一次大型的聚会，共有 200 人参加，聚会的地点是在"新礼拜堂里"。可见，温州内地会花园巷堂于此前已重建完成。[65]

以上第一手资料的记载比口传更加可靠，没有杜撰的必要，且宝贵史料打破了花园巷史料编写人员认定没有史料记载的猜测。笔者认定，这所于 1885 年春季重建竣工的花园巷堂，才是保留至今的老教堂，它是一座中式建筑的教堂。该堂装饰简朴，讲台上方悬挂"尔道若灯光烛我径"，取自诗 119：105，即"你的话是我脚前的灯，是我路上的光。"[66]

温州内地会花园巷堂内景

---

65 Edited by J. Hudson Taylor, M.R.C.S., F.R.G.S. *China's Millions*, 1885, p.116.

66 花园巷堂后来在 1958 年下半年温州全面推行的"无宗教区"运动影响下被迫关闭，教堂被占为工厂仓库、车间。直到 1988 年 12 月，花园巷教会信徒正式回到教堂礼拜。而此后教堂的整体布局与之前颠倒，圣台设在原来教堂的进口处，而原来的圣台两边开了两个门，供信徒进出。

五、温州内地会女学的初创

温州历史上第一所女学是由曹雅直夫妇于 1874 年所创。但在创立女学之前，曹雅直已经创立了男童学校。一件发生在温州初期基督徒身上的事情促使曹氏夫妇创办女学。曹明道记载："1872 年，我们的厨师，就是那个在我们结婚第二天受洗的弟兄，娶了个不信主的女子为妻。虽然我们感到很痛心，但又能做什么呢？如果坚持基督徒'只在主里嫁娶'，实际上就等于禁止婚姻，因为在团契里根本就没有基督徒姐妹。这个不信的妻子给他带来的影响很快就显明了，首先是他对主的热心减退，接着是灵性冷漠。两年后，我们不得不让他离开教会工作。这让我们看到，如果要建立一个健康、有生机的教会，就必须为教会弟兄预备主内的妻子。经过多次祷告和反覆考虑，我们决定开办一所女子寄宿学校。"[67]

但是开办女子学校不是容易的事，他们面对两个方面的困难：一是没有合适的地方供女生住宿；二是曹氏夫妇决定要废除女子裹脚的陋习。但废除裹脚习俗可能会使他们招不到想要的学生。他们原本可以选择一个较容易的方式开办学校，至少能得到本地人的认同，但他们觉得需要与陋习抗争是很重要的事工基础，必使后来人也能继续在这个基础上开展事工。他们考虑："与其选择一个容易的开端，之后再去面对随之而来的争战，倒不如一开始就与这些问题做正面抗争。"[68]有了这个决心之后，曹氏夫妇就发布通告，张贴招生计划："招收 10 岁以下女孩，免费读书，免费提供食宿；条件：被录取女生不得裹脚；校方有权将其许配给合适的配偶，学生家长在没有征得校方同意的情况下不得将其许配他人。"[69]

原温州师范学院副教授莫法有关于入校的福利与条件描写的更多，由于莫氏没有交代资料的来源，我们无法确认其真实性，但比较曹明道的记载，显然加入了不少条款："凡来就读之女生，一律免费供应伙食、衣服、书籍及笔砚等物，同样每月奉送大洋拾元。但必须订立合同，规定学生不但读书，学习缝纫，还要学道，接受圣经课程，参加宗教活动；不准缠足，已缠的须放开；学生长大后（至十八、九岁）由校方择配于信徒，不准嫁于教外人。合同须由学生家长画押生效，若违背规约，则学生在学校的一

---

67 曹明道：《二十六年：曹雅直夫妇温州宣教回忆录》，第 65、67 页。

68 曹明道：《二十六年：曹雅直夫妇温州宣教回忆录》，第 67 页。

69 曹明道：《二十六年：曹雅直夫妇温州宣教回忆录》，第 67 页。

切费用须加倍偿还。因物质待遇优厚，就读者陆续不断不存在生源紧缺的问题。"[70]

苏虹在〈温州第一所女学——育德女学〉中的描述带着主观的评判，文称："曹雅直身居温州 10 年，深知温州市民的贫困，遂决定以金钱、物质为诱饵，广施小恩小惠。当时规定，凡入学者，与男书院享受同等待遇，即供给膳宿、衣被、书籍及笔墨纸砚，每月并补助其家庭十块银元。但必须签订合同，规定：入学后必须学道、学女红（缝纫）；不准裹脚，已裹脚的应即放开；读至十八、九岁，由校方代为择配信道人家，不得嫁给教外人；遇有要事或年假回家，须经校方批准方可离校。合同上特别注明：上述各项必须切实遵守，若有违反，加倍偿还一切费用。由学生家长立下字据并画押，以示郑重。"[71]

不出曹氏夫妇所料，禁止裹脚一事在女学建立之初就已经突显出来。当时，曹氏夫妇只招到一个年仅 9 岁的女孩，是教会一位老太太的孙女。女孩很高兴不用裹脚，也很快适应学校的规定。因此，曹明道很喜欢女孩，经常把她带在身边。女孩的母亲见机闹了一出，想要改变废除裹脚的规定。曹明道详细介绍这场"反裹脚"大战：

> 一天，有人过来对我说，那孩子的妈妈整天整夜哭叫不停，扯着头发恸哭，哭她女儿命不好，哭她女儿要长一双男人的大脚，大了也找不到婆家，谁会看上个大脚片子女人呢？于是，她要求我把这个女孩送回家，宁愿出去挨家挨户讨饭，也不让女儿长一双大脚丢人现眼。我对来传话的人说，他们送孩子过来是出于自愿，也明白我们的规定，并且已接受我们规定的条款。现在要想让孩子回去，请他们亲自来接，但必须先付清孩子吃饭穿衣的钱，还有这些年我们花在她身上的所有费用。他们当然付不起这些钱，只得不情愿地做出让步。这样，我们"反裹脚"第一场战役终于打胜了。[72]

不过，女校招生依然困难，最初几年时间里，女校只招到四个学生。那个时候，女校办学的各种好处都已突显出来，但还是很难招到学生。然

70 莫法有：《温州基督教史》，第 55 页。
71 苏虹：〈温州第一所女学——育德女学〉，《鹿城文史资料（第 11 集）》，中国人民政治协商会议温州市鹿城区委员会文史资料委员会，1997 年，第 160-161 页。
72 曹明道：《二十六年：曹雅直夫妇温州宣教回忆录》，第 67-68 页。

而，曹氏夫妇依然坚持不懈地办学，一直维持下去[73]，成为早期温州内地会的美好祝福。凡参加女校学习的女孩均经过系统的实践培训，大多数女生毕业后成为教会同工。

六、温州内地会女学的扩建与属灵复兴

1877 年 4 月，曹雅直和曹明道回英国度假。曹明道说："我的健康状况迫使我回英国度假休养。我们乘坐开进温州的第一艘商船离开温州。那时，曹雅直已来中国十一年了，身体依然很好。他原打算送我回家而自己留下来继续工作。但戴德生先生建议他带我一起回来，我们就采纳了他的建议一同回国。"[74]

这次回国，曹雅直夫妇除了要休养之外，更重要的事情就是要募集资金以扩建女校校舍。曹明道说："那时，女校的孩子们逐渐长大成人，我们意识到有必要给她们分配单独的房间，而我们又不能指望布道团有限的资金来扩建校舍。我们把我们的需要带到主面前，对主说，如果女校还要继续办下去，就必须为这些孩子提供一个正常的家。我们决定不求助于人，更没有公开向大家提出我们的需要，只是与几位好友分享了我们的意愿，将其余的工作都交给神。我们把扩建学校的计划告诉戴德生先生，并对他说，如果要实施我们的计划，大约需要 250 英镑。戴德生先生却说，他认为至少需要 300 英镑。我们求主赐给我们 250 英镑，但我们对主说，如果主认为有必要的话，就赐给我们 300 英镑。"[75]

1878 年 12 月 31 日，曹雅直夫妇回到温州[76]。他们带着 304 英镑回到温州，开始建立女学校舍及改善设施。曹明道说："第二年秋天回到中国，我们收到了 304 英镑。除了建校舍，我们还花了 10 英镑改善学校其它设施。这是又一次神赐给我们的超过我们所求所想。我们一致决定将基础建设开支控制在所收到的宣教奉献金额之内，我们收到的各种财物也都纳入建校基金。"[77]

---

73 至曹明道写《二十六年：曹雅直夫妇温州宣教回忆录》时，女校已维持了 22 年时间。曹明道：《二十六年：曹雅直夫妇温州宣教回忆录》，第 68 页。

74 曹明道：《二十六年：曹雅直夫妇温州宣教回忆录》，第 77 页。

75 曹明道：《二十六年：曹雅直夫妇温州宣教回忆录》，第 78 页。

76 曹明道：《二十六年：曹雅直夫妇温州宣教回忆录》，第 80 页。

77 曹明道：《二十六年：曹雅直夫妇温州宣教回忆录》，第 78 页。

1879 年夏天（清光绪五年），曹雅直夫妇开始筹建女学校舍。曹明道记载详情：

> 1879 年夏天，我们开始筹建女子学校，神一直赐给我们足够的供应。起初，我们打算只建一幢房子办女校。然而，神带领我们建了两幢。一幢做为教室，另一幢我们自己住，这样也便于我们管理。我们把住了十年的那幢老房子让给一对新婚夫妇住，这对夫妇有可能很快会参与我们的事工。因着建设计划扩大，我们知道需要更多资金，但我们只能这样做。在以往的经历中，神已证明祂是信实的，我们相信这次祂也会供应我们所需的一切。

> 盖房子我们是计件付酬的，只有手头有钱的时候，我们才决定继续盖下去。我们一周付一次人工费和材料费。有两次，我们都以为不得不叫工头先停一段时间再盖，而每当这个时候，想不到的供应就来了。整个工期下来，没有因为资金短缺停过一天工，也没欠一分钱的债。房子盖好了，我们不得不再盖配房。神同样应允了我们的祷告，给了我们充足的供应。

> 这些房屋，包括最早买的老房子和教堂，都在 1884 年暴动中被毁了。[78]

虽然在基础建设上已完善，女子寄宿学校的女孩们生活在较舒适的环境中，但她们的属灵生活，却并没有如曹明道所期待地复兴。曹明道回忆："其实在开办女校的前十年（注：约 1874-1884 年），我们几乎看不到属灵的果子，虽然有两三个人声称信主，但她们的生活却没有发生相应的变化。每天的查经会对她们来说是最难熬的时候，她们看起来似乎没有一点属灵意识。"[79]曹明道坦言，孩子还小的时候，她没感到太大的压力，但当她们越来越大的时候，她却变得几乎绝望了。很多次，她从女学回到自己房间偷偷啜泣，向神说："难道这些孩子永远不能得救？"然而，这种艰难的日子一直到 1884 年，才真正进入属灵的翻转。[80]

---

78 曹明道：《二十六年：曹雅直夫妇温州宣教回忆录》，第 86-87 页。在此，我们可以得知，莫法有在《温州基督教史》中所认为内地会花园巷教堂建于 1877 年，且认为是近代温州第一所耶稣教堂的说法并不正确。因为在曹明道的记载里，尚未提到温州花园巷的教堂，只提到五马街教堂。参莫法有：《温州基督教史》，第 58 页。

79 曹明道：《二十六年：曹雅直夫妇温州宣教回忆录》，第 68 页。

80 曹明道：《二十六年：曹雅直夫妇温州宣教回忆录》，第 68 页。

1884 年 6 月的一天早上，曹明道与往常一样带领女孩子们查考《圣经》。虽然她稍微注意到年龄稍大的女孩子比以往认真与专注，但没有任何迹象表明神的救恩临到。那天早上，年龄大的女孩在做针线活，而年龄小的女孩则跟着曹明道学习缝纫和编织。突然，一个年龄大的女孩打破早晨的寂静。她问道："老师，你说我要是现在归向耶稣，祂会救我吗？"曹明道看着这个女孩，女孩迫切的神情曹师母从没见过。她继续说道："你经常叫我归向耶稣，但我总是不情愿，现在祂还会要我吗？"那一刻，曹明道心中涌起无比的喜悦。急忙回答："哦哦，当然会的！"接着，她就给女孩讲述自己悔改的经历。她讲着讲着，女孩突然失声痛哭起来，她一边哭着一边跑出屋子。曹明道无法控制自己，喜悦的泪水涌流出来，便跑到曹雅直的书房，大叫着："神的祝福终于来了！阿梅在寻求神。"曹氏夫妇当即跪下来一起祷告，向神献上感恩。之后，曹明道去和女孩一起跪在床边祷告，祈求神的慈爱和怜悯。

回到教室，她发现另外两个女孩也在哭，她们告诉曹明道："我们也是这样的罪人。"一个女孩呜咽道："你不知道我有多坏。"说着跑到橱柜，从中拿出几块印花巾和一些零碎布头，并一百枚铜钱。她把这些东西塞到曹师母手里，说："这都不是我的，是我偷来的。拿走吧。"原来，她偷布料做胸衣拿出去卖，一百枚铜钱就是她卖胸衣的钱。

另一个女孩说："我比这更坏，你还记得几年前你丢的那根胸针吗？你搜查一遍，最后在阿蓉枕头里发现了那根胸针。大家都以为是阿蓉偷的，其实是我偷的。我害怕被逮住，就放她枕头里了。"听了她的话，曹明道又生气，又内疚、伤心。她随即召集全校学生，并叫来阿蓉，询问她是否记得几年前因为偷胸针被罚的事。阿蓉却忘得一干二净。曹明道当着全校学生的面，请求阿蓉的原谅，使得全校女生感到惊讶，她们的老师居然在众人面前认错了，她们当然很赞赏曹师母的真诚。接着，曹师母要求偷胸针的女孩也弥补她自己的过失。女孩把母亲给她的钱全都给了阿蓉做补偿，但阿蓉也很大方，把钱退给她一半。

自那三个女孩真正悔改信主的三个礼拜后，又有三个女孩信主。她们又带领一位未得救却已离开学校准备出嫁女孩归主。之后，福音在女校开始周期性复兴，每次复兴都有三到五个人悔改。[81]

---

81 曹明道：《二十六年：曹雅直夫妇温州宣教回忆录》，第 68-71 页。

七、温州内地会第一所教堂——五马街礼拜堂

温州内地会的第一所教堂，位于五马街，是由曹雅直和蔡文才所创立。1871 年上半年，曹雅直和蔡文才[82]在五马街租了一间大铺面作为礼拜堂。[83]据高建国牧师所述，五马街教堂的原户主是胡东升。[84]

教堂的设置很简单，除了一个小礼拜堂之外，里面还隔出一部分装修成书店，请一位当地传道人每天坐在书店里，一边卖书、一边向进来的人传道。下午，礼拜堂开放，曹雅直和蔡文才讲道。曹雅直在一封信中描述当时的情形：

> 礼拜堂一打开门，各色人等蜂拥而至。有游手好闲逛大街的懒汉，有喜欢打架斗殴的地痞流氓，有过路的生意人，也有扯着嗓门叫卖杂货的小商贩，有变戏法的、算卦的、唱戏的、小偷、乞丐，甚至人群中还能看到秃头和尚和穿着道袍的道士，嘈杂喧嚣，无法形容。可想而知，要吸引这样一群人静下心来听道绝非易事。我的心紧绷着，这对智力也是一个巨大的挑战，昨天我已深有体会。午前我讲道时所有人都目不转睛，听得津津有味，全场鸦雀无声，足足讲了四五十分钟。我向他们讲罪的起源、罪的后果和基督的拯救。不少人一直聚精会神地听下去，但大多数人坚持不住，来回走动，进进出出，坐不下来。我每天祷告，祈祷我们的礼拜堂能成为众多灵魂的重生地。昨天有一千多人来听道，他们要花很多时间才能理解。但是蒙神祝福，我们逐字逐句地讲，他们也能领受。[85]

1871 年 10 月 27 日，男童学校的两位学生孙世元和周殿卿写信给一位外国朋友，介绍他们在学校的情况，其中就提到："因着神的恩典，今年上半年在五马街开了一间礼拜堂，很多人听到了福音。开头很嘈杂，他们听不懂，现在好多了，他们愿意坐下来安静地听道了。讲道也没那么难了。我们搬家前，住得很挤。现在搬过来好了，住的房间很大，能住五、六个人。不管来多少人，都还有空位。"[86]他们也同时介绍教堂里的男童学校学习的情形："每天早

---

82 蔡文才于 1870 年年底从台州来到温州与曹雅直同工。

83 据高建国牧师所述，五马街教堂是曹雅直于 1872 年所租。曹明道则记载为 1870 年年底蔡文才来温州与曹雅直同工之后，未说具体时间，而后面男童学校的孙世元、周殿卿给外国朋友的信中提到是 1871 年上半年。高建国：〈基督教最初传入温州片断〉，《温州文史资料》第 7 辑，第 344 页。

84 高建国：〈基督教最初传入温州片断〉，《温州文史资料》第 7 辑，第 344 页。

85 曹明道：《二十六年：曹雅直夫妇温州宣教回忆录》，第 44-45 页。

86 曹明道：《二十六年：曹雅直夫妇温州宣教回忆录》，第 45-46 页。

晚我们都读经祷告。现在晨更敬拜我们在读《耶利米书》。耶利米，这位神的先知，神派他给犹大王带去神的话，但犹大王不听，心肠刚硬，羞辱耶利米，把他打入地牢；但神维护祂的仆人，用祂的大能惩罚国王与他的国民。晚间敬拜，我们在读《新约圣经》第五卷书《使徒行传》。我们读到第九章了，扫罗加害耶稣的门徒，他如狮子残忍，从耶路撒冷当局拿到文书，企图把门徒一网打尽。但他在去大马士革的路上遇见了主，主改变他的心意，从那时起扫罗便将一生献给神。神的奥妙我们无法明白，但我们要以诚实来敬拜神。我们祈求神的恩典丰丰富富地临到您和您的家人，直到世世代代。"[87]

曹氏夫妇在温州的前十年里非常积极、努力地传讲福音。据曹明道所说："温州周边每一个村庄，我们几乎都去传过福音。我们去村庄布道，常把地点选在一棵大树下，一大早就开始聚会，午饭也在一起吃；曹雅直负责带领男子，我负责带领女子。很多人听过道，但很少有人相信耶稣是唯一救主。"十年里，曹氏夫妇建立了一个18-20人的小教会。显然，这跟他们的期待来说相差太远，但他们没有因此而气馁，曹明道引用诗篇126篇来表达自己的信心："流泪撒种的，必欢呼收割。那带种流泪出去的，必要欢欢乐乐地带禾捆回来。"在1877年4月离开温州返回英国述职前的18个月里，他们终于引来了一次大收割，共有37人宣告自己的信仰，受洗归主。[88]

1877年农历四月，《万国公报》登载一篇由孙世元所撰〈东瓯内地会曹牧师回国启〉一文，追溯曹雅直夫妇十年的遭遇："浙江东瓯内地会曹雅直牧师，系英国苏省俊士。为遵行天命，远别亲属，不畏重洋，来此中土，驻居东瓯，开设教堂，兼设义塾，旬有余年矣。……余自入塾以来，历见曹牧师为宣扬天道，或于城乡，新设教堂。屡被恶党行凶詈骂，造谣鼓众偏贴匿名揭帖。即如去年六七月间，有天主教徒施鸿鳌、潘阿士等，在乡聚众谋逆，以致民心浮动诬累圣教，众皆齐声面称戕杀洋人。惟曹牧师，虽受此等种种欺凌、毒害，然竟置若罔闻，概不为意，专为天道茫茫，急如水火，言主忠信而行居笃敬，故近悦远来正道徐徐广播，如此善样不徒令区区一人即教外多人莫不共称共美矣。"[89]

---

87 曹明道：《二十六年：曹雅直夫妇温州宣教回忆录》，第45-46页。

88 曹明道：《二十六年：曹雅直夫妇温州宣教回忆录》，第76页。

89 林乐知主编：《万国公报（六）》，华文书局股份有限公司印行，光绪三年四月初八，第605页。

在此，我们需要辨别，莫法有在《温州基督教史》中称内地会花园巷教堂建于 1877 年，视为近代温州第一所耶稣教堂的说法并不正确。因为曹明道记载：1879 年夏天，曹雅直开始筹建内地会女子学校，他们共建了两幢房子和一个配房。她也特别指出："这些房屋，包括最早买的老房子和教堂，都在 1884 年暴动中被毁了。"[90]可见，当时的温州内地会尚未有花园巷教堂，而只有五马街教堂。

八、温州内地会妇女事工

1877 年，曹雅直夫妇尚在英国述职、休养期间，就已特别想到温州内地会的发展需要兴起一批妇女来协助。曹明道遂特地向英国的基督徒发出请求，要求他们特别为此献上代祷，求神"拣选一位合适的妇女悔改归主，她的归信可能给其他人的工作带来实质帮助，因为直到那个时候，我们才只有一位老姐妹信主，而且已年过七十。我感受到孤军奋战的难处，并切切渴望有这样一位姊妹帮助我。虽然有这种盼望，但我们很少去想。然而，当他们祷告的时候，神就在这个方向逐渐成就祂的计划。"[91]

（一）妇女查经班

1878 年 12 月 31 日，曹雅直夫妇回到温州。几天后得知两位妇人对真理感兴趣，这两位妇女分别是刘夫人[92]和黄夫人。不久，曹明道就在刘夫人家里开了一个圣经学习班，每周三上课。曹明道见证她们生命的成长："以前黄姊妹受丈夫阻拦，刘太太怕被别人知道而感到丢脸，她俩都没参加过这样的信徒聚会。现在回想起来牧养她们的那段时光，心里仍然充满喜乐。她们的心门实实在在地打开了，切切渴慕这宝贵的生命之道。一周周过去了，她们的灵命在恩典中迅速成长。每次上课前，她们总是尽量一字不漏地复述上一课讲的经训内容。"[93]

1879 年，又有一位妇女信主，人称阿金姊。在接下来的两年里，曹明道每周花一个下午专门到她家讲道。这样，曹明道带领两个查经班，分别是刘

90 曹明道：《二十六年：曹雅直夫妇温州宣教回忆录》，第 86-87 页。在此，我们可以得知，参莫法有：第 58 页。

91 曹明道：《二十六年：曹雅直夫妇温州宣教回忆录》，第 79-86 页。

92 刘夫人悔改归主的详情可读拙文《刘夫人叶氏归主》一文。

93 曹明道：《二十六年：曹雅直夫妇温州宣教回忆录》，第 82 页。

夫人家与阿金妳家。不久，在这两个查经班的基础上，又发展出了一个每周四下午的祷告会。至1881年，曹明道的学道班增加至30多人。曹雅直在写给朋友的信中说："她召集这个班是为了教这些姐妹学《圣经》，但在讲课中也会有些布道。我没过去看，我想她组织的大多数聚会多多少少都有布道的成分。只要有灵魂得救，神的祝福就会临到他们。我想她不能停下来。"[94]

曹雅直在1881年左右写给朋友的信中，充分肯定了其夫人曹明道查经班的果效。同时也肯定初期温州内地会中女性在信仰上的热忱表现。他说："上个礼拜，（温州）城里有三个人受洗，可望不久会有更多人受洗。一些受洗的人给了我们很大安慰，他们当中大多是我夫人办的《圣经》学习班里的。上帝一直祝福她在妇女工作中所做的努力。许多妇女比丈夫更容易接受真理，在信仰道路上也比男性更坚定。事实上，一些根基好的基督徒往往是女性。我夫人时常告诉我，在她们的祷告会上，这些姐妹总是向主吐露她们内心深处的秘密，承认她们的罪、遇到的诱惑和失败，那种坦白和诚挚在她们家人面前都未曾流露过。她们每次祷告都要持续二十至二十五分钟。开始祷告时，她们总是迫不及待地倾诉，直到把事情全部说完了（而不是只说一部分），才会感到释放，高兴起来，脸上露出喜悦的笑容。就这样，靠着信，望，爱给她们加添的力量，继续走在信仰的道路上。祷告对她们来说很真实，因为回应总是那么真切。"[95]

（二）妇女布道团

1885年，曹明道组建温州内地会妇女布道团，由刘夫人任全职传道人。曹明道解释该布道团建立的意图："令我感到棘手的是，这些姐妹大都生活圈子狭窄，目光短浅，如何引导她们去关注、关怀别人？我知道，如果她们愿意为周围的人做点什么，这将有助于她们灵命的成长。我们的办法很简单，在她们中间选出一个姐妹作为传道人，每月让大家尽其所能地奉献一次，以供养这个姐妹全职服事。我们选上了刘太太，只要她身体没问题，就会代表姐妹布道团外出布道。姐妹布道团对众姐妹来说，也是一个极大的祝福。每个月我提出的布道信息都能激发起她们火热的爱心和令人奋兴的祷告，凭着一颗舍己的心帮助他人。"[96]

---

94 曹明道：《二十六年：曹雅直夫妇温州宣教回忆录》，第93页。
95 曹明道：《二十六年：曹雅直夫妇温州宣教回忆录》，第95-96页。
96 曹明道：《二十六年：曹雅直夫妇温州宣教回忆录》，第86页。

至 1895 年，姐妹布道团组建十年，由于信主人数不断增加，该团也不断壮大，其奉献基本上可以供应全职传道人。

九、温州内地会天足运动

传教士们对于中国妇女缠足所引起的痛苦与身体衰弱的现象感到沉痛万分。虽然有些传教士认为外国人不应该直接批判该习俗，是否遵守应由华人基督徒个人决定。但许多传教士则认为教会应该持坚定的立场，反对妇女缠足。因此，在 1867 年，杭州的一所教会学校率先要求那些接受学校食物与衣服的女孩子要放足。而曹雅直、曹明道夫妇也在 1874 年所开办的女子学校中将反缠足作为首要条件。[97]

不过，曹雅直与曹明道虽然在女学实行天足，但是并没有扩展到社会上，且在教会妇女的事工中也没有要求妇女天足。因此，在当时的温州内地会中裹脚依然是一件很平常的事情。甚至温州早期传道人陈日铭曾为妻子是天足而感到奇耻大辱。曹明道说："令我们感到失望的是，年轻的陈先生娶了个不信主的女子为妻。妻子没裹脚，有一双很大的'天足'，陈先生却以为这是奇耻大辱，不能忍受。以前，不裹足的女子极少，遇到这样的事只能在人面前忍受羞辱。"[98]

这事到了 1893 年，温州内地会女传教士鲍金花在麦嘉湖（John Macgowan，1835-1922）的鼓励下在温州发起了天足运动。麦嘉湖是英国伦敦会传教士，1835 年 7 月 23 日出生于英国，1858 年入英国伦敦会，1859 年在伦敦长老会学院学习，同年 8 月 24 日按立为牧师，并于 10 月 21 日从英国启航，1860 年 3 月 23 日抵达上海，开始了在中国长达 50 年之久的传福音工作。[99]期间，他于 1874 年在厦门与 40 多名中国妇女成立"厦门戒缠足会"，[100]成为近代中国历史上第一个天足会。

面对麦嘉湖的显著成就，曹明道说："而我们在这方面基本上没做什么，真感到有些惭愧。"[101]麦嘉湖给温州内地会寄了一份他个人制订的保证书，是

97 赖德烈：《基督教在华传教史》，雷立柏等译，香港：道风书社，2009 年，第 393 页。
98 曹明道：《二十六年：曹雅直夫妇温州宣教回忆录》，第 124 页。
99 李颖：《基督拯救中国？——伦敦会传教士麦嘉湖研究》，福建师范大学博士论文，2003 年 4 月，第 6 页。
100 汤清：《中国基督教百年史》，第 619 页。
101 曹明道：《二十六年：曹雅直夫妇温州宣教回忆录》，第 267 页。

供那些愿意天足的妇女签署用的。保证书中有三项保证："第一，姊妹们松开自己的脚；第二，不给女儿裹脚；第三，松开儿媳妇的脚。"温州内地会基于现实的考虑，认为第三条在儿媳身上实行起来会有难度，只采用了前两条。经过鲍金花的努力推动，温州内地会有 70 多位姊妹参加了天足运动，给教会带来空前的健康风气。[102]

1895 年，曹明道在报告中简述于 1893 年受派来参加温州内地会事工的加拿大女传教士谢姑娘（Miss Kathleen Stayner，1870-1907）[103]由于特殊的语言天赋，很快适应在温州的妇女工作。她说："近两年的妇女工作，大多由谢姑娘负责。她主理城内和附近每周的妇女查经班，还有一班在七里外的村庄，均有良好的效果。"[104]其中也特别提到她所带领的天足团契："谢姑娘负责的妇女事工中，有一名为'反对缠足团契'，约有六、七十人，团员必须先放自己的小脚，并答允不会给自己的女儿缠足，这是教会一个健康的集体见证。"[105]

因此，在 1896 年，曹明道为所兴起的天足运动而大感欣慰："现在情况大为不同，不仅我们这里女孩逐渐增多，她们当然不裹脚，就是许多原来裹脚的女信徒也放开脚，邻居们也不再取笑她们。"[106]

十、桐岭教堂的重建与教会发展

桐岭教会是曹雅直在温州城区之外建立的第一个城外宣教点，于 1873 年建立[107]，它也是内地会在平阳建立分会的中转站。也就在差不多的时间，曹雅直就在桐岭租了一个房子，成为桐岭第一个教堂。[108]这间乡村教堂于 1884 年 10 月 7 日（星期一），被温州的暴民烧毁[109]，后于 1885 年重建完成。[110]

---

102 曹明道：《二十六年：曹雅直夫妇温州宣教回忆录》，第 267-268 页。

103 黄锡培：《昔我往矣：内地会赴温州宣教士行传》，香港：海外基督使团，2014 年 9 月，第 44 页。

104 黄锡培：《昔我往矣：内地会赴温州宣教士行传》，第 47-48 页。

105 黄锡培：《昔我往矣：内地会赴温州宣教士行传》，第 47-48 页。

106 曹明道：《二十六年：曹雅直夫妇温州宣教回忆录》，第 124 页。

107 Grace Stott, Twenty-six Years of Missionary Work in China, pp.35-41.。

108 曹明道：《二十六年：曹雅直夫妇温州宣教回忆录》，第 54 页。

109 曹明道：《二十六年：曹雅直夫妇温州宣教回忆录》，第 106 页。

110 曹明道：《二十六年：曹雅直夫妇温州宣教回忆录》，第 107 页。

桐岭教会在教堂重建之后得到良性的发展。先后有梁士元和刘夫人在那里传道。到 1885 年，"桐岭，大约已有 40 位信徒，有 8 个家庭抛弃偶像，寻求真理。毫无疑问，他们当中的一些人是主所拣选的。"[111]

后来，在 1887 年，曹雅直将蒋宝仁先生派到桐岭去传扬福音，因为蒋先生本身是桐岭人。曹明道描述这位将来温州教会举足轻重的牧师："1887 年，我们需要派两个年轻传道人去城外两个聚会点——平阳和桐岭开拓事工，要把这两个聚会点发展成两个宣教中心。曹雅直决定派陈益新先生和蒋宝仁先生去，他俩也是我们两个最得力的助手。多年以来，蒋先生在那里做了很多有价值的工作。4 年前，他来温州帮我，那里的工作才告一段落。来温州后，他又成为我最得力的助手，也给了我莫大安慰。尽管其他人也做了很多很好的、有价值的工作，但他稳固的属灵生命和对上帝话语的渴慕，使他在温州诺大的教会也算是最宝贵的教师和牧师了。"[112]

很明显，桐岭教会是温州城区之外的第一个乡村宣教点，后来也成为温州内地会初期的三个宣教点之一。在刘廷芳的父亲刘世魁纪念曹雅直的文章中说："唉，温州这地方比其它地方更盛行拜偶像，不管是有点文化的，还是一个字不识的，都一样喜欢拜偶像。曹雅直先生看到这些，心急如焚，痛切地祷告，求神看顾怜悯这里的人们。不久，神应允了他的祷告，福音逐渐在各地传开，三个教会分别在温州、平阳和桐岭建立起来。每个教会都有一位本地的讲道人，我们牧师不辞劳苦，每个月都亲自去这些教会牧养，在那里讲道、教课并查看信徒的情况。"[113]

后来，桐岭教会又继续得到温州内地会的牧养，英籍传教士朱德盛经常到桐岭传道，曹明道、鲍金花等女教士也曾到桐岭牧养。[114]

《教务教案档》记载 1895 年"瑞安县桐岭底下蒲地方英国设立教堂一处。房屋四间系属华式。住堂教士林庆增系温郡人。另有西人每月到堂一次。堂内并无育婴施医等事。"[115]

111　曹明道：《二十六年：曹雅直夫妇温州宣教回忆录》，第 112 页。
112　曹明道：《二十六年：曹雅直夫妇温州宣教回忆录》，第 136 页。
113　曹明道：《二十六年：曹雅直夫妇温州宣教回忆录》，第 162-163 页。
114　曹明道：《二十六年：曹雅直夫妇温州宣教回忆录》，第 170 页。
115　吕实强主编，中国近代史资料汇编，《教务教案档》第 3 辑（三），光绪十三年-
　　　光绪二十一年，中央研究院近代史研究所编，第 1815-1817 页。

另外，1896 年 4 月（农历三月），《中西教会报》登载由林领第撰写的文章〈论温州圣道之繁盛〉，其中提到温州桐岭教堂的慕道人数日增，"每礼拜日教堂坐满。皆静听细究。可望圣道日盛。"[116]

十一、医疗传教士稻惟德与温州第一间西医医院

1880 年 5 月 27 日，中国内地会英籍医疗传教士稻惟德[117]（Dr. Arthur William Douthwaite，1848-1899）夫妇从衢州来到温州，专门从事医疗传教。曹雅直在 1 月给"亚伦"的信中就已经表明对稻惟德医生的期待。他说："我们盼望稻惟德夫妇能尽快来这里一趟。他们和我们是一个差会，来中国已经六、七年了，一直在中国从事医疗事工。我相信，他们的事工一定很成功，愿神祝福他们。"[118]

DR.DOUTHWAITE.

稻惟德，1848 年出生在英格兰雪菲尔郡的一个农民家庭。在就读雪菲尔大学（Sheffield University）期间，受到中国内地会传教士宓道生的影响，决志前往中国传教。1873 年 12 月，稻惟德虽未完成医学课程，但在与未婚妻订婚的同时，接受内地会面试，准备前往中国。[119] 1874 年 2 月 28 日，稻惟德在办理休学后，辞别未婚妻，与宓道生夫妇一同前往中国。于 5 月 1 日抵达上海。他曾追忆自己学医及来中国传教的原委："自读书以来，考古稽今，详细追求与人之大有关系者，莫过于医药。因此朝

---

116 《中西教会报》，光绪 22 年 3 月（1896 年 4 月），第 12-13 页。

117 Dr. Arthur William Douthwaite 的中译名有多种，其中用得较多的就是"稻惟德"和"稻维德"。在《格致汇编》、《中西教会报》及其个人著作《泰西眼科指南》中均用"稻惟德"。笔者在《温州基督教编年史》中引用支华欣、莫法有的译法为"稻维德"。由于"稻惟德"为他个人的著作及早期报刊中所用，遂改用"稻惟德"。

118 曹明道：《二十六年：曹雅直夫妇温州宣教回忆录》，第 90 页。

119 冯浩鎏：《长江杏林：来华八医师》，香港：海外基督使团，2007 年 6 月，第 30 页。

读夕思，专心致志，谒师访友，互相对证，数年之久，上奉天命，来至中国，习其语言，学其文字，读其书籍。"[120]

1875 年 2 月，稻惟德的未婚妻到达上海，于到达 21 天后举行婚礼。[121]4 月，稻惟德夫妇到达浙江衢州，从事医疗传教。在其离开前，衢州所建教会人数达 100 多人。[122]

曹雅直在 1880 年 5 月 29 日的信中提到女子学校一名学生感染天花，两名学生胃痛以致昏迷，在稻惟德医生的治疗下得到痊愈。[123]10 月，曹雅直在温州租屋开设一家小型医院，由稻惟德担任医生，聘请本地陈日铭先生为助理，实行免费医疗，成为温州历史上第一间西医医院。[124]苏虹在《旧温州轶事录》中记载："当时温州民间吸毒之风甚烈，一些不自爱者，一旦上瘾，无力自拔。医院除收治病人外，也收戒烟市民。看病、拿药一概免费，但有一条规定：凡前来治病、戒烟者，在开诊前必须静听传教人员讲道。市民们均乐于接受。"[125]

曹明道记载一位乐清北白象的银匠厉厚明戒烟过程，以致开拓了整个北白象镇的福音事工。曹明道详述他的改变过程：

> 来这里戒烟的人中有一个叫厉厚明的银匠。当时他已穷困潦倒，不要说戒烟的钱是借的，就连身上穿的唯一一件衬衫也是借来的。但他脸上总是一副要找事的表情，目空一切，教人讨厌。因为吸大烟多年，性格已变得极其顽劣，连亲生母亲都不愿收留他。然而他来戒烟所没几天，却很乐意参加工作人员组织的事工。慢慢地，他的心灵被感化，开始愿意接受真理。大家开始还没发现他思想上的变化，直到有一天，在他上楼时，另一个在这里戒烟的人故意将一盆脏水泼到他身上。要在一、两周前，按厉厚明的脾气，肯定会大发雷霆，大声叫骂。而这次，他却平静地走下楼，等到那个人也走

---

120 稻惟德口译，王德言笔述，〈医药略论〉，载于《格致汇编》第 7 卷，1892 年春，第 20-22 页。

121 冯浩鎏：《长江杏林：来华八医师》，第 30 页。

122 冯浩鎏：《长江杏林：来华八医师》，第 32 页。

123 J. Hudson Taylor, M.R.C.S., F.R.G.S.,*China's Millions*, London: Morgan and Scott, 1880, p.132.

124 莫法有：《温州基督教史》，第 56 页。

125 苏虹编著：《旧温州轶事录》，天马图书有限公司，1999 年 12 月，第 3 页。

下楼梯，厉厚明紧盯着他的脸，说："如果在一周前，你这样对我，我肯定会把你、你爸你妈、你祖宗八辈都骂个遍。但现在，我听到了耶稣的大爱，祂甚至为像我们这样的罪人钉了十字架，我就不会再那样骂你了。"终于有一天，他彻底战胜了曾经像锁链一样捆绑着他的毒瘾，可以出院了。但他却请求我们再让他在戒烟所待两个星期，好有时间学到更多的宝贵真理。[126]

稻惟德于 1892 年在《中西教会报》发表的文章〈戒烟论略附戒烟局章程〉中提到自己戒烟的方法："余虔制戒烟药饼，内无鸦片，亦无么啡，更无与烟同性之料，故以之抵瘾，则不可以之戒烟，则至妙因。其功效令人生力，自能抵瘾。如法用之，则烟瘾自可绝，而药瘾究不生矣。特此药性甚烈，不可多服，多服则头脑疼痛、四肢发颤。余用此药已十有七年矣。日用烟过一两者，或已成瘾二十年者，多赖此戒之。未见有生病或死者。"[127]稻氏文中提到他自行研制的戒烟药已经用了 17 年，相信从他来中国传教之初，即在衢州，就已经开始使用，并且他在温州设立戒烟所时，也是使用这种方法。并且，在文中稻氏附上〈戒烟祷文〉一篇，供给戒烟者祷告之用。此处抄录如下：

戒烟祷文

恳求慈悲天父，大开恩典之门，看我救主功劳，怜悯有罪之人，
我有诸般罪恶，理合永受沉沦，所犯有一大罪，吸食鸦片成瘾，
终年似睡不醒，困于迷魂之阵，久被魔鬼捆绑，缧绁不能脱身，
四肢百体枯瘦，脏腑时受烟薰，眼看命在旦夕，何能负此罪任，
残命虽生犹死，那顾天道人伦，猛然回头一想，实系自怨自恨，
心愿逃出苦海，自己无路可寻，切求慈悲天父，差遣圣灵降临，
助我就此戒脱，向后不吸不吞，从今脱离魔网，多谢天父鸿恩，
又愿改恶从善，学道作你选民，所祷皆靠耶稣，心诚如此亚们。[128]

126 曹明道：《二十六年：曹雅直夫妇温州宣教回忆录》，第 115-116 页。
127 稻惟德口译，袁惟彰笔述，〈戒烟论略附戒烟局章程〉，载于《中西教会报》第 2 卷第 15 期，1892 年，第 16 页。
128 稻惟德口译，袁惟彰笔述，〈戒烟论略附戒烟局章程〉，载于《中西教会报》第 2 卷第 15 期，1892 年，第 16-17 页。

《China's Millions》记载，医院得到当地"道台"的支持，[129]并指出此项圣工是当时曹雅直最为乐观的工作，因为开办不久，就已经有 70 人入院治疗，并有 2140 人受诊痊愈。[130]

1882 年夏天，因稻惟德调往山东烟台（芝罘）内地会教会医院，携 16 岁的刘世魁（刘星垣）同往。刘世魁于 1881 年随母亲入仁爱义塾，跟随稻惟德学医。他随稻惟德到山东后，在烟台英国医院学习医学，后来留学英国，在英国爱丁堡医校肄业，专修眼科开刀[131]。1897 年出版的《中西眼科指南》一书，就是由稻惟德口译、刘星垣笔述。

稻惟德离开之后，温州内地会医院无人接班，即告停办。[132]医院虽仅存两年，但成绩斐然，共救治病人 4075 人。[133]稻氏夫妇的离去，令曹雅直夫妇措手不及，虽然 11 月 Mr.&Mrs.Whiller 夫妇来到，稻氏留下的医院也只能停办。[134]

十二、温州内地会早期义务布道团

据曹明道所说，义务布道团最先是由曹雅直所创办，但在曹氏回国及去世之后，该义务布道团的成员有离世的，有随流而去的，在曹明道 1890 年回到温州之时，只有两位做了全职传道人。因此，曹明道于 1890 年重组义务布道团。[135]

首先，重组义务布道团的目的是要供应乡村教会传道人的需要。曹明道在教会中呼吁："神已把福音白白赐给我们，没有代价，也无需金钱。那么，把福音传给别人，既是我们的权利，也是我们的责任。"[136]

其次，曹明道承诺："如果有人愿意利用周六半天和周日全天出去传福音，我们支付路费。"第一次呼召之后，就有四个人响应。他们被派到指定的地方传福音。曹明道举行每月一次汇报会，报告传福音的情况，以及传福音时遇到的趣事。至 1896 年，温州内地会共有 14 位义务传道人。[137]

129 J. Hudson Taylor, M.R.C.S., F.R.G.S.,*China's Millions*, 1881, p.12.
130 J. Hudson Taylor, M.R.C.S., F.R.G.S.,*China's Millions*, 1881, p.97.
131 刘绍唐主编：《民国人物小传》（第 7 册），传记文学出版社，1985 年 12 月，第 465 页。
132 莫法有：《温州基督教史》，第 56 页。
133 Edited by J. Hudson Taylor, M.R.C.S., F.R.G.S., *China's Millions* Vol.VII., London: Morgan and Scott, 1899, p.170.
134 Edited by J. Hudson Taylor, M.R.C.S., F.R.G.S., *China's Millions*, London: Morgan and Scott, 1883, p.110.
135 曹明道：《二十六年：曹雅直夫妇温州宣教回忆录》，第 172 页。
136 曹明道：《二十六年：曹雅直夫妇温州宣教回忆录》，第 172 页。
137 曹明道：《二十六年：曹雅直夫妇温州宣教回忆录》，第 172 页。

再次，由于义务传道人中间有不少人还不识字，且主日无法听道，曹明道就针对义务传道人开展培训事工。她先邀请他们参加为期一个月的圣经学习，实行免费培训，但不付酬金。课程为每天两节圣经课，以及识字、读经课。[138]

最后，为了鉴定培训的果效，曹明道开展讲道交流会议，让他们向传道人讲道，由曹明道和蒋宝仁牧师一起点评。开始的时候，义务传道人有点紧张，但会议结束时，他们要求再来一次。至1896年左右，温州内地会每年有五周同工培训学习，均以讲道点评的方式进行。[139]曹明道指出这个方法的果效时说："传道人肯定要有教导的恩赐，也是一个批评家。这样的聚会无论是对我这样的外国人还是当地信徒，都很有帮助，也经常能引发出一些让人深思、值得讨论的问题。"[140]

很明显，曹雅直夫妇先后创立与组建的义务布道团就是日后在温州教会历史上成为中坚力量的义务传道队伍。在早期教会中，义务传道员填补了教会全职传道人的缺口。她说："这几年我组织了一个义务布道团，一共7人，每周六下午出去到各地服事。每月给他们550块钱（大约一英镑三便士）作差旅费。"[141]

温州内地会在教堂发展越来越迅速的时候，不能完全依靠寥寥无几的全职传道人来牧养教会，就大力地培养义务传道员。温州内地会1906年报告有堂点49处，仅9位传教士（包括师母、助理），受薪华人牧师6人，助理传道8人，因此教会培养了45位义务传道。[142] 1914年温州内地会的情况："150处聚会点，40位受薪传道人，161位义务传道人。"[143]

温属内地会华牧仇九渊于1924年在《中华基督教会年鉴》介绍温州内地会基本概况时，介绍温州内地会共分永乐、平泰、瑞青三大总会，下分12个小总会，每个小总会分设一个布道团，布道团成员由义务传道人担任。他介绍："每个小总会，设一布道团，入团者，须捐工或捐钱，至少捐工者，除主

---

138 曹明道：《二十六年：曹雅直夫妇温州宣教回忆录》，第173页。

139 曹明道：《二十六年：曹雅直夫妇温州宣教回忆录》，第173页。

140 曹明道：《二十六年：曹雅直夫妇温州宣教回忆录》，第177页。

141 曹明道：《二十六年：曹雅直夫妇温州宣教回忆录》，第214页。

142 Edited by D. MacGILLVRAY: *A Century of Protestant Missions In China*(1807-1907), p.160.

143 黄锡培：《昔我往矣：内地会赴温州宣教士行传》，第73-74页。

日外，每人捐十天，或二十三十不等，新正布道，旅行布道会，市布道，此外近来几年，倡办教师出乡布道，成效颇佳。或用救火会，怜恤会，施棺社，种种名目施行。"[144]

十三、温州内地会盲人之家

回到温州后不久，大概是 1890 年春天，曹明道开始建立盲人与孤寡老人的收容所，称为"盲人之家"。曹明道简述初建时的情形：

> 从那时起，我开始收留盲人和孤寡老人，我们教会里供养了七八个盲人。他们不能自食其力，也无子女供养。我看到他们一个个被领进教会，心里感到负担在加重，但我相信神会给我力量去帮助他们。有一位八十岁的老信徒，不是盲人，但我一直牵挂他，把他接来住在一间小房子里。老人总不把饭吃完，我们劝他吃完分给他的那份，却怎么也劝不进去。他说："我以前一天两顿饭都吃不上，为什么现在要吃三顿呢？"还有一些情况与他相似的孤寡老姐妹也被安置在我们这里。这件事工上，神都在方方面面丰丰富富地供应我们。钱在中国比英国更经得起花，4 英磅 10 便士就足够一个人一年的费用。[145]

1895 年 3 月，为纪念曹师母 25 年在温传教暨 50 周岁，温州内地会三大总会（包括永乐、瑞安、平阳总会）信徒四处赶来同庆。记念聚会中，"盲人之家"的老弟兄们送上特别的礼物，温州内地会吴教士记录："最令人感动的礼物是'盲人之家'里那些老弟兄送来的大红蜡烛。'盲人之家'是曹雅直夫人创办的，这些礼物对他们来说确实是笔大开支。"[146]曹明道认为这份礼物对于贫穷的盲人弟兄来说是很不容易的，正是表达了他们对她深深的爱。[147]

十四、温州教会史上首场基督教婚礼

在史料中首次记载温州基督徒婚礼的，是曹明道所著的《二十六年：曹雅直夫妇温州宣教回忆录》。婚礼发生在 1890 年，为曹明道在曹雅直去世之

---

144 中华全国基督教协进会编，《中华基督教会年鉴（第 7 期）》，第 93-94 页。
145 曹明道：《二十六年：曹雅直夫妇温州宣教回忆录》，第 172 页。
146 曹明道：《二十六年：曹雅直夫妇温州宣教回忆录》，第 284 页。
147 曹明道：《二十六年：曹雅直夫妇温州宣教回忆录》，第 287 页。

后回到温州不久。整个过程由当时初到温州的内地会女传教士鲍金花记录了下来。从婚礼记录中，可以看到该场婚礼正是中西结合的基督徒婚礼。

首先，这是一场真正为爱情举行的婚礼。按百多年前的中国传统婚俗，男女双方一般从小已订下婚约，而婚前又不能见面，可称为素昧平生。但此次婚礼的双方分别是温州内地会女校与男校的学生。新娘叫洪英（ Vong-yang ），是女校的学生，是很好的女孩，也是热心的基督徒。而新郎则从小在曹雅直所办的男校中长大，他哥哥也在那里长大。稍长一些，曹雅直把他们送到一位裁缝那里学艺，因为勤奋，后可自立门户，生意兴隆，有了自己的房子。他们俩的爱情追溯到 1885 年左右。当时新郎就已经向曹明道提出想要娶洪英为妻，但曹明道因为他当时尚未真正悔改信主，而以洪英年龄太小婉拒。1887年，曹雅直夫妇准备回国，他再次提出婚事。那时，曹明道答应返英度假回来之后，若是听到别人为他说好话，就会同意将洪英许配给他。他也私下跟女孩捎话，要求她不要答应其他人，承诺自己会等她。在曹明道回到温州之前，他则接受耶稣为主，并由朱德盛牧师施洗加入教会。

其次，这场婚礼有着浓厚的中国传统礼数。这首先从举行仪式的房间装扮、新郎行头、新娘的打扮等可以看出。鲍金花小姐描述："举行仪式的房间挂着大红布，这是婚庆的颜色。天花板吊着各式各样的灯，点起来非常漂亮。椅子上也盖着大红布，坐垫上绣着金色刺绣，我从没见过这么漂亮的手工。所有这些东西，还有新郎新娘的衣服，都是租来的。这是本地风俗，因为这些衣服除了婚礼上穿，其他场合再也不会穿它。……他戴着圆顶官帽，帽顶上还缀着一缕红穗子。"[148]新娘的打扮完全是中国新娘的行头，鲍金花形容她是"一样东西"，她说："我来说说她的行头吧，先从脚开始：大红缎面鞋上，新娘亲手绣满了十分漂亮的绣花；往上是翠绿的缎子裙，上面也绣着金花；大红色绸缎上衣，则绣着各种金色坚果和水果；头上戴着个沉重的大'头盔'，'头盔'上雕满男女人形图案，还镶着不少绿玉石；两边各有一个像翅膀一样的东西装饰，展翅欲飞的样子，上面也镶着玉石；整个头盔都盖在大红盖头下，新娘的脸一点也看不见。从外面看，你怎么看也看不出里面会是个人。"[149]

---

148 曹明道：《二十六年：曹雅直夫妇温州宣教回忆录》，第 182-183 页。
149 曹明道：《二十六年：曹雅直夫妇温州宣教回忆录》，第 183 页。

　　再次，这是一场由西教士主持的中国化基督教婚礼。偕我公会苏慧廉牧师应邀主持婚礼。婚礼开始时，新郎先站在红地毯上等着新娘，新娘由伴娘搀着走在红地毯上。所有会众均在一边唱着婚礼颂歌。这首婚礼颂歌的调名为"杜克街"（Duke Street）。该调名现载于《赞美诗（新编）》第 142 首，题为《耶稣普治歌》。原曲为哈顿（John Hatton）于 1793 年所作，采用 8888 长律，取名"杜克街"，为纪念他曾经居住过的地方。[150]再查史料，发现该诗全文原载于中华循道公会温州教区所编的赞美诗集《圣诗》第 160 首，正是采用 8888 长律，与原调名相符。另据《圣诗》所示，该首诗歌分别原取自中国内地会诗歌《颂主圣歌》第 303 首和循道公会出版的《灵歌集》第 128 首。而 1951 年中国内地会出版的《颂主圣歌》的第 376 首，其歌谱正为"杜克街"原谱。[151]该诗歌现收录于《赞美诗歌（增订本）》第 228 首，其配曲是德国著名作曲家瓦格纳的《婚礼进行曲》，为现代社会通用的婚礼进场曲，但在音乐的格律上有所改变。在此，抄录《圣诗》160 首全文如下：

> 今日聚集大家欢喜，照主圣旨公行婚礼；
> 新郎新妇二人成一，一家一体一心一意。
> 从此一生同走一路，相敬相信相爱相助；
> 天父时常保佑平安，无有灾害困苦艰难。
> 恳求天父赐福临门，夫妻二人同受鸿恩；
> 得感圣灵敬爱救主，一世专心事奉天父。
> 但愿天父允我祷告，使他夫唱妇随偕老；
> 快乐同领幸福同享，祝此家庭如同天堂。[152]

　　诗歌唱完之后，就由传道人祷告，接着是苏慧廉先生的劝勉，再唱诗、祷告之后，婚礼就结束了。婚礼之后，就是中国传统的婚筵。在人们都坐定位置，准备开席之前，家主邀请曹雅直夫人曹明道做谢饭祷告，之后才上第一道主菜。

　　这种基督教仪式的婚礼，在当时的温州应该算是极为罕见，对于新郎、新娘也具有很大的挑战。因为当时的新郎、新娘双方的家人都未信主，却愿意接受以基督教的仪式举行婚礼，这本身就是一种福音的见证。特别是在接

---

150 《赞美诗（新编）》（中英文双语本），上海：中国基督教协会，1999 年，第 142 首。
151 《颂主圣歌》（数字谱），上海：广协书局，1951 年再版，第 299 页。
152 《圣诗》，温州：中华循道公会温州教区，1941 年 1 月，第 133-134 页。

下来的婚姻生活中，将迎来许多信仰上的挑战。如鲍金花所说："在这片黑暗的土地上，撒旦的势力如此猖獗，做个基督徒不容易。我们家乡（英国）的信徒很难体会到什么是真正为基督受苦，他们在信仰的道路上总是倍受鼓励。而这里的信徒，每样事都能扯他们的后腿，阻止他们，使他们退后。神保守他们，祂的大能托住他们。"[153]不过，这对新婚夫妇因为长期在教会学校中受训，在信仰上有美好的见证。曹明道说："六年过后，我们看到一幅他们相亲相爱的美丽图景。他俩带着孩子到礼拜堂聚会，在基督的恩典和知识上，两人都有很大长进，虽然他们家人还没有悔改信主。"[154]

十五、永嘉最早的内地会教会——礼拜厂

从史料上看，在温州城区外，福音传到永嘉最早的时间应属曹雅直时期，即 1867 年至 1887 年间，但也一定迟于桐岭与平阳。按照 1951 年 8 月 3 日所撰《中华基督教自治内地会历史沿革》中显示，永嘉县分支会有黄田分会、乌牛分会、塘坑分会、上路垟分会，其中最早设立的是黄田分会，为 1895 年正式设立。黄田分会下分三个支会，分别是江头支会、枫埠支会、屿门支会。

但在黄田分会正式成立之前，曹雅直与其夫人曹明道就先将福音传到清水埠山上。已故杨宝礼长老曾回忆："当时的传道真有困难，信徒少、迷信重（信佛的人严重）。曹雅直牧师真是有真心叫人悔改，他用了一个办法，就是用银子、铜板、铜钱三样来散，有些人就将他围住，看这个番人在干什么，有些人则说：'有银子在地上。'他们就去拿。他看有人在拿，就散铜板。银子少、铜板多，当铜板被人拿了之后，就散铜钱，就有很多人来拿。拿银子的人，银子少，只有几个；拿铜板的人就多了一些，拿了几十个；拿铜钱的人就拿了几百。拿了几百、拿了几十，几个银子，它们的价值差不多。拿了铜钱、铜板、银子都一样。不过人就多了。有很多人跟着他，不过人们都不敢收留他，他只好去住在清水埠乞丐住的稻干厂里面，那里叫礼拜厂，就是作礼拜的稻干厂。他就去住在那里，为什么呢，因为乞丐知道他有钱可以拿，就收留他。这样，就有乞丐接待他，他也喜欢在乞丐那里。"[155]

153 曹明道：《二十六年：曹雅直夫妇温州宣教回忆录》，第 186 页。

154 曹明道：《二十六年：曹雅直夫妇温州宣教回忆录》，第 186 页。

155 《杨宝礼长老回忆录》，2004 年 8 月 29 日陈丰盛录音，2004 年 9 月 5 日陈丰盛整理。

再追溯史料，曹明道的著作里记载着一段文字，所述与杨宝礼长老极其相似。在 1890 年 10 月 2 日，曹明道、鲍金花与几位本地传道人开始为期十天的布道旅行。此次布道旅行的方向就是永嘉山区，他们首先来到港头，就是上文提到的江头，即现在的三江。接着于 10 月 3 日来到一个乞丐聚集的小屋里。鲍金花记载："10 月 3 日，星期五——由于潮汐，我们不能上岸，就在船上分享《圣经》。我们下船后，就去下一个邀请我们的地方。那是一个小窝棚，里面住着几个信徒。他们原来是乞丐，好几年前信了主。当年，曹雅直夫妇给他们找了些工具，让他们在山坡上搭个小屋，在这里开荒种地。原先的小屋现在做了礼拜堂，他们又建了自己的住房。"[156]

从此，我们可以得知，永嘉最早的教会是由曹雅直所建立，信徒原为一批乞丐。他们信主之后，得到曹雅直夫妇的帮助，在清水埠屿塘山设立礼拜堂，就是我们所称的"礼拜厂"，成为永嘉县最早的基督教会。江北牧区余永进长老追溯曹雅直牧师的传教工作时说："曹雅直传福音到我们这里时，先是将福音传给在清水埠屿塘山上的乞丐。他与乞丐们生活在一起，礼拜天的时候邀请他们来听他讲福音，以每天一钱的工钱雇他们听道。那时，人们传说在屿塘山上有个'礼拜厂'，就是曹雅直牧师与乞丐们一起做礼拜的地方。不过乞丐们四处为家，没有固定的居所。清水埠屿塘山的礼拜厂随乞丐们的迁徙而消失，福音也就随乞丐们的脚踪而传到其它地方，如双珑山、黄田等地。"[157]

十六、温州内地会传教士休养所

温州素以温著称，虽然曹明道刚来的时候给予极高的评价，她形容自己进入温州时，感觉自己到了倍感亲切的古老苏格兰。她说："温州是个美丽的地方，群山环绕，土地肥沃。我们的舢板船在群岛间迂回缓行数日，随后驶进一条美丽的河流，溯流而上，两岸耸立着雄伟的高山。我几乎幻想自己到了倍感亲切的古老苏格兰。事实上，温州在很多地方都和苏格兰很相似，只不过苏格兰有清澈碧蓝的湖泊，而温州有的是积满淤泥的河道。"[158]但是，对于来自大洋彼岸的传教士来说，适应温州的生活是很不容易的，加上很大强度的传福音事工，对他们的身体健康必然带来极大的伤害，因此他们许多人来到温州之后不久就病倒。

---

156 曹明道：《二十六年：曹雅直夫妇温州宣教回忆录》，第 194 页。
157 《余永进同工回忆》，2005 年 9 月 13 日，陈丰盛整理。
158 曹明道：《二十六年：曹雅直夫妇温州宣教回忆录》，第 35 页。

曹明道自 1890 年回到温州之后，中国内地会也随之陆续差派传教士来到温州，他们被调派到温州城区、平阳、处州等地传教。为了使他们得到良好的身体疗养与灵性退修，他们于 1893 年圣诞节向曹明道提出设想，希望在温州交通便利的海边或海湾建一处房子，作为温州、平阳、处州三处内地会传教士的休养所。

休养所选址于乐清黄华岐头山上。该处南临瓯江，正对灵昆岛，向东可望见大吞、灵霓、元觉等洞头诸岛，向西远眺瓯江。[159]休养所于 1893 年年底动工，原本计划 1894 年夏天竣工，但由于材料运输与经费问题，最终于 1894 年 9 月才建好。期间，曹明道主要负责起整个休养所的创建工程，她自己还亲自监工。因此，她经常到现场监督工程，她描述说："每次监管，我都不得不抽出一周或十天来与工人、砖头和石灰打交道。工人中有七个是基督徒，尽管他们主日都休息，但由于太远，不能参加聚会，有一、两次我就和他们一起过主日。每天晚上，我们都有一个小聚会，主日聚会三场，附近也有一些村民参加我们的聚会。"[160]

该休养所于 1894 年 9 月正式竣工，曹明道简单介绍休养所的布局：

> 我们的休养所将会给同工带来很大益处，对那些没有时间或经费去烟台芝罘疗养的工人来说，这是一个安静凉爽的休养胜地。实际上，它已开始发挥作用，我相信，随着时间的推移，它的功用会越来越多地显现出来。休养所是按中国民居形式建造的，三个房间是长的，两个房间是深的，两边各有一间卧室，中间是一个很大的起居室，后面还有一个很大的储藏室，需要的时候很方便就可变成一个房间；房屋的三边都有大过道，每条过道最里头都是浴室；后面是厨房和佣人的房间，前面一个小花园，花园用围墙围着；休养所后面是绵延不断的山岭，在山岭上行走很久很久都不会遇见什么人；前面是开阔的水域，点缀着大大小小的岛屿。如果乘坐本地船，从这里到温州大约需要四个小时。
>
> 休养所的房间摆设很简单，竹椅子竹沙发，行李箱摆放在每一间卧室中当梳妆台，上面铺上朋友们从英国寄来的印花棉布；窗口上窗帘很短，但能遮挡住偷看的眼目，因为我们来住的第一个月，

---

159 曹明道：《二十六年：曹雅直夫妇温州宣教回忆录》，第 269 页注脚。

160 曹明道：《二十六年：曹雅直夫妇温州宣教回忆录》，第 270 页。

有很多人来看我们；客厅中铺着席子，我们去的时候带着照片和其它一些小玩意儿，把房间布置得像家似的，又从山上挖来些花花草草摆上。[161]

未完全竣工之前，休养所就已经开始部分投入使用，因为那年夏天，温州城里暴发霍乱，温州内地会中就有不少传教士得病，未完全竣工的休养所几乎成了医院。曹明道描述："我刚要康复，二位同工病了，还有几个当地同工也病倒了，休养所几乎成了医院。霍乱在城里肆虐，每天都有几百人悲惨地死去。" [162]

当地人将传教士休养所称为"番人馆"。据当地人口述，传教士每年夏天会到此避暑、休养，时常在山下村庄施舍"白粥"、分发特制面粉及传扬福音，并在周边建立教会。[163]

十七、一次催人泪下的告别——曹明道 1895 年离温简况

曹明道，这位来温传教的第一位女教士，也是已故温州内地会拓荒者曹雅直牧师的师母。于 1870 年来到温州，与曹雅直牧师经历 17 年的服侍，在 1889 年丈夫在法国离世后不久，于 1890 年重新回到温州传教。在温州五年时间，分别到瑞安桐岭、平阳、永嘉、乐清各地传扬福音。

1895 年，正值曹明道 50 周岁，亦即来温 25 周年，于 3 月 12 日，正是她的生日，温州内地会为她举行隆重的记念大会。中国内地会在温州的四县教会（包括永嘉、乐清、瑞安、平阳）信徒赶来同庆。《中西教会报》登载盛况："时维光绪二十一年二月十六日，乃吾师母五旬荣庆之辰、同人欣感、四处风来、开筵酌酒、制锦输诚、满堂焕彩、百室欣歌、非师母事主爱人之诚曷克臻此。"[164]锦旗两边是一幅对联，右：二十五龄驾历中华正设悦良辰转瞬于今逢大衍；（左）数十载恩由上帝已盛行圣道介耆从此祝长生。中下则有一个大寿字，并在中上写着曹师母在温的事迹：

---

161 曹明道：《二十六年：曹雅直夫妇温州宣教回忆录》，第 271 页。

162 曹明道：《二十六年：曹雅直夫妇温州宣教回忆录》，第 273 页。

163 曹明道：《二十六年：曹雅直夫妇温州宣教回忆录》，第 270 页注脚。

164 《中西教会报》第 1 卷第 5 期，光绪二十一年四月，上海美华书馆，1895 年 5 月，第 22 页。

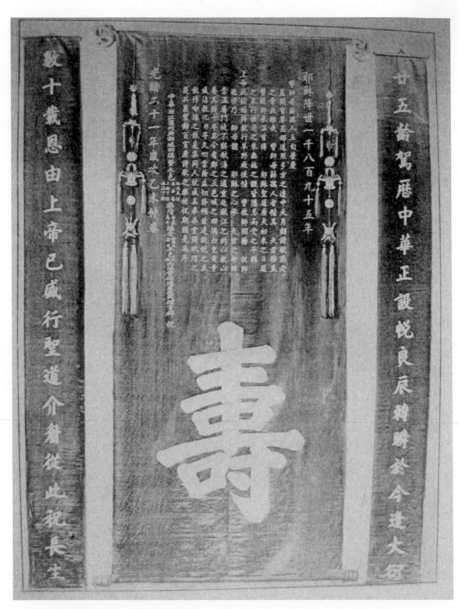

耶稣降世一千八百九十五年

曹师母薛孺人五旬荣庆

　　盖开宝婺星辉道照多方之远中天月朗诗歌能老之章辰维我　曹师母薛孺人者偕其　夫君雅直曹牧师来温首传　耶稣圣道原夫初来之日道之未行横逆之来无端之　皆隐忍而受之卒辅

　　上帝庇佑始得教行草野厥后偕　曹牧师回籍　牧师逝世乃师母体　耶稣之心　承夫君之命转念温属门徒不辞航海之遥重赴

瓯江之约以教以养又将十年矣今者郡之五邑城之四隅白叟黄童咸沾
教化　彩　等久叨棠荫益切葵倾兹逢设悦之辰敢作　衔环之报爰集
同人欣成美举华堂开玳瑁之筵共襄制锦百室庆诗歌之乐祈祝期颐是
为序

　　中华浙江温州府郡城四隅暨永邑（西溪下村、上乡下乡、永嘉
场、楠溪东村）乐清（白象、乌牛）瑞安（桐岭底、新田）平邑（城
乡）内地会信道　　同颂首拜

　　光绪二十一年岁次乙未仲春

温州内地会蒋珍彩在《中西教会报》中发表〈师母薛孺人传〉一文，详
情照录：

师母薛孺人传[165]

　　师母薛孺人者英国人也、曹君雅直之淑配、其智其德、世所罕
观、诚不愧女中丈夫也、至其髫龄底蕴、未及周详、不敢妄亵、幸
其来温二十五载、其间跻险历危、昌明圣道、余则以习见悃积者布
而述之、俾有志观览者、详其品诣、知其德慧、始知余言不谬也、
忆师母二十有五龄、于归曹牧师、即偕其夫君抵瓯传道、肩摄教务、
诸凡周备、措置咸宜、开设男女书塾、教养无间、登堂宣讲福音、
理详说约、听者皆觉刺入深心、有听而行之者悦而绎之、听而违之
者忧而悔之、就外劝众、因人施教、大半倾心悦服、间有顽梗不化
者、污言诋毁、而师母皆隐忍之、且痛悼之、是非圣灵之助、乌能
如斯、历年既久、信道愈多、主一千八百八十四年间、无故恶党蜂
起、焚毁教堂、男妇四散、惟吾牧师曹君、独携塾中黄童幼女、导
行避命、虽顽党击石污辱、皆不及顾、卒赖上帝恩佑、蒙县宪救获、
始全性命、厥后复建教堂、重明圣道、维时虽曹牧师主掌教事、而
师母实相助并行也、嗣后牧师再期旋国、不幸病故、师母长谐静好、
未闻反目、出入并行、相助为理、忽遭破镜之伤、奚啻割肠之苦、
此亦人之常情、何足深怪、乃师母则更有重焉者、爱主及徒之心胜
之、于是复泛海抵瓯、仍继夫君之职、不辞教养之劳、兼之出言诚
焉、志向坚定、不狥人情、不执己见、毁之无伤其志、誉之不形其

---

165 《中西教会报》第 1 卷第 5 期，第 22-23 页。

面、如出言当道、必励人以准行、虽恶之不易、谏之不移、出言不
当、则舍己从人、历今七载、矢志不渝、故蒙神恩、信道益盛、兹
则内地偕我二会、合之统数、不下二千人矣、至本春二月间、幸逢
师母五旬诞期、凡蒙化者不胜欣喜、踊跃争先、齐来拜祝、感颂神
恩、一唱百和、堂为之塞、人数不下五百、而闲人不与焉、彩虽后
学、未敢门下自居、然追随日久、亲炙有年、习见累积、故不避谫
陋、援笔略为之传、鉴者原之、后学蒋珍彩撰、

在如此空前的记念大会之后，曹明道从夏天开始身体垮了。为了使身体
得到适当的休养，她到乐清岐头山上温州内地会避暑休养所调养了两个礼
拜。回到温州后不久，发现身体每况愈下，无法应付教会事工。在内地会总
会长戴德生的催促下，和医生的警告下，无奈离开温州，转道上海，回英国
休养。

曹明道在其《二十六年：曹雅直夫妇温州宣教回忆录》中的描述，我们
可以看到她的意愿，以及她的无奈。而下面几段话所描述的匆匆告别的过程，
实在是感人至深：

> 回来一周，我的身体就彻底垮了，几个月来每况愈下，原来想
> 在温州多待几年的希望破灭了。我希望天气凉爽一点，我的身体能
> 好转，能让我去乡下聚会点探访一下，也给吴教士夫妇交代我们的
> 事工计划。我想，如果主许可，我打算在春天回去。神说："我的道
> 路高过你的道路。"
>
> 秋季传道人培训周到了。因为感觉不适，我让牧师主持第一天
> 聚会，对他说我会到场。虽然什么都没做，下午聚会快要结束时，
> 我感到浑身无力，眩晕。同工们很焦急，叫了医生过来。所有工作
> 被迫停止，我被勒令一周之内必须返回英国，并且不准进行太多的
> 道别仪式。我要离开的消息让所有本地信徒担心起来，吴教士夫妇
> 还不会说温州话，也没有人能接替我的位置。有人告诉他们，要么
> 让我现在回去，要么就永远回不来了。他们十分悲伤，一个个像老
> 信徒一样说："愿神的旨意成全。"我听说，大家知道不能再见到我
> 了，都很失望、忧伤。我对他们说，如果他们能控制住情绪，我会
> 在主日早上试着去教堂，和大家再见一面。那天，也许是大家心情
> 太迫切，教堂里早早挤满了人。我被抬上讲台，看见亲爱的姐妹们

哭得眼睛红肿，我心里仅剩下的一点勇气也没有了。为了让我能给他们再讲一次道，大家做了很多祷告，我强撑了 10 分钟跟大家分享了神前天给我的信息。随后，我被抬下讲台，全体起立，目送我离开。

　　第二天，我知道他们同意我提出的条件：不来送我上船，不想着再来见我一面。但他们会每天为我祷告，祷告我凯旋归来。几天前，我还能说几句告别的话，传道人来我房间看我，我给他们每人送一本完整的中文版《圣经》，他们含泪接受。梅夫妇不得不听从陪伴我的鲍小姐的意见：我离开的时候，不让他们再见到我，最好不让他们进来。因为我太虚弱了，禁不起兴奋的刺激。他们不能当面告别，但可以写信和我道别。[166]

虽然，曹明道此次回国后不久又来到温州，继续将自己的生命奉献给这片热爱的土地，用基督的生命来感化温州人回归基督，但此次病危回国的过程，使许多人想起在八年前（1887 年）一去不复返的曹雅直，其心里的担忧与不舍的心自然难以抑制。

十八、温州内地会苦难年——1895 年

1895 年，被称为温州内地会苦难年。虽然在年初，即 3 月 12 日，举行了一次隆重的庆典，就是在曹明道生日当天，举行纪念曹明道 50 周岁生日暨来温 25 周年纪念大会。来自温州、平阳、瑞安等地的内地会信徒约 300 余人参加庆典，可谓是温州内地会有史以来最为隆重的庆典。然而，紧接着的是在平阳萧家渡所发生的一场残酷的教案（该教案将在另文详述），尾随着的则是一场恶梦般的霍乱，夺去了温州内地会传教士、家属及女校学生的性命。

夏天，曹明道的身体就已经彻底垮了下来，接下来的几个月时间，身体健康每况愈下，她原想在温州多待几年的希望破灭，经过偕我会霍厚福[167]

---

166 曹明道：《二十六年：曹雅直夫妇温州宣教回忆录》，第 295-296 页。

167 霍厚福早年毕业于阿伯丁大学（University of Aberdeen）。在校期间，他在校园里见到"剑桥七杰"中的施达德（Charles Studd）与司米德（Stanley Smith），他们的行动在霍氏心里种下了传教的心志。而致使他最后决定做医疗传教士并赴中国的是受到美国学生志愿海外传教运动的发起人韦达（Robert P. Wilder）的直接影响。韦达于 1893 年 3 月来到阿伯丁大学演讲，霍厚福与其他 12 位学生自愿加入他的

医生的诊断，要求她一周之内必须返回英国，因此她在匆匆忙忙之间于 9 月 18 日登上温州号汽船，于 9 月 19 日启程去上海，两周后启程回英国。[168] 就在同时，温州城内霍乱肆虐，曹明道说："我们离开温州时，霍乱正在全城许多地方肆虐，特别是东门一带，已有几百人丧生。因为几乎年年都发生这样的事，他们也没感到什么特别的不安，依然把药品免费分发给那些患病的人。"[169]

温州内地会的霍乱是从 9 月 29 日开始。先是 9 月 23 日（星期一），梅启文夫人带着生病的孩子来到温州，大家以为孩子是因为饮食不习惯引起消化不良，但不到一个礼拜，梅启文的孩子于 29 日（星期天）晚上因霍乱而夭折。接着，霍乱在温州内地会蔓延。《China's Millions》1895 年记载详情：

> 9 月 29 日，梅家小婴儿病情沉重，12 个小时后便病逝。10 月 1 日早上，两名女学生呕吐，到中午不治。10 月 3 日女学生美莎病逝；吴教士开始不适，10 月 5 日病况转危。10 月 6 日早上，梅教士也病倒了，证实是霍乱，翌晨即告不治，年仅 34 岁。同日吴师母也染病，10 月 9 日早上，吴师母安息主怀，年 33 岁；该日下午，吴教士也随着爱侣息了地上的劳苦，年仅 32 岁；他们夫妇二人本年 1 月才来到上海，在中国为主工作了 10 个月又四天。
>
> 梅师母在极度忧伤中仍坚持下去……。[170]

偕我会海和德牧师是梅教士的好友，他先后主持了梅教士和他的孩子的安葬礼，他写了一篇梅教士的追悼文：

> 星期三（10 月 2 日）早上，在洋人墓园里，聚集了一小群宣教士，向这一对痛失爱儿的双亲表达慰问。这位父亲刚从平阳赶回来，渴望看见爱妻和婴儿，却想不到痛失爱子，朝阳照在这位苍白、忧伤、沉重的父亲脸上，看到他颓然若失的表情，我的心也难过极了。

传教使团。医学专业毕业之后，霍厚福被指派去负责位于伦敦的圣潘克勒斯医疗传教团（St. Pancras Medical Mission），接受眼科和咽喉科的特殊训练，随后又在皇家眼科医院（Royal Ophthalmic Hospital）做了近一年的临床助理。最后受偕我会派遣，于 1893 年底启程，于 1894 年 1 月到达温州。沈迦：《寻找·苏慧廉》，第 99-100 页。

168 曹明道：《二十六年：曹雅直夫妇温州宣教回忆录》，第 297、304 页。
169 曹明道：《二十六年：曹雅直夫妇温州宣教回忆录》，第 302 页。
170 黄锡培：《昔我往矣：内地会赴温州宣教士行传》，第 28 页。

当我为这对伤心欲绝的父母祷告时，自己也不禁黯然神伤，因为他们承受了这样大的打击。安葬礼两天之后，梅教士来探望我，对我说："对我而言，这是一个蒙福的时刻，主在我灵魂深处举行了一个甘甜的圣礼。"我挚爱的启文具有罕见的情操，"活出所传的道"！

只经过了六天，今早（10月8日）我们又聚集在这墓园里，向一位真诚的基督徒告别。他在宣教站内，与这可怕的病魔争战：10月5日，他们将男、女学生平安遣散回家，以为宣教站从此太平了；岂料当晚吴教士病势转危，翌日星期日梅教士病发，到了星期一早上七时半，他便走完人生当走的路程。

我与启文情同骨肉，了解他的为人，他为主在这黑暗中国大地打美好的仗，在本地居民和官府的苦待和压迫下，他仍然用爱来包容一切，深信万事互助效力，叫爱神的人得益处。对信徒来说，他忠于职守牧养他们；对内地会来说，他坚守该会宗旨和组织；对朋友来说，他诚实守信，乐于放下自己帮助他人。虽然我们都知道神是爱，心里仍然为失去他而惆怅不已。[171]

在温州海关的十年报告（1892-1901）中对此次温州内地会的霍乱之灾有如下的记录："1895年8月，由于夏季高温时间延长，各种疾病流行，许多人感染了霍乱。到10月份，居住在这里的洋人也受到传染。一个星期里，在中国内地会传教团房子里就有4名洋人和5名中国人被霍乱夺去生命。"[172]

10月14日，梅师母给内地会总主任戴德生牧师的信，报告在温州发生的霍乱：

亲爱的戴先生：

……是的，祂信任我，纵使我没有亲爱的丈夫和可爱的儿子，我仍能独自生活，不埋怨神将他们接去。

……吴教士夫妇、我亲爱的丈夫和可爱的儿子，都一起到主耶稣那里去了，连同三个女学生、两位老人家。在十天内，共有九人辞世与主同在，我竟然没事，也令医生感到惊讶。但父神有祂的旨

---

171 黄锡培：《昔我往矣：内地会赴温州宣教士行传》，第28-29页。
172 转引自舍禾：《中国的耶路撒冷：温州基督教历史（上册）》，台北：宇宙光全人关怀，2015年6月，第183页。

意，家人全都走了，留下我一人，但我并不孤单，因为主耶稣应许说："无论怎样，我会继续与你同在的。"

神接去了祂的工人，但祂的工作仍须继续下去，我不知道祂要我怎样，但我深信祂会引导我，正如以往一样。我渴慕遵行祂的旨意，祂已经取去我的一切，现在能献上的，就是我的余生。祂先将我倒空，然后以祂的慈爱、怜悯和能力充满我，阿们！平姑娘和我还会留在温州几天，协助霍厚福医生为整个宣教站进行消毒。虽然我不明白为什么神要这样，但我深信祂不会没有原因的。

在极度忧伤中您的肢体　　梅师母手启
1895 年 10 月 14 日[173]

鲍康宁在其《戴氏遗范》中提到温州瘟疫之事："如今又说到人生在世、境遇有苦有甜、时局有常有变、譬如这一方五谷丰登、那一方有水旱荒歉、没有一概平均的事。教会也是如此、今天满心喜乐、明天忧虑非常、戴老牧师、常常经历这些景况、这时、他正为王来泉牧师喜乐、忽听得南方传来一个凶信、说温州府发生了瘟疫、非常利害、无论中西人士、一样传染、一样送命。论到那地方教会、早二十八年前头、有曹牧师设堂、在那里居住、从那时起、教会大见兴旺、慢慢也开了男女学校、城里乡下、都有教友。不过这时候、曹牧师逝世已经有了四年、却有梅吴二位牧师、住在那里、忽然听说温州发了瘟疫、一经传染、十人九不痊。本会学校中、有一个男子、一个妇人、还有三个女学生、同患疫症、牧师们不顾命、伺候他们、可叹无用、不但不能救他们、连自己也染病死了。先是梅牧师、后是吴牧师、再隔几点钟、就是吴师母、九天之内、有十个人升天归主、剩下的人、因这些人不在眼前、甚是忧愁、只因见主享福、又为他们喜乐。戴老牧师听见这些凶信、好像痛失自己儿女一般、却知道他们效法主、替别人舍命、也就受了安慰、如同天父爱耶稣一样。主亲口说、我父爱我、因我将命舍去、好再取回来。约十章十七节。"[174]

曹明道在回到英国后才得知噩耗的真情，在伤痛之余，她感到神的恩典、怜悯和良善。她说："我在最不能脱手的时候生病了，显得不合时宜，但正因为生病才让我、鲍小姐、谢小姐和魏小姐离开那里，还有牧师，他身体本来

---

173 黄锡培：《昔我往矣：内地会赴温州宣教士行传》，第 29-30 页。

174 [英]鲍康宁译述，《戴氏遗范》，第 149-150 页。

就虚弱，如果在那里，随时可能成为瘟疫的牺牲品。这样，才使得这么多人没有被瘟疫夺去生命。有人说：'上帝安葬他的工人，但继续他的工作。'不用我们，上帝仍然可以动工，但他还是使用我们，使用我们这些'愚拙的人'拯救灵魂。"[175]

第三节　来温内地会传教士

一、平阳内地会朱德盛牧师

朱德盛牧师（Mr. Grierson Robert，1862-1920），苏格兰人，1885 年加入内地会。1886 年（清光绪十二年）6 月，朱德盛[176]到达温州，后被曹雅直牧师派往平阳分会传教。他在当年 6 月 11 日的信中写道："我于上个星期五到达温州，曹雅直夫妇为我举行了一次隆重的欢迎仪式。主若许可，我将于明天随曹牧师拜访平阳分会。"[177]

曹雅直夫妇于 1887 年回英国后，朱德盛从平阳来到温州，全面负责温州内地会事工。1888 年（清光绪十四年）3 月 20 日，在江心屿英国领事馆和温州内地会教堂里，偕我公会苏慧廉牧师为内地会的朱德盛和珍妮（Jenny C. Oliver）主持婚礼。[178]珍妮于 1886 年 5 月来到温州，比朱德盛早一个月[179]，帮助曹明道在女校的事工。曹明道回忆说："1887 年，曹雅直身体状况大不如从前，我们觉得有必要回国休养一段时间。那时，女校由奥利弗小姐负责，当时她已和朱德盛先生订婚。我们离开温州的那段时间，温州教会就交由朱德盛先生代管。1888 年，他们结婚。我从英国回来后，他才返回平阳。"[180]

1890 年，曹明道回到温州之后，朱德盛夫妇就留在平阳服侍。1891 年，可以说是朱德盛牧师最痛苦的一年，因为他的夫人和女儿因痢疾和霍乱先后在温州和上海去世。曹明道的《二十六年》中抄录了鲍金花的一封信，详述朱德盛一家的遭遇：

---

175 曹明道：《二十六年：曹雅直夫妇温州宣教回忆录》，第 304-305 页。

176 朱德盛牧师于 1886 年到温，1911 年离温，驻温州平阳服侍。

177 J. Hudson Taylor, M.R.C.S.，F.R.G.S.,*China's Millions*, 1886，p.152.

178 Lodwick, Kathleen L, Chinese Recorder and Missionary Journal, Volume XIX, Shanghai: American Presbtterian Mission Press, 1888, p.196.

179 曹明道：《二十六年：曹雅直夫妇温州宣教回忆录》，第 141 页。

180 曹明道：《二十六年：曹雅直夫妇温州宣教回忆录》，第 141-142 页。

第二天（9月9日）早上6点，朱德盛夫妇带着他们的小女儿从平阳过来。朱夫人得了严重的痢疾。劳雷医生过来看她，说这是他见过的最严重的病例，恐怕她很难撑过去。我们竭尽所能救助，但她的病情却逐渐加重。星期四下午，5点5分，这位姊妹终于安息主怀。那时，距她被抬到这里仅有36个小时。她曾确信自己会康复，好几次她为生命得以存留而感恩，切切祷告将来全心全意为荣耀主名而活。星期四，她虽然神志不清，但还能回答问题。那天，她花了很多时间祷告，恳切地为平阳同工祷告。她错以为她是与戴德生先生一起在上海，一次次问他，事情可以在下午解决吗？有一次，她说："亲爱的戴德生先生，你要祷告吗？"中午的时候，我给她反复地读唐德义小姐写给她的字条，她没听懂，我说："那是代表基督。"她说："哦，是吗？那它代表一切，不是吗？"说完，马上闭上眼，又开始甜美地祷告。我记得她祷告时说："哦，主啊，今天下午，我们奉耶稣宝贵的圣名来到您面前。我们对这个名的真正含义知道的不多，也很少知道我们奉他的名能干什么……就让我们从今天起，靠祂的名的大能来更新自己，让我们可以活在其中，行动在其中，并在他宝贵圣名下做工。"她祷告的唯一话题就是耶稣，她一遍遍重复"宝贵圣名，宝贵圣名"。一次她转向师母，说："你说耶稣基督现在想让我为祂做什么？"师母说："我想，祂也许想唤你回家。"她说："哦，你是这么认为的，我要是也这么认为就好了。"

我想她并没有意识到自己快要走了，她确信自己会好起来的。和师母说过话，很快就陷入无意识状态，再也不能说话。第二天，我们把她葬在城墙外那一小片墓地里，就在她去年失去的那个小男孩旁边，也离去年离开我们的波荻小姐（Miss Boyd）不远，确信他们将来会荣耀地复活。"时日不多，祂将再来，不会耽延。"一个星期后，朱德盛先生带着他失去母亲的三岁女儿小奥利弗去了上海。上次接到他的信，让我们极度震惊和悲痛，他在信中告诉我们，小奥利弗死了。孩子得了霍乱，三天就死了。[181]

---

181 曹明道：《二十六年：曹雅直夫妇温州宣教回忆录》，第221-223页。

　　虽然遭受家庭中的极大变故，朱德盛牧师仍然坚守在温州与平阳传教。《教务教案档》记载 1895 年在温州府属教会情况，"城内花园巷设有内地会教堂一所。堂屋半洋半华式。教士朱德盛英国人。住平阳。另有女教士曹明道鲍金花唐德义魏思忠等四口住堂内。均英国人。……瑞安县桐岭底下蒲地方英国设立教堂一处。房屋四间系属华式。住堂教士林庆增系温郡人。另有西人每月到堂一次。堂内并无育婴施医等事。……平阳县西门外有小教堂两处。堂属大英国教。系耶稣教。房屋一系洋式。一系华式。均系三楼三底。教士仅止朱德盛一名。英国人。堂内并无育婴施医各事。"[182]

　　1896 年 4 月（农历三月），《中西教会报》登载由林领第撰写的文章〈论温州圣道之繁盛〉，简述曹雅直牧师 1889 年去世之后，曹明道回到温州，并派遣朱德盛到各处热心传教的情形："昔接温郡平邑一函云。萧家渡桐岭马社等处。现慕道之人。每礼拜日教堂坐满。皆静听细究。可望圣道日盛。惜庄稼多而工人少。切望稼主多遣工人收彼庄稼等语。……而师母见诸教友之如羊无牧。不忍遽然弃之。以故续请英教士朱德盛。及华教士陈日铭两先生者。前往各处。宣播福音。寒暑勿衰。劳而不倦。所以现在温州一带。信道者。不下千余人矣。此诚出于神之莫大洪恩。如是照临温郡。岂人意料所能及乎。……至于朱牧师今春归国。四月间闹案又兴。拆毁教堂。糟蹋已极。现牧师接闻惊报。仍想明春重来平邑。夫如是。惟愿温州慕道者。愈渐推广。圣道日兴。犹冀吾侪之高明者。审此情形。为彼祈求而后可。能如经云。得有百倍收成者。斯诚仆心之厚望也矣。"[183]

　　朱德盛在平阳传教期间，曾提出本地牧者自立的倡议，在中国耶稣教自立会平阳分会于 1910 年 10 月正式创立之时，该会发起人均追忆朱德盛牧师的倡议。如黄时中报告说："本会昔为朱德盛牧师倡议。深愿中国教会。早日成立。"苏炽卿说："吾今日自立会已成。若无当年曹朱二牧师之提倡。今日施牧师之赞成。何由结此美果。吾侪必当饮水思源。万勿半途返棹。以负母会之厚望也。"[184]

---

182 吕实强主编，中国近代史资料汇编，《教务教案档》第 5 辑（三），第 1815-1817 页。

183 《中西教会报》，光绪 22 年 3 月（1896 年 4 月），第 12-13 页。

184 《中国基督徒月报》第 28 号，中国基督徒自立会刊印，1911 年 2 月，第 11-12 页。

平阳内地会传教士与信徒合影（1898 年，图片取自耶鲁大学网站）

平阳内地会传教士住宅一角
（1898 年，图片取自耶鲁大学
网站）

温州内地会某乡村教会信徒合影（1898年，图片取自耶鲁大学网站）

温州内地会乡村教会（Mozika church）信徒合影（1898年，图片取自耶鲁大学网站）

二、献身温州的戴存爱

在温州教会建立与发展的过程中，有一个不太为人所知的事实，就是戴德生一家与温州教会有着密切的关系。虽然，戴德生没有长期在温州传教，但他的女儿戴存爱（Maria Hudson Taylor, 1867-1897）与女婿郭豁达（又译"科教士"，John J. Coulthard, 1859-1956）曾在温州服侍，且戴存爱与女儿爱施（Elsie）病逝在温州。

（一）小玛莉亚

戴存爱是小玛莉亚的中文名字，是戴德生与玛莉亚的第六个孩子，于 1867 年 2 月 3 日在杭州出生。她出生的时候，正是戴德生与第一批中国传教的团体"兰茂密尔团体"来杭州刚刚落脚的时候。她的出生给处在重重压力中的戴德生带来快乐。[185]

从 1869 年 3 月起，哥哥戴森姆（Samuel Taylor）感染了肠结核，父母为了照顾他而将他带在身边。小玛莉亚与她的哥哥赫拔、存义及弟弟查理被托给父亲的秘书白爱妹照顾。在这种不正常的生活方式之下，孩子们的生活不调，感染了各种疾病。经过长时间考虑和祷告之后，戴德生与玛莉亚决定把年纪较大的四个孩子送回英国，只留下一岁的查理在身边。[186]那时，也就是 1870 年 3 月，白爱妹带领他们回英国去了。[187]

小玛莉亚从小就已经知道父亲的使命，且在她的心灵里萌发。1872 年，正值戴德生返英与福珍妮结婚并述职期间，五岁的小玛莉亚给父亲戴德生送上了一份自己特制的生日礼物。小玛莉亚送给父亲一块小木板，上面插着一只夹子，夹上挂着半个贝壳。她对父亲解释说："我想这是你最喜欢的船，可以带你回中国去。"[188]

（二）郭豁达师母

1884 年从英国回到上海，为戴家第二代来华传教士之一，受派到江西省星子（旧称大姑塘）和贵溪传教。1888 年 5 月 10 日与传教士郭豁达在江西九

---

185 史蒂亚：《戴德生——挚爱中华》（简体版），梁元生译，香港：福音证主协会，1995 年 8 月 3 版，第 165 页。

186 史蒂亚：《戴德生——挚爱中华》（简体版），第 200 页。

187 《惟独基督——德德生生平与事工图片纪念集》，香港：海外基督使团，2007 年 5 月，第 53、192 页。

188 史蒂亚：《戴德生——挚爱中华》（简体版），第 209 页。

江结婚，并偕同到河南周口传教。1894 年返英述职。[189]1896 年 10 月，郭豁达、戴存爱夫妇举家再次来华，不久后受派来温州主持内地会教务，接替转往湖北省汉口宣教站的鱼爱光教士夫妇（Mr. and Mrs. Charles T. Fishe）。[190]

1897 年 7 月 16 日，郭师母戴存爱写信给在英国的弟弟戴存智（Charles Edward Taylor），提到自己在温州的情况："你问我喜欢温州吗？非常喜欢！这地方风景佳美，使我感到很舒服，这边现在气温高达华氏 92 度，虽比中国其他地方凉快，我仍感到疲倦。我很爱你及亲爱的爸爸，渴望今年年底见到你们。"[191]

同年 8 月 31 日，郭豁达和戴存爱年仅一岁又三个月的女儿爱施夭折。戴存爱于 9 月 2 日写信给她的继母福珍妮（Jennie E. Faulding），说："亲爱的母亲，这个星期我心如刀割，惟愿主帮助我写下去。耶稣把我们疼爱的小爱施接到祂那里去了，她是何等娇小玲珑、笑容可掬、人见人爱。上星期二我从海边的度假屋回来，爱施还很健康，到了星期六她的胃口不好，但我们没有留意。"[192]

（三）病逝温州

9 月 28 日，戴存爱因病在温州逝世。她在女儿爱施病逝之后染上痢疾，于 9 月 28 日主怀安息，年仅 30 岁，留下在山东烟台芝罘学校读书的大女儿依蒂（Edith）和两个在家的儿子华德（Walter）和瑞（Harold）。[193]《中西教会报》刊载〈阐范堪钦〉一文，简述戴存爱生平事迹，全文照录：

> 阐范堪钦[194]
> 先生（即指以上戴德生先生）有女、曾归科教士为室、去年西九月廿八在温州因病逝世、案先生之女、系生于华之杭州、在西历一千八百六十七年、三岁时回国一次、十七岁重来中国、身为女教士、二十一岁、与科教士偕伉俪、同至河南之周口传道、二十四岁、

189　黄锡培：《昔我往矣：内地会赴温州宣教士行传》，第 51 页。
190　黄锡培：《昔我往矣：内地会赴温州宣教士行传》，第 51 页。
191　黄锡培：《昔我往矣：内地会赴温州宣教士行传》，第 52 页。
192　黄锡培：《昔我往矣：内地会赴温州宣教士行传》，第 52 页。
193　黄锡培：《昔我往矣：内地会赴温州宣教士行传》，第 52-53 页。
194　《中西教会报》第 4 卷第 37 期，光绪二十三年十二月，上海美华书馆，1898 年 1 月，第 20 页。

因有疾、偕二小孩返英、其未离周口之时、常出与妇女讲道、兼施医药、讵积劳成病、回国后、势颇不支、越三年、再来中土、爰居温地、今年西八月杪、一小孩因病殇、夫人伤之、乃越一月而亦忽然谢世、论者谓夫人在日、独具热心、诚为近妇女中之不可多得、惜哉年未满三十、而遽以生前劳悴、在病长辞、有孩四名、无母何恃、其夫子与老父尤觉悲酸痛楚、噫、吾甚愿上帝其各安而慰之已乎、吾知圣经有曰、祝谢我主耶稣基督之父上帝、即怜悯之父、安慰之上帝、我侪临难时、得其慰、使我得上帝慰、因以慰遭难者、（见哥林多后书三四两节）又保罗达帖撒罗尼迦人前书第四章曰、我欲兄弟知、已死者勿为之忧、效绝望者所为、若我信耶稣死而甦、我亦当信上帝将使宗耶稣而死者、与耶稣俱至、（见十三至十五节）

郭豁达一家合影：左起：戴存爱、爱施、和瑞、依蒂、华德、郭豁达
（图片取自《昔我往矣》）

三、温州内地会第二代总牧衡秉钧牧师

衡秉钧（Mr. Edward Hunt，又译衡平均），英国人，1889年1月13日抵达上海。他先被派往安徽省安庆宣教站传教、牧养教会。1894年10月3日，

与英籍女教士魏思忠姑娘（Miss Alice Whitford，1867-1921）在上海结婚。婚后，两人回安庆工作。1896 年 5 月，举家首次返英述职，1897 年 10 月再赴中国，遂被派往温州，与曹雅直师母曹明道、余思恩教士（Bernard W. Upward）、梅启文师母（Mrs. A. Menzies）、谢姑娘（Miss K. B. Stayner）及平姑娘（Miss Kate Spring）等同工。

1903 年，偕我公会的苏慧廉牧师翻译完成《温州话新约圣经》，得到衡秉钧和余思恩两教士的帮助，得以在温州内地会印刷出版。1906 年，衡秉钧携家眷回英述职。在离温之前，温州内地会教友开送行会，刘廷芳记载："先生在瓯十载左右。为本郡总牧。为勉励会发起人。惨怛经营。助其成立。师母为主日学会发起人。（今属勉励会经斋部。）历任本教会育德女书院监督。故起程时。全教会会友。勉励会各部委办。育德女书院。崇真女书院。全部学生等。恭备赠礼。同开送行会。仪式颇属可观。各支会教师长老执事等。亦届期齐集各举代表人以成礼。勉励会众等。赠锦帐联对一副。上横列大书勉励会发起人返国八字。每字下附六字。共成七律一首。日勉承帝命离宗国。励翼天家莅我邦。会集同人成合一。发明真理示无双。起衰扶弱师新诚。人老神心共乐降。返旆攀辕难止辙。国门惟唱复来腔。联语日本西欧三岛文明。经营远国。念东亚四民黑暗。广布福音。（书启兼书记通问部委办长刘亶生撰）全教会会友赠花梨木锦屏一付。以五色石嵌成序文一篇。约千余字。文系官话。盖以便牧师自读自释也。（本会受封牧师蒋宝仁撰。）育德女书院全部学生赠衡师母花梨木照像架上书恭祝育德女书院监督衡师母锦旋珂里之吉。右列七律一首曰九载勤劳惠泽浓。海滨弱质荷陶镕。仪容肃穆恒居敬。身教公宽众乐从。训养吾侪施善策。提携我辈作神傭。一朝离别情难已。愿主与偕喜再逢（育德女书院教员刘李氏撰）右上书育德女书院全部学生中列该院全部学生小影。下书同袸裮。开会时。女书院学生即以此诗为送别歌。唱之令人起无限感情。（其余各处礼物。不及备载。）当日开会信极一时之盛。启程时。众会友送至埠告别而散。"[195]

1907 年，曹明道退休离温，温州内地会由衡秉钧接任总牧。衡秉钧夫妇于农历九月初三日到达温州，温州内地会会友到埠迎接。刘廷芳报道："衡牧夫妇。重别故乡。来瓯事主。众会友于九月初三日。赴埠恭迓行旌。衡牧夫妻二人。到会时。育怀女书院全部学生。排队唱（该院刘教习撰）欢迎歌以

---

[195] 《通问报》第 276 期，1907 年，第 2-3 页。

迎。歌日。秋风遍地。寒暑再更。木铎声喧。复睹使旌。教育重兴。精神倍增。快来欢迎。快来欢迎。吾辈快快来欢迎。二人即日莅会任事。精神较前倍增。体亦倍壮。愿主降福使二人放大光彩于本郡。扩天国以归荣上主。谅同蒙救之民定当同心祷祝也。"[196]

在衡秉钧任总牧期间，最为棘手的就是平阳与温州教会分别于 1910 年与 1912 年的自立运动。在中国耶稣教自立会平阳分会与温州分会的成立过程中，以衡秉钧为首的传教士变得措手不及，从而产生堂产之争。

1921 年 12 月 26 日，衡师母因癌症而猝然离世。她于 1867 年出生，1890 年 1 月 13 日来到上海，被派往温州传教，主管女校。与衡秉钧教士结婚后，于 1897 年来温州服侍。[197]衡师母一向尽心管理女学堂，带领女查经班和圣经学校，是衡教士的得力助手。[198]衡秉钧悲恸过度，于 1922 年 2 月 12 日因心脏病去世，享年 61 岁。[199]

四、来温首位美籍传教士夏时若牧师

在 19 世纪下半叶，来温外国传教士均以英国人为主，直到 20 世纪初叶，才有美国首位传教士夏时若（Mr. George Hugh Seville，1876-1977）来到温州传教。虽然早在 1884 年，温州就已经有美籍著名传教士玛高温在温州，但据史料所记，他在温州海关任帮办，并不是以传教为目的。

1903 年，内地会美籍传教士夏时若牧师到达温州传教。他成为来温传教的首位美籍传教士，他亦为义和团事件之后第一位到温州的传教士。夏时若出生于美国宾夕法尼亚州（Pennsylvania），于 1895 年入读威斯敏斯特学院（Westminster College），主修拉丁文与希腊文。1898 年毕业后，进入男子预备学校（Boy Prep School）教书。期间，从戴德生得知中国的福音，遂愿在神学上继续装备，预备到中国传教。1900 年，他进入阿勒格尼神学院（Allegheny Theological Seminary）学习。[200]后被按立为美国长老会牧师，于 1902 年 11 月前往中国。[201] 1905 年 3 月，夏时若与江孟氏在上海结婚，婚后同赴温州传

---

196 《通问报》第 276 期，1907 年，第 2-3 页。

197 黄锡培：《昔我往矣：内地会赴温州宣教士行传》，第 2 页。

198 黄锡培：《昔我往矣：内地会赴温州宣教士行传》，第 20 页。

199 黄锡培：《昔我往矣：内地会赴温州宣教士行传》，第 20 页。

200 舍禾：《中国的耶路撒冷：温州基督教历史（上册）》，第 194 页。

201 黄锡培：《昔我往矣：内地会赴温州宣教士行传》，第 62 页。

教。夏师母江孟氏（Mrs. Jessie Merritt Seville，1874-1960）于 1900 年到达温州，义和团运动时往上海避难，后回到温州传教。1906 年 1 月女儿美好（Janet）出生。[202]

1910 年 5 月，温州内地会传教士夏时若携全家首次回美国述职，一家四口于 6 月安抵加拿大温哥华，转返美国。夏师母先于 1906 年 1 月生下长女美好（Janet）[203]，1907 年 11 月在上海生下儿子约翰（John Eldridge），但 1908 年 7 月因痢疾夭折。1909 年 10 月，夏师母生下女儿美顺（Elsa Ruth）。[204]

1912 年 9 月，夏时若牧师夫妇升任温州内地会主要负责人。[205]12 月 5 日，中国耶稣教自立会温州分会成立，对于温州内地会的影响巨大，夏时若曾出面阻止。[206]1914 年初，夏时若牧师组织"一领一福音队"（又称逐家布道队），向全区传福音。夏时若报告 1914 年的布道情况："1 月 26 日农历年初一，温州城内中、南和西三堂，约有 70 位信徒，两、三人一组作伴，在城内逐家、街道和城外村庄，分发福音单张和售卖福音书，共分发了 2500 份。初五下午，全体回到会堂报告，反应非常好，不常开口传福音的，也找到听众；但仇敌反对力量也大，不肯接受单张的、反对和反驳信仰的比比皆是。我们趁此机会鼓励信徒广传福音，接着举行培灵会和圣经学校，特别强调传福音，教导并推行个人布道，尤其是采取一领一方式，邀请未信者来布道会。2 月 14 日下午，专题讲道后，约有 50 名来自城内三堂、属于"一领一福音队"的成员，立志要做 300 日传福音工作。有些以献金代替工作，把献金用来支持外出传福音者一切费用；也有团员因缺席而无法表态，但希望继续有份参与。无论如何，由两、三位弟兄提出这样做，已经令人感到鼓舞，因为立志用这么多时间去传福音，实在是温州的创举。要在有限时间内，将福音传遍全区，若传道人与信徒，联合组成两、三人一队的福音队，很快便能把福音传遍全区了。"[207]

1919 年 9 月夏时若牧师举家离华返美，那时，夏师母在温州差不多 19 年，夏牧师也接近 17 年。据载，夏时若牧师在离开温州之前，为温州内地会开辟

---

202 黄锡培：《昔我往矣：内地会赴温州宣教士行传》，第 62 页。

203 黄锡培：《昔我往矣：内地会赴温州宣教士行传》，第 62 页。

204 黄锡培：《昔我往矣：内地会赴温州宣教士行传》，第 67 页。

205 黄锡培：《昔我往矣：内地会赴温州宣教士行传》，第 68-69 页。

206 《圣报》第 3 年第 1 期，1913 年 1 月，第 9 页。

207 黄锡培：《昔我往矣：内地会赴温州宣教士行传》，第 71 页。

了监狱布道事工。温州内地会黄兰如报道："破天荒之监狱布道　吾瓯教会成立迄今五十余稔。各项布道事宜可谓周而且备。惟于监狱传道。仍付阙如。何则。良由该地官厅不顾体恤。有以致之教会虽屡次函请许可。而官厅则饰词梗阻。同人等。亦居无可如何而已。近因瓯海道尹黄涵之居。莅任以来。力谋公益。声扬瓯垣。有口皆碑。由斯本会西士夏时若牧师躬往面商。辄蒙赞许。遂饬永邑检察厅。并永嘉知事发给传道徽章。准其入内演讲。此乃吾瓯监狱传道之嚆矢也。旋即共举男女布道员三十余人。分监狱与看守所二部举蒋宅如君。吴子兰君。黄兰如君。邵静卿君。胡芝生君。等十二人为监狱传道部。举王活泉君。谢喆夫。池侠亭。阮庆伦。许瀛槎。黄显廷。柯省卿诸君。为看守所布道员。亦有二十人公推蒋宅如牧师为教练部长。其余诸职。均由勉励会友兼任之。实行以来。可谓各尽厥责。而异日之丰收。亦未可谅也。"[208]

夏时若夫妇俩带着三个女儿，于1919年10月8日安抵三藩市。据记录，他们夫妇回美后，因师母身体欠佳，无法重返中国，至1935年才正式从内地会退休。[209]

五、温州海关的美国老人玛高温

在温州教会史上，最初传入的偕我会、内地会，我们都知道所有传教士都来自英国。在"甲申教案"中，我们一般都会关注苏慧廉和曹雅直的安危，庆幸他们顺利逃到永嘉县衙避难，不久后又得海关的帮助暂离温州，到上海、宁波。然而，在苏慧廉妻子苏路熙《乐往中国》（A Passport to China）书中记载教案过程中时候，提到一位与曹雅直一同逃到衙门的美国老人[210]，鲜有人知道他的背景。他是中国教会历史上著名的医疗传教士玛高温博士（Dr. D. J. MacGowan，1814-1893）。

（一）美国老人

首先进入我们眼帘的，就是玛高温在温州"甲申教案"中的勇敢举动。在当时以英国人居多的温州海关与基督教传教站中，这位来自美国的老人，已逾古稀之年。他是当时温州海关的帮办兼医生。在温州期间，他曾经撰文

208 《通问报》，第859回，1919年第27号，第7页。
209 黄锡培：《昔我往矣：内地会赴温州宣教士行传》，第75页。
210 苏路熙：《乐往中国》，吴慧译，2007年8月，未正式出版，第11页。

《中国的行会》登载于《亚洲文会杂志》，成为西文文献中关于中国行会历史问题重要的文章之一。[211]

玛高温于 1879 年受赫德委派，到温州海关任职。在教案发生的时候，他本来可以留在安全的地方，但他却冒险来到温州内地会花园巷，去帮助独脚传教士曹雅直牧师脱离险境。苏路熙记载："不久衙门里又多了两个避难者，一位是美国老人，另一位是跛脚的苏格兰人。他们是费了很大的劲才逃离浓烟滚滚的家，逃离暴民雨点般的乱石袭击和'打死'的吼声。聪明的苏格兰人看到衙门要关门来阻挡人群，便机敏地把一支拐杖插入门缝，撬开一条口让他俩挤了进去。大门随后关上，门外都是暴徒。他们由此捡回了一条命。"[212]

曹明道则有更为详细的记载，特别指出玛高温的舍命相救。她说："海关的玛高温先生不顾个人安危来帮助曹雅直，他们快速集合起我们学校里的十六个孩子（那些小的是从床上被拖起的），还有仆人，决定一起到衙门避难。他们刚跑到后门，暴徒中的先头部队已从前门进来，不一会儿就占据了整个院子。幸运的是衙门就在不远处，但他们沿路还是饱尝了飞来的石头，一块把曹雅直的帽子打落在地，随后飞舞而来的石块直接落在他头上。玛高温落在后面，也饱受惊吓，原来躲在他大衣底下的孩子都四散逃命。"[213]

苏慧廉说："不久，我们欣慰看到曹雅直先生和玛高温博士来了，幸亏有曹雅直的拐杖，关键时刻，用拐杖插入正要关上的大门，撬开一个入口得以进来，没有被关在门外。万一真的被关在外边，他们只能任由暴徒摆布，他们逃亡路上，暴民们一直向他们投掷石块。"[214]

（二）美北浸礼会来浙江的第一人

这位在温州饱受惊吓的美国老人，年轻时曾为主作了美好的见证，在宁波结出许多福音的果实，被称为"美北浸礼会来浙江的第一人"。

玛高温，美北浸礼会传教士，1814 年出生在马萨诸塞州的福尔里弗（Fall River）。在美国取得医学博士学位之后，曾到巴黎游历。之后接受美北浸礼会的委派，成为医学传教士前往中国。1843 年 2 月底，玛高温到达香港。本拟

---

211 沈迦：《寻找·苏慧廉》，北京：新星出版社，2013 年 3 月，第 48 页。
212 译文引自沈迦：《寻找·苏慧廉》，第 47 页。
213 Grace Stott, *Twenty-six Years of Missionary Work in China*, pp.100-101。译文引自沈迦：《寻找·苏慧廉》，第 47-48 页。
214 苏慧廉：《晚清温州纪事》，第 82 页。

与田为仁牧师赴闽工作，后因故未成，从而改变方针，赴浙东沿海传教。[215]9月底，他乘船北上，于10月11日到达舟山，后于11月11日到达宁波，在宁波定居并创办医院[216]。

初抵甬时，因人生地疏，语言隔膜，且因当时当地人对西人猜忌甚深，传教工作备尝艰辛。《华东浸会百年史》记载："形影孤单，人地生疏，言语隔阂，响导乏人，是夜入城借寓一搪客商人家，颇受歧视。此后泰半时间费于寻觅房屋，毫无结果。后感居民拒不容纳，难与相处，甚为失望，正拟遄返舟山之际，而天从人愿，有一商人闻悉马医师拟设诊所，愿以市区房屋免费供其使用，于是开始一面行医，一面布道。马医师医术高妙，口碑载道，三月之间，就诊人数达一千五百余人。"[217]

1844年上半年，玛高温为物色助手，以求发展，将开了三个月的医院关闭后，回到香港。1844年4月3日在印度孟加拉的加尔各答与一位英国圣公会传教士的妹妹贺斯宝（Miss Mary Ann Osborne）结婚。同年底，玛高温偕夫人回到香港。1845年4月25日与克陛存牧师及二位本地助手从香港来到宁波，在北门附近佑圣观租得空屋一间，一面作诊疗所，一面作布道所，且设立义塾。[218]1846年底，又在北门外租得民屋一所，后为浸礼会买进，为后来华美医院的原址。[219]1847年10月31日与罗尔悌夫妇在宁波成立第一个浸礼公会。11月21日，举行第一次浸礼，第一位皈依基督，接受浸礼者为玛高温的中文教员周祖濂，他也成为浸礼会第一位华人传道。[220]1848年夏，在舟山住了几个星期，为当地人治病。

1854年，玛高温因健康问题到舟山普陀养病。[221]1859年12月，玛高温到日本作短暂考察，因健康原因偕家人前往英国。1862年夏，返回美国，在联邦军队中工作。[222]1865年，玛高温作为美国一家电报公司的代表来到上海，

---

215 黄雪痕编著：《华东浸会百年史（1843-1943）》，第122页。

216 吴立乐编，《浸会在华布道百年略史》，上海：中华浸会书局，1936年6月初版，第117页。

217 黄雪痕编著：《华东浸会百年史（1843-1943）》，第122页。

218 黄雪痕编著：《华东浸会百年史（1843-1943）》，第122页。

219 黄雪痕编著：《华东浸会百年史（1843-1943）》，第1页。

220 黄雪痕编著：《华东浸会百年史（1843-1943）》，第2页。

221 黄雪痕编著：《华东浸会百年史（1843-1943）》，第2页。

222 [英]伟烈亚力：《1867年以前来华基督教传教士列传及著作目录》，倪文君译，广西师范大学出版社，2011年1月，第136-137页。

并在此工作。[223]

　　玛高温著作有《博物通书》(Philosophical Almanac，1851)、《日食图说》(Plate of the Solar Eclipse with Explanation，1852)、《航海金针》(Treatise on Cyclones，1853) 及《医业传教事业宣言》(Claims of the Missionary Enterprise on the Medical Profession，1842)，玛高温于 1854 年 5 月在宁波创办《中外新报》(Chinese and Foreign Gazztte)，自任主编。该刊为半月刊，每期四页，主要登载新闻、宗教、科学及文学类文章。[224]

　　1893 年 7 月 12 日，在上海逝世。[225]《纽约时报》(The New York Times) 报道他的去世时，称其为上海最老的居民之一。[226]

第四节　温州内地会早期华人传道

一、温州内地会早期华人传道鲍新进

　　关于温州内地会早期华人传道，我们很少提到梁士元、孙世元等人，因为在中文的资料中没有记载。而较为出名的蒋宝仁牧师，则是 1890 年之后才正式出来传道的。但在中文资料中，我们在特别权威且流传较广的资料中看到一个名字，就是鲍新进。

　　相信对温州教会史稍有了解的学者，必然读过著名中国教会历史学者汤清博士的《中国基督教百年史》，其中提到首位来温传教的英籍传教士曹雅直于 1867 年 11 月受派到温州传教时，就是与华传道人鲍信进一起来的。文载："同年（笔者注：1867 年）又有曹雅真（Stott）偕华传道人鲍信进在温州设站。"[227]虽仅一句介绍，作者有几个明显的错误是需要纠正的：首先，来温第一位传教士的中文名为曹雅直，而非曹雅真；其次，曹雅直来温时，并没有其他资料显示带着华籍传道人，而是与英籍传教士蔡文才同来；最后，此处的鲍信进，应该就是本文所要介绍的鲍新进。

---

223 龚缨晏：《浙江早期基督教史》，杭州出版社，2010 年 2 月，第 141 页。
224 [英]伟烈亚力：《1867 年以前来华基督教传教士列传及著作目录》，第 136-137 页。
225 黄雪痕编著：《华东浸会百年史（1843-1943）》，第 122 页。
226 The New York Times, Aug30, 1893. 转引自沈迦：《寻找·苏慧廉》，第 48 页。
227 汤清：《中国基督教百年史》，第 487 页。

那么，鲍新进是何许人也？他是如何信主的？1878 年 2 月，温州内地会孙世元在《万国公报》所登载的〈乘危得道〉一文，给予我们满意的答案。文中报道鲍新进信主的经过，全文照录：

乘危得道（内地会孙守一稿）[228]

内地会耶稣圣教堂开设温郡已有十余载矣。历年以来，屡有无知愚氓，徒职谣言，妄信邪端，不分清白，归累圣教。即如前岁内，子仲夏间，天主教在乡纠众谋逆，居民蒙昧不察，一味逆理逞凶，欲与圣教作难者，殊属可畏。后于夏秋之交，继有纸人剪辫妖魅压人之说，居民骤闻乍惊，辗转传述，不免讹以滋讹，兼以莫测来由。遂亦冒渎圣教，疑称本堂私藏纸人，乘夜放布剪辫压人，如此诬说，甚至三人成众互相纷纷。时有一人姓鲍名新进，系永邑西溪乡人，于十余年间迁居城内东山下贩薪营生。突然至堂，适遇本堂李妈妈，即向彼访问纸人邪术。于是李妈妈答告纸人邪术出自白莲教红阳等邪教匪类，与圣教绝无干涉，并将正道孜孜劝勉，而其秉性驯良，向系好善喜，于听受即日晚间复至堂礼拜，时教牧曹君祈祷，有为各处皇上与文武官员以及庶民切心恳求，巍巍不测之上帝欲户户得雍熙之美致，家家思为善之心。彼从此知大道之真诚，信圣教之无伪，则专心萃志改过迁善，坚守正道，尽除邪俗，并将正道侃侃宣说。虽被凶徒欺待詈骂，皆不与计较，亦不为耻。而彼今年四十有三，未得子女，幸去年初夏，始诞一子，喜出分外。但伊母年迈，七旬有奇，于旧冬腊月因病逝世。本春正月廿四日，出柩至乡安葬时，教牧蔡君因已匆忙不遑同赴，便着二本教友同往作丧事礼拜。虽有亲族人等因不择吉日祭土等情，乘机威偪厉言怨骂，然伊固执教规，悉心主掌，并不为意，反觉坦然自乐。似此真可谓登堂而入室焉，余今不揣固陋聊为之论，以勉当今凡吾同道之人耳。

从孙世元的报道中得知，鲍新进实为永嘉西溪人，为谋生计而迁到温州城内东山下，以贩卖柴火为生，后得内地会女信徒"李妈妈"的介绍，得曹雅直牧师带领归主。曹雅直夫人曹明道在《Twenty-six Years of Missionary Work in China 》提到鲍新进于 1877 年受洗入教。

---

228 林乐知主编：《万国公报》，华文书局股份有限公司印行，光绪四年二月二十日，第 537 页。

据曹明道介绍，受洗之后，鲍新进就成为一位热心的传道人。她记载："鲍新进以前是个卖柴的，我想不起来他是怎么信主的。1877 年受洗，正好那段时间我们第一次回国休假。1878 年年底，我们从英国返回温州，那时他已经带几个人归主了。他日子过得清苦，挑着柴禾挨家挨户卖。每进一户人家，只要有机会，他就向人家传福音。刘太太和其他几个信徒就是他给传福音信主的。不管他到哪里，都宣讲福音。有时人们当面指责训斥他，他都满不在乎，也不害怕，不退缩。几年后，我们把他吸收为同工，全职传福音，他更加热情忠心地为神做工，从来不知疲倦，但往往在工作方法上不明智，缺少智慧。有一段时间，他为一些琐事引起不必要的纷争，在信徒中造成不好的影响，曹雅直停了他的工。我们温和地劝他暂时离开，并帮他重操旧业。那时，他真的悔改了。1887 年，我们准备第二次休假要离开温州时，非常感动地看到，鲍先生抱着曹雅直的椅子，哭得像个孩子。他虽被撤销了传道人的职务，却更表明这句话的真义：'朋友加的伤痕出于忠诚'。他离开的第二年，就不干卖柴生意了，却到各处兜售福音书籍。从此，他就一直从事这项工作。藉着这个工作，他成了将福音传向不同地区的一个管道，其中有个地方叫霞嵊，不久之后就经历了火一般的洗礼。"[229]

我们可以用不够成熟来形容这位温州内地会初期华人传道，但他的热心成为温州的祝福。正如曹明道所说："他成为福音向不同地区传播的管道"。其中最为著名的就是将福音传给刘廷芳的祖母。

刘夫人出生于书香富裕之家，接受过基本教育，是当时社会中少数识字并阅读的女子。20 岁时，她嫁入刘姓富豪人家。然而不久，因为刘家上从祖父下至兄弟都染上了鸦片，家产顿时败落。几年之后，刘家又因她公公去世大搞丧礼，以致背了一身债务。所有债务偿清之后，就只留下祖上的 10 亩地。两年后，丈夫去世，仅 29 岁的她就独自担负起养育孩子的任务。在最为窘迫之时，她只好将土地卖了 2.5 亩。不过，因为她的勤劳，剩下的七亩半土地足已供养她的一家。自从丈夫去世之后，她将所有的希望寄托在烧香拜佛之上，但她疲惫且受伤的心灵却从未得到慰藉。

台湾中原大学教授查时杰在〈刘廷芳——多才多艺的教会杰出领袖〉中介绍："廷芳的祖母系书香门第出身，受有教育，中年守寡，突遭亡夫之痛，自然极度悲伤，……常携其子来亡夫坟前祭扫，并寻求慰藉，然以路远，又

---

229 曹明道：《二十六年：曹雅直夫妇温州宣教回忆录》，第 118-119 页。

是缠足妇女，行走实有不便，是以每每途中在路旁凉亭歇息，她面带忧愁的脸容，被一位在当地的樵夫所注意，这位樵夫是温州地区宣教士最初结的果子，同情她的不幸遭遇，就把基督的福音与安慰传讲给她，并且还送了一本新约圣经给她阅读，廷芳的祖母深为基督福音所吸引，信仰的种子就此种播在她心里，不久就皈依基督，有新生的形象，不再愁苦，满有喜乐。"[230]

此事发生在 1878 年，这位樵夫就是鲍新进。很明显，鲍新进的工作带来极大的果效，他自己也一定未曾想过，这位不久被赶出家门的刘夫人，得温州内地会收留，其家庭成为温州教会的祝福，也成为中国教会的祝福。

二、温州内地会的才子——孙世元

对于孙世元，我们不太知道他具体的生卒时间，但他在温州早期内地会曾崭露头角，在口才和文才上均为突出。

1877 年 5 月 21 日（农历四月初八），孙世元在〈东瓯内地会曹牧师回国启〉中介绍自己的身世以及在男校中所受的装备。他说："余于同治六年间，自宁至瓯寄寓其塾，追随函丈，备聆训诲。余至塾时，年十有三，迄今亦逾旬载矣。承蒙曹牧师恩爱，因余不才，幸不见弃，教授圣经杂学等培植之恩，不胜言状。"[231]其中，"同治六年"为 1867 年，是曹雅直刚刚到温州的时间，时间上可能不太正确，但从其中得知，他应该是男校最早的学生之一。入校时，他年仅 13 岁，19 岁时担任男校的老师，并成为一位传道人。

曹雅直对孙世元有如下评价："世元今年 19 岁了，目前正在给学生上课，因为我把学校的老师借给了蔡文才先生，去处州帮他渡过难关。世元是个聪明好学的孩子，明白《圣经》真理，但我不能期待他像周殿卿那样。孙世元已是一位传教士，负责平阳事工。世元讲福音时，他的激情像燃烧的火焰，能把任何属于真理的人说服。但世元又是个害羞、自尊心很强的孩子，和他相处确实需要小心点。他还是喝了不少墨汁的，有几次我听他和几位文人激烈辩驳，顺口说出很多中国经典，批驳那些迂腐的观点，竟能引经据典，滔滔不绝，言辞尖锐。"[232]

---

230 查时杰：《中国基督教人物小传（上卷）》，中华福音神学院出版社，1983 年 3 月初版，第 238-240 页。

231 林乐知主编：《万国公报（六）》，第 605 页。

232 曹明道：《二十六年：曹雅直夫妇温州宣教回忆录》，第 73 页。

　　孙世元曾在给一位外国朋友的信中，介绍当时男校的情况，特别描述他们平时所读的书籍。从中我们可以得知，他在男校期间对于中国经典的阅读，使得他在后来的辩驳中可以引经据典："现在学校有 16 个男生，我们读好多种书，包括中国经书。但《圣经》是我们早晚崇拜的课本。我们生来就是榆木脑袋，又很懒惰，所知甚少，又没有勤奋好学的习惯，所以我们应该垂下脑袋，为此感到羞愧。"[233]

　　孙世元在初期温州内地会，算是一位才子。他曾多次写信给外国朋友，也曾数次在《万国公报》中分别发表文章，题为〈东瓯内地会曹牧师回国启〉[234]、〈乘危得道〉[235]、〈温郡内地会蔡君师母行状〉[236]。

三、温州内地会少年英才——梁士元

　　1868 年下半年，曹雅直创立了男童寄膳寄宿学校，梁士元为早期的学生之一。梁士元，台州人[237]，入校的时候，年 11 岁。由于他刚进校的时候，穿着较体面，所以给曹明道留下深刻的印象。她描述当时的情况，说："他入校的时候只有 11 岁。我清楚地记得，那时有一个满脸朝气的小男孩被人领进来，穿着一件缎子外衣，虽然有点破旧，看上去还挺不错的。来了个穿着体面的男孩，这让我感到很惊讶，因为到目前为止，还没有一个学生来我们学校是真正为了受教育的，把小孩送过来的人家都是因为家境贫困，养不起孩子。"[238]因此，她以为他父亲能给儿子穿缎子的衣服也应该能供得起饭食，应该算是学生当中条件最好的了。但是第二天早上，让她意想不到的事情发生了。"他父亲又来了，一再道歉说那件缎子衣服是借来的，必须马上还给人家。缎子外套脱下后，男孩身上剩下来的简直就是几片肮脏的破布片。我马上叫人给这个小家伙做新衣服，把他身上的烂布扯下来烧了。"[239]

　　不久之后，真理进入梁士元的心。"对他来讲，不会是突然间悔改归信，相反的，他是逐渐吸收、领会真理的，生命的改变在他身上毫不含糊地显露

---

233 曹明道：《二十六年：曹雅直夫妇温州宣教回忆录》，第 74 页。
234 林乐知主编：《万国公报（六）》，第 605 页。
235 林乐知主编：《万国公报》，光绪四年二月二十日，第 537 页。
236 林乐知主编：《万国公报》第 10 年 508 卷，第 107 页。
237 曹明道：《二十六年：曹雅直夫妇温州宣教回忆录》，第 129 页。
238 曹明道：《二十六年：曹雅直夫妇温州宣教回忆录》，第 127 页。
239 曹明道：《二十六年：曹雅直夫妇温州宣教回忆录》，第 127 页。

出来。14 岁那年，我们确定他真心悔改信主，就给他施洗，接纳他进教会服事，之后继续在学校上了几年学。"[240]

1874 年，内地会平阳分会建立。[241]曹雅直先是派一位传教士去平阳开拓福音事工。一开始有许多人来听道，但不久就寥寥无几。这位传教士觉得孤单无助，请求曹雅直派人去帮他。曹雅直从男童学校派了年仅 13 岁的梁士元去和他同工几个月。梁士元 12 岁悔改信主，日后长期在平阳服侍，成为一位热心的传道人。曹雅直在派遣他去平阳之前，先跟他交流传福音的目的：透过传讲基督，让人们远离偶像，远离拜偶像之风；真理一旦进入他们心中，假神就会离开他们。曹雅直说完之后，问他是否明白，梁士元回答很令他满意："噢，你说的就像这样：现在人们都住在一个将要倒塌的破草房里，您并不想让我把破房子推倒，扯着他们的耳朵硬把他们从里面拉出来。我要做的是，给他们盖一座漂亮的新房子，全用上好的材料装潢，然后再邀请他们离开破草屋，搬进新家来。"[242]被派到平阳之后不久，梁士元就结出福音的果子，曹明道记载：

> 一天，这个男孩来到一个庙里，没看见香客，却发现每个神位前都点着蜡烛，烧着香火，表明有人在这里烧香。他转过身，看见一个老人正坐在一边休息，看来是刚刚拜完神像。他便上前搭讪，说："老爷爷，你为什么拜这些偶像呢？它们是用泥捏的，眼睛看不见，耳朵也不能听，帮不了你什么忙。说实话，这些东西自己都帮不了自己。你看看，这个神像手指头断了，那个胡子叫老鼠啃了。但老鼠吃不了你的胡子，为什么呢？因为你是个活人。这些东西呢，连老鼠都能随便啃，啃了也没一点事，你竟向它下拜，多么愚蠢啊！哎呀，看这里，老鼠都在这个神像里做窝了。"老人听了叹了口气，说："那我怎么办呢？"接下来，男孩给他讲了惟一真神和神的儿子耶稣基督，讲了耶稣基督的救恩之路，并且这条救恩之路是向"一切相信的人"敞开的。

---

240 曹明道：《二十六年：曹雅直夫妇温州宣教回忆录》，第 127-128 页。曹明道关于梁士元悔改与去世时的年龄前后不一致。

241 汤清：《中国基督教百年史》，第 488 页。

242 曹明道：《二十六年：曹雅直夫妇温州宣教回忆录》，第 65 页。

老人听了这些福音信息很惊讶，因为他从来没听过如此智慧的话。男孩看到老人对福音如此感兴趣，就邀请他去礼拜堂听道。老人真的来礼拜堂听道。不仅他自己来听，还把老伴带来了。聚会了一段时间，两位老人都真正悔改信主了。蒙上帝保守，这对老人多年来持守信仰，沐浴在上帝的荣耀之中。[243]

这位由梁士元带领归主的老人，后来得到刘廷芳祖母的牧养。曹明道描述他去世时的美好见证："当地一位老信徒，年事已高，身体虚弱，没过多久就去世了。离去的那天，他感觉自己无法起身，就对妻子说，耶稣很快就要来接他了。下午，他要了些吃食，刚吃下去一点，就对家人说：'耶稣来了，我要睡一会，一直睡到耶稣到这里，不要叫醒我。'说完，他就睡了，再也没有睁开眼睛。（正是这位老弟兄，在未信主之前，男校学生士元曾发现他在寺庙拜偶像。）"[244]

在梁士元16岁时，曹雅直曾有如下的评价与期待："士元，快16岁了，但已是三年的老会友，他的行为从某种意义上来说已经有基督的样式。他在教会中很受尊重，是因为他的生活行为与信仰一致。他的话不多，但和他交谈，总让人体会到一种慈爱在里面。我希望他能成为一名成功的传道人。每到放假，他不是和别人一起去玩，而是背着成捆的书和小册子，到拥挤的大街上去卖。"[245]

梁士元无疑成为平阳教会创立之初的功臣，"当时，我们正处于拓荒布道的初期阶段，这样一位年轻弟兄对我们的事业而言，是多么宝贵，多么不可或缺。"但可惜的是，梁士元后来因殷勤服侍，透支过度，积劳成疾，感染肺炎，于1887年去世，年仅28岁。[246]

四、温州内地会男童学校第一位学生——周殿卿

周殿卿，是温州内地会于1868年创办的男童学校的第一个学生。曹明道记载他被招入学时的情形，以及他的家庭背景："周殿卿先生，是曹雅直1868年开始办学时招进来的第一个学生。他刚到这里时，脸色苍白，一副绝望的表情。如果当时不是因为刚开始办学，无论如何学校也不会招他进来的，只

---

243 曹明道：《二十六年：曹雅直夫妇温州宣教回忆录》，第63-65页。
244 曹明道：《二十六年：曹雅直夫妇温州宣教回忆录》，第112页。
245 曹明道：《二十六年：曹雅直夫妇温州宣教回忆录》，第73-74页。
246 曹明道：《二十六年：曹雅直夫妇温州宣教回忆录》，第65、129页。

因急需要有学生，什么人都收。他爸爸死了，妈妈是福建靠近温州这边的人，心肠毒辣，淹死过自己的两个女儿，开着一家小客栈，生活糜烂。孩子的哥哥吸大烟吸得很厉害。这孩子天生偏瘫，一点活也不能干，路都走不稳，是个负担，就把他送给了外国人。"[247]

可能与曹雅直自身的残疾有关，曹氏对周殿卿有特别的怜悯之心，他相信神的大能，相信这个毫无前途可言的孩子，可能为基督做美好的见证。这个孩子确实没有让曹雅直失望，因为他学东西很快，聪明又勤奋。他在男校学习五年，在第四年的时候悔改归主，时间约在 1872 年。曹明道描述他悔改归主的奇妙经历：

> 一位宁波的老姊妹引导他，每天晚上读经给他听。一次，那个老姊妹问他："你读经读得这么好，怎么不信主呢？"他说："我做得还不够。""噢，"她回答说，"你就像那个参加婚宴却没穿礼服的人。你不要基督的礼袍，却要自己做一件。"过了几个晚上，他做了一个奇怪的梦：他觉得听到了主再来的号角声，在恐惧中起身，穿好衣服跑出去迎接主。当他来到院子里，看见曹雅直先生也从门里出来。他叫曹雅直先生等他一下，但曹雅直先生回答说："不，主已经来了，我要去迎接祂。你没有得救，会被留在后面的。"他在恐惧中惊醒，发现幸好只是个梦。第二天，他把这个怪梦说给一位信徒听，问题才被真正提出来："如果这是真的呢？"他看见自己的危险，心被立即带到主面前。[248]

后来，周殿卿成为一位善于雄辩、富有感染力的传道人。在最初几年，成为曹雅直得力的助手。在 1889 年曹雅直牧师病逝之后，周殿卿写信纪念曹氏在温州传教的历程：

> 我们的牧师——曹雅直先生，24 年前来温州传扬基督的福音。那时，温州人从没听过神的福音，神的真光还没照到温州。没有人知道自己是从哪里来，也不知道死后将往哪里去，所有人都生活在黑暗中，但他们并不知道。人们普遍信仰佛教、道教，祭拜他们能看得见的偶像。
>
> 看到这些，曹雅直先生心如刀绞。他暗暗祷告，不惜花费时间

---

247 曹明道：《二十六年：曹雅直夫妇温州宣教回忆录》，第 124 页。
248 曹明道：《二十六年：曹雅直夫妇温州宣教回忆录》，第 124-125 页。

和金钱，只为神的福音在此广传。为此，他创办学校，让穷苦人家的孩子来读书，学习真理知识。每天，他都用神的话语亲自教导学生，让他们知道，有永生的灵在他们里面。他告诉他们，他们都犯了罪，而罪人不能进入神的国。他又告诉大家，神爱他们，并差祂的爱子来到世上拯救罪人。

那时候，传福音很不容易。曹雅直先生刚来温州的时候，听不懂这里的方言。当时只有一位宁波人帮他租房子、租教堂。上午，他给那些招来的男孩子上课。下午，在小教堂讲道，每天都是这样。

我记得一天早上，一个叫阿唐（Ah doa）的无赖跑到学校门口，拿石头砸门，叫嚷着要进去。曹雅直先生问他要干什么。他说："我想到里面耍耍。"曹雅直先生叫他下午再来。他说："我现在非要进去不可。"曹雅直先生出去劝阻他，阿唐拿起石头就向他砸去，要不是曹雅直先生偏了一下头，肯定会被他砸倒在地。

经过许多危险和试炼，但为了拯救灵魂，他愿意承受这一切。我是他创办男校后招来的第一个学生，在那里学习五年。后来，靠着神的恩典，成为一名传道人。

我刚来学校的时候，师母还没来温州。一到冬天，曹雅直先生的腿就疼得厉害。但只要腿一不疼，他就出去传道。十七年前，他在平阳开了一间小教堂。教堂一开，人们就挤过去起哄，想要闹事，把外国人赶走，禁止传道。但他们不知道，耶稣会得胜。现在，那里已有一百多人信主，温州及周边地区已有三百多个基督徒了。先生来温州两年后，师母也来了，开始妇女和女孩的宣教事工。只要有人悔改信主，她就用神的话语教导她们，并指导她们如何帮助别人悔改信主，还组建一个姊妹布道团。

记得六年前，教堂、住房和学校被一伙暴徒放火烧了。城里的外国人都被赶到城外，信徒们也四处逃散。刚刚几个星期，曹雅直先生就回来了，开始重新建造被烧掉的教堂、学校和住房等。一共花了五个月的时间，教堂、学校、住房都盖好了。在这五个月里，尽管我们牧师有那么多事，但还是亲自参加盖房子，什么活都干。新盖的房子还没风干，曹雅直先生就搬进去住了。唉，就因为这样，我们牧师得了肺病。

三年前，牧师和师母回英国去了，原打算很快就回来的，但他的病却把我们的牧师送进了天国。两年时间里，他默默忍受病痛，从没抱怨过，将荣耀归于神，满心欢喜地去天国。师母又回到了温州，心中惦记着失去牧人的羊群。她没有离开，也不舍弃我们这些信徒，看到我们当中有瞎眼的、贫穷的、年迈的，她都敞开家门接纳他们，将他们从饥寒交迫的绝境中解救出来。牧师和师母是如此认真地在遵行神的旨意，将来的赏赐必是极大的。[249]

然而，周殿卿的婚姻成为他服侍的极大绊脚石。28 岁的时候，他母亲未征得他的同意，擅自将他和一个名声不好的家庭的女儿订下婚约，经历多次反复的折腾之后，他被迫与女孩结婚。妻子的粗俗草率与挥霍无度，使得他陷入无尽的经济困境中。他也因此在教会中名声受到极大影响，使得曹雅直不得不将他从预备牧师的名额中除去。[250]

事件发生在 1893 年年初。在年初的姊妹聚会期间，温州内地会的一位佣人的妻子把奉献的钱放在凳子上，旁边坐着周殿卿的妻子。周的妻子虽然有参加聚会，但没有悔改。在曹明道讲道的时候，佣人的妻子因有事出去了一会儿，回来后发现钱不见了。由于当时没有人离开过座位，大家怀疑是周殿卿的妻子偷钱。聚会结束后，佣人询问周殿卿妻子，她一听就大发雷霆。后来，佣人告诉曹明道。第二天早上周殿卿怒气冲冲地告发佣人的妻子诬赖他妻子偷钱，并要求佣人道歉。曹明道经过调查发现佣人并没有说谎，反而是周殿卿妻子撒谎。曹明道向周殿卿指明事实，并要求他向佣人道歉，但他拒绝，甚至表示要辞职。几星期之后，佣人回来为周殿卿说情，要求曹明道重新雇用他。[251]曹明道安排他做外国传教士的中文老师，并继续在福音布道会、圣经学习班中担任讲员。[252]周殿卿的牧职则由蒋宝仁替代。蒋宝仁后来成为曹明道、衡秉钧等外国传教士的得力助手，成为温州内地会的著名牧师。[253]

五、温州内地会曹雅直得力助手——陈日铭

陈日铭，又称陈益新，是温州内地会男童寄宿学校的早期学生之一。他

---

249 曹明道：《二十六年：曹雅直夫妇温州宣教回忆录》，第 160-161 页。

250 曹明道：《二十六年：曹雅直夫妇温州宣教回忆录》，第 125-126 页。

251 曹明道：《二十六年：曹雅直夫妇温州宣教回忆录》，第 248-249 页。

252 曹明道：《二十六年：曹雅直夫妇温州宣教回忆录》，第 125-126、249 页。

253 曹明道：《二十六年：曹雅直夫妇温州宣教回忆录》，第 250 页。

出生于一个极其特殊的家庭，被迫送到传教士所办的男童寄宿学校。曹明道描述他的家庭以及最初来到男校的情况："当时他妈妈去世了，爸爸吸大烟，几块钱就把陈先生的弟弟卖给一个男人。那人把弟弟领到福建来的一艘帆船上带走了，不知去了哪里。爸爸又要把陈先生卖掉，幸亏一个亲戚救下了他，把他领到我们学校。刚来这里，这个孩子十分胆怯，几个月都躲着曹雅直，一见面就畏畏缩缩，不敢抬头。曹雅直也感到很为难。但最终还是爱心改变了他，孩子变得很有自信。后来，他父亲离家去了外地，不来找他麻烦了，孩子完全交到我们手上。他是个安静好学的孩子，我们很少发现他会做错什么事，乖巧又听话，是我们喜欢的那个类型的孩子。"[254]

几年之后，他真正接受真理，由于他想学国外的印刷术，曹雅直就将他送到镇江的印刷所去学习手艺。但由于镇江没有专门教授印刷的人，他没有学成手艺。不过，他得到一次出国的机会，与他人一起游历日本，成为当时游历最丰富的中国人之一。1878 年，他悔改归主，并开始参与服侍，不久成为全职传道人。1880 年 10 月，曹雅直在温州租屋开设一家小型医院，由稻惟德担任医生，聘请陈日铭先生为助理，实行免费医疗。[255]然而，他曾一度受引诱犯罪，被撤去职份，且被中止了聚会。后来，他真心悔改之后，重新得力，于三年之后，重新任传道人。[256]1887 年，他受派到平阳，负责平阳宣教中心的事工，与蒋宝仁牧师同称为"我们两个最得力的助手"。[257]

1896 年 4 月，《中西教会报》登载由林领第撰写的文章〈论温州圣道之繁盛〉，其中提到温州内地会的发展中，陈日铭成为本地传道人中的代表。文称："师母见诸教友之如羊无牧。不忍遽然弃之。以故续请英教士朱德盛。及华教士陈日铭两先生者。前往各处。宣播福音。寒暑勿衰。劳而不倦。所以现在温州一带。信道者。不下千余人矣。此诚出于神之莫大洪恩。如是照临温郡。岂人意料所能及乎。"[258]

进入 20 世纪，中国基督徒自立运动兴起，陈日铭于 1910 年与平阳城关黄时中、姜铭臣（鸣琴），鳌江范志笃（志泉）、陈楚卿、朱信之，北港林溥泉（湄川）、吕信真、俞竹庭等有识之士，响应上海俞国桢牧师成立中国耶

---

254 曹明道：《二十六年：曹雅直夫妇温州宣教回忆录》，第 123 页。
255 莫法有：《温州基督教史》，第 56 页。
256 曹明道：《二十六年：曹雅直夫妇温州宣教回忆录》，第 123-124 页。
257 曹明道：《二十六年：曹雅直夫妇温州宣教回忆录》，第 136 页。
258 《中西教会报》，光绪 22 年 3 月（1896 年 4 月），第 12-13 页。

稣教自立会的消息,脱离平阳内地会,设立中国耶稣教自立会平阳分会。[259]10月,中国耶稣教自立会平阳分会行开幕礼。会议气氛和谐,特邀请平阳内地会英籍传教士施恒心牧师到会勉励,陈日铭作为代表讲话,内容大略为:"会已自立。仍须与母会和合。何谓母会。即保罗曰。我用福音生尔。我用乳喂尔。为子者虽不能终身赖其母。既至自立地步。犹当爱敬其母。母亦慈祥其子。切勿误会。以此后不属外国教会。而视母会为途人也。"[260]不久,新成立的中国耶稣教自立会平阳分会受到温州内地会外国传教士的反对,衡秉钧牧师批评自立会人士出身卑微,但陈日铭是个例外,文称:"查教会中惟陈日铭有此才具向系籍教出入公门余则非语言不通即衣服不称前事有无宪台查访"。[261]

也就是因为陈日铭原来在内地会中的特殊地位,在中国耶稣教自立会平阳分会建立之后,该会派陈日铭到温州与蒋宝仁商量自立事宜,蒋宝仁得到启发,召集华人牧者发起温州自立会筹备大会,其中提到与陈日铭交流的情况:"蒋牧谓日前陈日铭君降舍。谕平阳子会业经自立。本城母会尚未臻此。而母会道德程度素称高尚。何以不能自立。非尔阻执其谁乎。予答曰。温州道德虽高。而财政不及平阳。故难能遽然自立。"[262]

六、温州内地会第一位留学生——刘世魁

20 世纪著名中国教会领袖刘廷芳的父亲刘世魁[263],1868 年出生[264],1878

---

259 支华欣编著:《温州基督教》,第 8 页。

260 《中国基督徒月报》第 28 号,第 11-12 页。

261 《圣报》第 6 期,上海:中国耶稣教自立会全国总会,1912 年 2 月,第 6-7 页。

262 《圣报》第 4 年第 6 期,1914 年 6 月,第 9-10 页。

263 支华欣牧师在《温州基督教》中将"刘世魁"写为"刘世奎"。氏著:《温州基督教》,第 67 页。

264 在查时杰的《中国基督教人物小传(上卷)》中记载,刘世魁生于 1864 年,卒于 1900 年。在刘廷芳的母亲(刘世魁的妻子)去世时,《燕京新闻》的英文版中其大女儿刘文瑞回忆父亲是于 1905 年去世,时年 37 岁。这样,我们可以推算出刘世魁生于 1868 年,卒于 1905 年。同样,在内地会刊物《China's Millions》的记载中,世魁于 1881 年跟随母亲入温州内地会,与曹雅直夫妇一同生活,并成为曹氏所办仁爱义塾的学生,时年 13 岁。正与其女儿文瑞所提的时间一致。高建国牧师在〈基督教最初传入温州片断〉一文中所提的"刘星垣"就是刘世魁。参查时杰:《中国基督教人物小传(上卷)》,第 240 页;*The Yenching News*, April 13,1940,p.2. Edited by J. Hudson Taylor, M.R.C.S., F.R.G.S., *China's Millions*, 1881, p.36.

年母亲叶氏归主之后，于 1881 年随母亲入温州内地会所办的仁爱义塾就读，后来到山东烟台英国医院学习医学，师从第一位来温从医的稻惟德医生[265]。之后留学英国，在英国爱丁堡医校肄业，专修眼科开刀，与当年上海眼科名医李清茂齐名[266]。

查时杰描述："廷芳之父刘世魁自小在母亲叶氏的培育下成长，叶氏期望他能成为一个济世救人的医生，故送他往山东烟台（芝罘）内地会所办的医院见习，后来又有机会远赴英国爱丁堡大学医学院进修，结业后，得有眼科医生的资历，回国服务，本有意在上海开业，但其母在温州主持学院，脱身不得，从母之意在台州（临海）开业，世魁是第二代基督徒，有良好的医德，医术精良，名声日播。"[267]他于 1888 年与李玺结婚，育生有四子二女，"长即刘廷芳，次为长女文瑞（月仙），三为次女文庄（月娥），四为次子刘廷藩，五为三子刘廷蔚，六为四子刘廷葆，除四子廷葆六岁早逝外，余皆赖其母与祖母抚育长大，皆受有良好教育，是温州刘氏家族最有成就的一房。"[268]

曹明道曾记载 1892 年底，由于刘夫人患重病，她就写信要求在台州的刘世魁回温。刘世魁回温后与温州传教站的信徒分享台州福音复兴的情况。曹明道记载：

> "我们多年忠信且属灵的助手刘夫人患了重病，且我们两度放弃她能苏醒的希望。她儿子正在台州协助医疗工作，因此我写信要求路惠理先生（Mr. Rudland）让他即刻回来，恐怕他的母亲将不久人世。他回来了，且值得感恩的是她脱离了危险。尽管病痛折磨着她，却给她与神亲近的明证。一天清晨，我去探望她，她微笑着对我说：'主整晚与我同在，祂向我显现祂慈爱的脸，使我更想亲近祂，只可惜到清晨了。我想去天堂看曹雅直先生和黄夫人，但最想看的还是耶稣。'她曾三年在学校里帮助怀特福小姐直到生病。主的怜悯使她重新康复了。
>
> 福音在台州传教站的不少地方有复兴。我们听说仅几个月中那里就有 170 人接受洗礼，我们盼望这样的祝福临到我们这里。我邀

---

265 Grace Stott，*Twenty-six Years of Missionary Work in China*，p.76.
266 刘绍唐主编：《民国人物小传》（第 7 册），第 465 页。
267 查时杰：《中国基督教人物小传（上卷）》，第 240 页。
268 查时杰：《中国基督教人物小传（上卷）》，第 240 页。

请刘先生是否能在周日下午向我们介绍台州站的事工，因此我们调换了课程，所有人都来聆听有关上帝在其他传教站的圣工。我们的心被 1892 年有 147 人受洗的消息所温暖。刘先生评价道，温州是福音的第一站，而台州是第二站，既有数量又有属灵的能力。当他说完时，我补充说，福音是在温州开始，但不仅如此。我对照我们可怜的 30 人与他们的 147 人，并邀请谁愿意跟我一起每天为我们灵性的力量和为他人的新生命祷告？便有许多人举手。我问大家祷告的事项时，一位弟兄喊着说，'为七百灵魂！'我为此震惊了！我可怜的信心还没到一百人。于是我说，'我们先想好再说。神会将我们所相信的赐给我们'。然后，一位弟兄说：'举起你们的手，为明年得三百人。'我指出只要每人赢得一个灵魂归主，我们的人数将以成倍增长，尽管这还是很少。所以在春节的第一周，即 1893 年，我们每天聚会祷告希望越来越多的人归主。祷告之后我们组织了几个队伍，到不同的地区，传讲荣耀的福音，我们期盼得着更多的赐福。"[269]

刘世魁死于 1905 年。查时杰描述："光绪廿六年，庚子之乱在北方兴起，南方虽没有动乱，但仇教排外气氛亦浓，是年刘世魁送其母回乡，其母所坐轿子抵达码头时，被兵弁无故碰撞，以致轿子险被倾往河中，世魁爱母心切，自然与兵弁理论，遭无理的兵弁以枪托击胸部成伤，不久因伤而逝，享年卅六岁，英年早逝，令人十分惋惜。"[270]若此事故属实，我们则可以推断重伤并未造成刘世魁"不久因伤而逝"，反而使他终年卧病不起，最终如刘文瑞所回忆，于 1905 年去世[271]，早逝的原因是"以肝病卒"，终年 37 岁。[272]

1889 年，曹雅直牧师在法国去世，刘世魁写信纪念这位给温州带来福音的牧师。他说：

> 我想写一写我们敬爱的牧师——曹雅直先生。他是苏格兰人，在故乡上学，接受教育，由中国内地会派到中国宣教。他性格直爽，为人正直，很有智慧，在这些方面，很少有人能比得上他。他看上去总让人产生一种敬畏之心，但当你真正走近他，了解他，就会发现他是

---

269 Grace Stott, *Twenty-six Years of Missionary Work in China*, pp.288-290.

270 查时杰：《中国基督教人物小传（上卷）》，第 240 页。

271 *The Yenching News*, April 13,1940,p.2.

272 《燕京新闻》第 6 卷第 27 期，燕京大学燕京新闻社，1940 年 4 月 13 日，第 3 页。

一个温和慈爱的人。他做事总是三思而后行，话不多，却充满智慧。他言出必行，以身作则。他传达出来的能量和影响力，在他身边的每一个人都能感受到。他被称为温州教会的顶梁柱，教会里每个人都效法他，以他为榜样。我们牧师多年来投身宣教事业，热中于出外布道、传福音。二十四年前，他来到温州，两年后师母也来了。为了神托付的这份工作，他们告别亲人朋友，远离自己的祖国，欣然来到遥远的温州。为了听懂我们的话，他们学习温州方言。他们建教会，办学校，不惜花费时间和金钱，收养孤儿和贫穷人家的孩子，教他们读《圣经》，明白真理。他不怕苦，不怕累，到处布道，发售福音书籍，帮助困难的人。所有他做的这一切，都是为了福音得以广传。

唉，温州这地方比其它地方更盛行拜偶像，不管是有点文化的，还是一个字不识的，都一样喜欢拜偶像。曹雅直先生看到这些，心急如焚，痛切地祷告，求神看顾怜悯这里的人们。不久，神应允了他的祷告，福音逐渐在各地传开，三个教会分别在温州、平阳和桐岭建立起来。每个教会都有一位本地的讲道人，我们牧师不辞劳苦，每个月都亲自去这些教会牧养，在那里讲道、教课并查看信徒的情况。在这些事工上，师母是他的好助手。她也做妇女和女孩的牧养工作，有人信主灵魂得救，她就教导她们如何帮助别人悔改，并组建一个"姊妹布道团"去关怀那些孤立无助、饥寒交迫的人。他们全身心投入宣教事工，几十年如一日，为教会打下坚实的基础。现在已有三百多人悔改信主，这是一件多么美好的事啊！

1887 年，曹雅直夫妇再一次回国探亲。回去只有几个月，曹雅直先生就得了肺炎。他们请了最好的医生，但神的旨意是要牧师回天家，患病两年后，牧师就在主里安睡，带着喜乐去了天国。当消息传到温州，我们都失声痛哭，心情无比沉重。想到牧师生前种种美德，教会里大人小孩都向神感恩，感谢神赐下这样的人来教导我们。所有认识先生，受过先生恩待的人都为失去这样一位领袖而悲痛。请不要嘲笑我写的这些粗浅的文字，想起我们牧师的一言一行，他的良善我都不知道怎么表达，只能写这一点点。[273]

---

273 曹明道：《二十六年：曹雅直夫妇温州宣教回忆录》，第 162-163 页。

第二章 偕我会在温州

传入温州的第二个基督新教宗派为英国偕我会。偕我会（United Methodist Free Churches 1857）为英国循道会（Wesleyan Methodist Church）之一派，于 1857 年建立。[1]偕我会于 1864 年传入中国，在中国只有两个传教区域，即宁波和温州。1907 年偕我会与同宗的圣道会（Methodist New Connexion）、美道会（Bible Christians）合并称为"圣道公会"（United Methodist Church，U.K.）。[2]1932 年，英国圣道公会又与循道会（Wesleyan Methodist Church）、循原会（Primitive Methodist Church）联合，称为"英国循道公会"（The Methodist Church，U.K.）。[3]中华循道公会分为七个教区，即华南、湖北、湖南、华北、宁波、温州及云南。与宁波类似，由于信徒人数众多、语言独特的原因，循道公会总会破格将以省、地区为单位划分教区的方式，将浙江省内的两个市划分为一个独立的教区，分别为温州教区和宁波教区。

温州偕我会以李华庆为开山之祖，继任者苏慧廉 25 年在温州的传教使教会得到极速发展，同时借其独特的视野推展本色化的进程：开办医院、开设学校（甚至是大学教育）作为福音预工；翻译中国经典、编辑佛教词典，促进中西文化的交流；选拔、培养中国传道人，成为自己传道的助手；借温州话罗马字《新约圣经》的翻译使福音深入社会底层；用土地化圣诗的编辑，促成基督教中国化的尝试。这一系列的举措为基督教在温州打下坚实的基础。

---

1 文国伟：《循道卫理入神州》，香港：基督教循道卫理联合教会，1995 年初版，第 10-12 页。

2 文国伟：《循道卫理入神州》，第 14-15 页。

3 文国伟：《循道卫理入神州》，第 59-60 页。

第一节　偕我会首位来温传教士李华庆牧师

阚斐迪牧师像[4]

英国偕我会在北京条约后也派遣传教士来华。最先受派来的为富勒牧师（Mr. William Robert Fuller）夫妇。他们于1864年10月抵宁波。[5]继任者阚斐迪牧师（Mr. Galpin）于1868年1月抵达宁波。[6]他曾于1875年4月自宁波来温州窥视情况，见温州已有内地会设立，不日返甬。[7]阚斐迪晚年在一篇题为《宁波后期回忆》的自述记载了该段拓荒之旅。[8]

1877年（清光绪三年）12月11日，英国偕我会差派传教士李华庆（Rev. R. Inkermann Exley 另译李应克）到达温州，他是第一位来温传教的偕我会传教士。[9]英国偕我会的资料里记载他的身世："李华庆牧师1855年5月出生在英国沃特利，现属利兹城的一部分。早年他逐渐和莱恩（Lady Lane）主日学校建立起联系，经过不懈努力成为了当地教会的一员，并为教会工作付出了很多心血。他将对外的传教工作作为教会事务中不可分割的一部分，并主动请缨，'我在这里，请差遣我'，在通过一系列常规检查之后，他被派往了中国温州。"[10]

李华庆到达温州之时，年仅22岁。初来乍到的李华庆，人生地不熟，幸好得知温州已经有传教士驻扎，遂到温州内地会寻求帮助。那时，曹雅直牧师夫妇正值回英国述职期间，温州内地会由蔡文才牧师暂时兼管。李华庆于1878年2月，得到蔡文才的帮助，在嘉会里巷找到一个住处。他于2月5日

4　沈迦：《一条开往中国的船》，第175页。

5　汤清：《中国基督教百年史》，第461页。

6　汤清：《中国基督教百年史》，第461页。

7　莫法有：《温州基督教史》，第58页。

8　F. Galpin：Later Years in Ningpo, *The Missionary Echo*, 1899，全文分四章，其中第二章 Over land to Wenchow 提到1875年去温州的前后经过。

9　Edited by D. MacGILLVRAY: *A Century of Protestant Missions In China（1807-1907）*, Shanghai: The American Presbyterian Mission Press, 1907, p.131.

10　Robert Inkermann Exley, *The Missionary Echo*, 1900, p.96.

在给英国偕我会总部的一封信中写道："我成功地找了一个住处，可用十年，花了三百八十个墨西哥元。当然，它还得另外开支一百美元，以便改造得适合英国人生活。"[11]

李华庆牧师像
（图片取自《寻找·苏慧廉》）

我们现有的资料里，鲜有提到李华庆牧师在温州的具体史料。他于 1881 年 6 月 8 日在宁波病逝[12]，去世时年仅 26 岁[13]。据说，在他去世之前，他的未婚妻露西·克罗夫特（Lucy Croft）不远万里来到温州，准备在温州举行婚礼，但原本有可能成为温州历史上"首场"的西式婚礼未能如愿举行。在疾病的折磨下，他们不得不去宁波治疗，最终客死于宁波。[14]

虽短短三年，李华庆牧师却成绩斐然。季理裴（D. MacGillvray，1862-1931）评论说："李牧师不顾自己健康，努力工作，短短三年中打好根基。"[15]在 1882 年 6 月，英国偕我会的年度报告中，显示温州偕我会的情况是："本地传道人 2 人；信徒 26 人；慕道友 3 人；教堂 1 座；主日学 1 所，学生 10 人，老师 1 人。"[16]

李华庆的继任者苏慧廉牧师在 1897 年重建嘉会里巷温州偕我会教堂时，在其《重建圣殿记》追溯李华庆牧师的工作："主降一千八百七十八年，英国

11 *The United Methodist Free Churches Magazine*，1878，p.447.

12 *The China Mission Hand-book*, Shanghai: American Presbyterian Mission Press, 1896, p.107.

13 Lodwick, Kathleen L, *Chinese Recorder and Missionary Journal*, Volume XII, Shanghai: American Presbtterian Mission Press, 1881, p.238.

14 W.E.Soothill: Our Mission in China, Chapter Ⅲ, *The Missionary Echo*,1906，p.131.

15 Edited by D. MacGILLVRAY: *A Century of Protestant Missions In China（1807-1907）*, p.131.

16 Twenty-six Report of the Home and Foreign Missions of The United Methodist Free Church for the Year Ending, June, 1882.转引自舍禾:《中国的耶路撒冷：温州基督教历史》（上册），台北：宇宙光全人关怀机构，2015 年 6 月，第 248 页。

传教士李华庆，航海东来中国，寓温郡嘉会里传耶稣圣教。仅阅四年，即归道山。"后来在 1906 年回忆自己最初蒙召远赴中国时的情形，提到当时英国偕我会差会因失去李华庆之后物色继任者的实情："我们在温州失去了唯一的传教士之后，委员会只能在很短的时间里寻找另一个传教士。1881 年春季的时候，笔者曾经被利兹和布拉德福德教区提名为牧师候选人；不过，在随即召开的年度集会上，通过了当年不招收新牧师的决议——那也是唯一的一年。这消息好比晴天霹雳，他只能静静地求学以待来年。寻求接替李华庆牧师人选的工作以呼吁信的形式展开，上面用委婉的措辞表示很少有人能够比他的前任更优秀，署名为真诚的约翰·阿德科克（John Adcock）。"[17]

第二节　苏慧廉早期在温州

一、苏慧廉初来温州传教的情形

英国偕我会传教士年仅 26 岁的李华庆牧师在宁波去世之后，他们在温州的传教工作被迫停止。为了不致在失去牧者之后，再次失去温州的教会，偕我会英国差会只能在很短时间内物色另一位传教士前往温州传教。差会以呼吁信的方式向英国教会征聘传教士。而在那个各方面条件极其恶劣的温州，愿意来温州传教之人，可能要付上死的代价，因此征召传教士是极其困难的事情。

然而，奇妙的是，1881 年就已经被英国偕我会利兹和布拉德福德教区提名为牧师候选人的苏慧廉，年仅 20 岁，却在这个特殊的时刻得到特别的呼召。首先，在 1881 年春季的年度集会上，原本已经被提名为牧师候选人的苏慧廉，得到消息称当年不招收新牧师，且令匪夷所思的是，这种临时决定不招新牧师的情况是"唯一的一年。"这个消息使得苏慧廉受到很大的打击，只得安静地求学以待来年。[18]就在这个等待的时间里，苏慧廉看到了偕我会差会征召新传教士接续李华庆牧师的呼吁信。

苏慧廉之妻苏路熙在其著作《A Passport to China》中记载有关丈夫蒙召到温州传教的情形："在英国的时候，年轻的苏慧廉爱好读书，打算成为律师，他在书房里用功直到半夜，天亮后就早早起来接受老师的教诲。一天夜阑人

17　W.E.Soothill: Our Mission in China, Chapter Ⅲ, *The Missionary Echo,*1906，p.131.

18　W.E.Soothill: Our Mission in China, Chapter Ⅲ, *The Missionary Echo,*1906，p.131.

静的时候，他合上书本，为了消遣，他翻了翻手头边的一本杂志。这本书上说正在招募一个年轻人去温州接替另一个年轻人。苏慧廉感到自己'就是那一个人'。这真是一个可恨的想法。中国人个个光着前额，而且人山人海，拥挤不堪。书上关于中国人记录也都非常无趣，他会选择更符合男孩子口味的篇章。所以不奇怪，他跪下来祷告：'除了中国！主，除了中国！'但温州需要人，这是个任何偏见无法改变的。还有一线希望是苏慧廉的奉献不被接纳。因为有两个志愿者竞争这一个职位。但苏慧廉被选中了，无路可逃。年轻人的野心，必须消除；大学，也必须抛弃。"[19]

1882 年 9 月 9 日，哈利法克斯不伦瑞克偕我公会教堂（Brunswick Free Church）为这位消除野心、抛弃大学的苏慧廉前往中国举行欢送会；9 月 10 日，苏慧廉在家乡作了最后一次布道，题为《你们往普天下去，传福音给万民听》；9 月 13 日，搭乘尼扎姆（Nizam）号由格雷夫森德（Gravesend）离开英国。经过长途艰辛的航程，终于 11 月 2 日抵达上海。《教务杂志》(The Chinese Recorder and Missionary Journal）1882 年 11 月号 Missionary News 报导说："11 月 2 日，偕我会传教士苏慧廉乘伦巴底（Lombardy）号蒸汽船抵沪，将去往温州宣教。"[20]1883 年 1 月 12 日，他开始了温州的传教旅程，该旅程足足有 25 年之久。

苏慧廉到达温州之后，住在李华庆牧师早在四年前就已经购置的房子里，在那里还有小教堂和教室。苏慧廉是由阚斐迪牧师从宁波带到福州的。当时有一位传教士受派暂时接任李华庆的班，在苏氏到达温州之后，该传教士因为涉嫌行为不当，而被调离温州。[21]

但初到温州的苏慧廉的境遇却看似不那么乐观。苏慧廉自己形容最初的状态是：

> 虽然温州传教点很偏僻，但他却迫不急待地到处传播福音，并开始期待着收获。
>
> 他用"半怯半羞的白脸青年"来形容自己初时传道的状态，其原因是："因为这些人的习俗、心智、风气、道德素养与这青年的大相迥异，他们不理解为什么这个人要来到这里，肯定没安好心吧？来教育他们吗？这个"死人白"青年要来教化他们这些孔圣人的后

---

19 苏路熙：《乐往中国》，第 112-113 页。

20 Lodwick, Kathleen L, Chinese Recorder and Missionary Journal, Volume XIII, Shanghai: American Presbtterian Mission Press, 1882, p.465.

21 苏慧廉：《晚清温州纪事》，第 78 页。

代?那真可笑之至！……虽然有点害羞，但又甚自负，对传道更是信心十足。这不是上帝救赎的力量吗？他始终坚持对福音的信心；尽管中国佬不喜欢改变，但他们还是在改变，随着时间的推移，他们和那个年轻人都摈弃了与生俱来的自负，取而代之的是双方互相尊重。"

苏慧廉（1926 年）　　　　　　　老年苏慧廉[22]

他专心学习温州话，并于半年后开始向温州人讲道。他在头一两个月中外出时，口袋里总装着书本。这书本是在中国其他地方传教的传教士所写的小册子。他描述自己学习温州话的详情："他挨着一个中国人坐着，面前放着一本中文《新约》，一本北方官话辞书和一本《中英字典》。他不识一个汉字，学会发音后不知道怎样拼读，费力地拼会后，又弄不懂字义。他像一个初学速记者，最初未能清晰读出自已所记的东西。正如多数语言学家所做的那样，最佳拼言方案采用英语的辅音和意大利语的元音发音，这个方案也许弥补了他的才能上缺陷，——这是在以后才发现的。经过艰苦努力，他把拼法进行分类，编制了一个体系，发现十分容易用'拉丁字母'拼读汉语。"在 1883 年 6 月，他找到一篇由英国圣公会传教士慕稼谷

---

22 图片取自《温州晚报》，http://www.wzrb.com.cn/article146490_256show.html

用宁波方言写成的布道词，自己在词句上的删减和改写，就在一天晚上向三十多位基督徒讲道。讲完之后，他问大家是否听懂，他们都笑着回答："oh tung-djah ba"（温州方言：都懂了）。[23]

二、如星星般闪亮的苏路熙

如星星般闪亮，这是谢福芸笔下的母亲形像。她说："她并非那些没我名字的东方女子。她的名字 Lucy 在英语中好听，翻译成中文依旧动听。她的中文名字'路熙'在中文里是光明大道。还有什么比这个名字更合适于这位终身举着光明火炬的坦诚而可爱的人，她如星星般闪亮。"[24]

年轻时的苏路熙　　　　　　　　　苏路熙
（图片取自《寻找·苏慧廉》）

"给这个年轻人找个锚"

1882 年 11 月，年 22 岁的苏慧廉抵达上海。在上海的传教士中有一位前辈看着这位"脸色苍白"的黑发青年时说："他们又派了个年轻人来送死"。而在一年半以后，这位前辈又说："我们必须给这个年轻人找个锚，让他固定

23　W.E. Soothill, *A Mission in China*, Edinburgh and London: Oliphant, Anderson & Ferrier, 1907, p.21.

24　路熙：《乐往中国》，第 3 页。

下来，不然他要走遍中国。"接着，他就以个人的名义向英国差会发出请求，要求让苏慧廉结婚，并得到英国方面迅速地批复。而苏慧廉的心中，早就已经有心上人，就是路熙。她回忆说："那个被中国人称为'姓苏的'年轻人请我过去，但并不是做他灵魂的'锚'，而且很明显，我在中国南方某城市成了他的重担。……当然，'姓苏的'提出他令人惊讶的邀请的时候，他的表现并不拙劣。但是那个时候，我内心马上意识到，不管我喜欢与否，我都必须拖住这个爱探索爱冒险的灵魂的车轮。在这个方面，我算尽善尽美，我们在温州这个城市住了 25 年这个事实就是一个力证。也许是那些一封接一封华丽而别有图谋的信件让我下定决心，这些信足够把鸭子诱惑上岸。"[25]

身世

路熙英文名为 Lucy Farrar，是英格兰约克郡南奥威勒（Southowram）人，父亲查尔斯·法勒（Charles Farrar，1823-1894），是名石材商人，是法勒家族企业的继承人之一。路熙父母生养六个孩子，路熙排行老四，她是唯一的女孩。[26]

路熙的父亲是一位虔诚的基督徒，在循道宗教会中任义务传道，祖父约翰·法勒（John Farrar，1802-1884）牧师更是循道宗的名牧，曾担任多届英国循道宗年议会干事，两度当选为主席，还曾编写出版多部《圣经》字典。[27]

"暴乱也阻止不了她"

1884 年 10 月，路熙收拾好行囊，即将出发到中国，但从中国发来的电报给予路熙极大的冲击，甚至非常可能暂停中国的行程，电报内文为："欧洲人在温州的房子都被烧掉了，没有人死亡。"[28]但路熙却毅然前行，她说："但是最后慈悲的圣灵觉得让一个年轻人同时失去房子和妻子的话，未免太令人沮丧。"从而后来苏慧廉会开玩笑说："她太想来了，暴乱也阻止不了她。"[29]

1884 年底，路熙抵达上海，受到驻上海传教士的热情接待，并在上海与苏慧廉结婚。而当时，路熙年 28 岁，比苏慧廉大五岁。[30]

---

25 苏路熙：《乐往中国》，第 4-5 页。

26 沈迦：《寻找·苏慧廉》，第 54 页。

27 沈迦：《寻找·苏慧廉》，第 54-56 页。

28 苏路熙：《乐往中国》，第 6 页。

29 苏路熙：《乐往中国》，第 6 页。

30 沈迦：《寻找·苏慧廉》，第 57 页。

第二故乡——温州

婚后仅两个礼拜，新婚伉俪即乘"永宁号"蒸汽轮船赶赴温州。[31]苏路熙说："当我在和苏慧廉独自站在小小的蒸汽船的甲板向担忧我们的宁波朋友挥别的时候，我才发现我已经置身于怎么样的命运中。到目前为止一切都很顺利，但是当船离岸而去，我的眼睛突然迷蒙湿润，看不见岸和朋友。我感觉自己在漂流，把我所知道的整个世界抛在身后，我出发了，不仅是婚姻那未知的海洋，还有苏慧廉已经经历过的恶意和危险也在等待我。"[32]

1885年元旦清晨，"永宁号"停泊在温州江心屿。[33]从此，这位英国女子与她刚刚结婚的丈夫开始了在温州的传教生涯。

三、苏慧廉初学温州话

苏慧廉来到温州之后，住在李华庆所购置的大房子里，在房子旁边有小教堂和教室。[34]当时的温州，因李华庆的努力而建立了一个小教会，其中有2位本地传道人，信徒26人，慕道友2人，有教堂1座，主日学1所，学生10人，老师1人。[35]

安顿下来之后，第一件事就是学习温州话，这对于刚刚到达温州的外国传教士来说是非常困难的事。在莫法有的《温州基督教史》中形容说："苏是一个思想开拓而富有才华的学者，来温时二十一岁，风华正茂，刻苦好学而记忆力过人，抵温不到半年即能用较流利的温州方言讲道。"[36]我认为莫氏这样的评价是言过其实了。苏慧廉自己道出了初来乍到之时，学习温州方言的艰辛："该青年渴望自己能传递上帝的福音，开始学习语言。他在头一两个月中外出时，口袋里总是装着书本，那是在中国别地宣教的传教士所撰写的小册子。或许他用断断续续的零星句子表达宗教小书的效果终归失败，听者误解了他那小心翼翼准备好的'外国话'，并用简单词语回答'pu tung'（不懂），

---

31 苏路熙：《乐往中国》，第8页。

32 苏路熙：《乐往中国》，第8页。

33 苏路熙：《乐往中国》，第14页。

34 苏慧廉：《晚清温州纪事》，第13页。

35 Twenty-six Report of the Home and Foreign Missions of The United Methodist Free Church for the Year Ending, June, 1882.转引自舍禾：《中国的耶路撒冷：温州基督教历史》（上册），第248页。

36 莫法有：《温州基督教史》，第58页。

结果使青年人很快学会了这个词。或者有人用土话回答青年有板有眼的中国话：'fu tung fa'o'（不懂番话），意思说听不懂'蛮话'。尽管他的'蛮话'可能难懂，但人们还是接受了小书，读着并作记号，直至内心领悟。"[37]

苏慧廉很生动地记录了自己最初学习温州方言的情形："他挨着一个中国人坐着，面前放着一本中文《新约》，一本北方官话辞书和一本《中英字典》。他不识一个汉字，学会发音后不知道怎样拼读，费力拼读后，又弄不懂字义。他像一个初学速记者，最初未能清晰读出自己所记的东西。"[38]苏路熙说："因为没有入门的书籍，苏慧廉学得很辛苦。"[39]也有在汉口的英国传教士对苏路熙讲了一个事实，证实当时学习温州话是比较困难的事。他对苏路熙说："选择派遣地很重要，你的选择就比较差。像我从书上学了句子，就可以上街说，有人能听明白。你在温州就没有那么幸运。"[40]

事实表明，在中国除了要学会说普通话之外，特别要在南方传教，传教士需要学两门语言，就是书面的文言文和当地的方言。温州话虽属吴语体系，但它与其它方言相差太远，学习起来就特别困难。因此，正如汉口传教士所说，苏慧廉夫妇在书本上所说的字，若直接在街上说，可能也没人明白，因为大多数温州人只会听说温州土话。

苏慧廉学习温州话经历了许多的困难，他讲到汉语老师为了能够使他明白温州话的意思，用身体作示范："他的老师坐在椅子上给他解释'坐'的意思，躺在地板上表示斜躺的姿势，甚至发出鼾声来解释'睡'，做出倒立来去教授'颠倒'的含义。"[41]

过了一段时间的努力，苏慧廉发现汉字学习不是一件枯燥的事，因为他发现汉字中虽有多种形状的变化，但其中有一定的规律体系。通过努力，他观察到汉字本是表意的，是通过代表事物的图像来表意。并且，他认识到中国造字法的局限性，发现若有一种语音成分应用到汉字的学习，由20多个基本符号组成字母表，将它们拼写于汉字的发音之上，那学习汉字就不那么困难了。[42]因此，他设计了一个罗马话语音体系，将它们标注在汉字之上。开始

---

37 苏慧廉：《晚清温州纪事》，第 14 页。

38 苏慧廉：《晚清温州纪事》，第 15 页。

39 苏路熙：《乐往中国》，第 34 页。

40 苏路熙：《乐往中国》，第 35 页。

41 苏慧廉：《晚清温州纪事》，第 18 页。

42 苏慧廉：《晚清温州纪事》，第 17 页。

的时候，他在汉语老师的帮助下，尝试将约翰福音其中的一章翻译成温州口语体的汉字。同时，他编写了一本常用词汇手册。苏路熙称："温州话没有人整理过，苏慧廉必须自己整理编辑。"[43]

经过差不多半年的努力，苏慧廉才于 1883 年 6 月向温州偕我会 30 位基督徒讲了第一篇布道词。而这篇布道词是中华圣公会慕稼谷副主教用宁波方言写成的。他将这篇布道词，摘抄了一些，并将内容用自己的话进行加工，就向教会的信徒传讲。讲完的时候，苏慧廉询问大家是否懂得，大家都笑着用温州话回答："oh tung-djah ba"（都懂了）。

有了第一次的成功，苏慧廉继续尝试，经过多次讲道之后，积累了不少汉语词汇。最初两年，苏慧廉从传道中得益不浅，听众也逐渐增多。但他也不是因此就完全称心如意了，他描述说："他学习语言进步甚慢，因为他对一些字义极难弄懂，他的讲道文章也不流畅，几乎花了一星期时间才集拢来的语句竟然用不了半小时已讲完，这显然不合算。"[44]

四、偕我会向外拓展的路线

李华庆在温州服侍仅三年多时间，积劳成疾，最终死在宁波。但他仅三年传教的成绩却是有目共睹的。在 1882 年 6 月，英国偕我会的年度报告中，显示温州偕我会的情况是："本地传道人 2 人；信徒 26 人；慕道友 3 人；教堂 1 座；主日学 1 所，学生 10 人，老师 1 人。"[45]苏慧廉在《重建圣殿记》中说："自八十二年，仆来继李任。其时居住于此，信者甚寡。"就像我们揭示了当时温州偕我会尚属起步阶段，而其真正的拓展是在苏慧廉时期。

对于我们后世的基督徒而言，后期人数逾万的温州循道公会，成为中华基督教循道公会七大教区之一，其发展的路线是怎样的？是我们很感兴趣的话题。

在《重建圣殿记》中的描述向我们提供了一些线索："次年（笔者注：1885年）英会捐资建造圣殿。主日聚集者尚寥寥无几，并未分设友会。多历年所，福音莫得广宣，叹习俗愚迷共崇偶像，实非人力所能挽回，讵意主旨难测。

---

43 苏路熙：《乐往中国》，第 35 页。

44 苏慧廉：《晚清温州纪事》，第 18-19 页。

45 Twenty-six Report of the Home and Foreign Missions of The United Methodist Free Church for the Year Ending, June, 1882.转引自舍禾：《中国的耶路撒冷：温州基督教历史》（上册），第 248 页。

近十年来，恩光渐照渐明，圣道愈推愈广，地则有四五邑，会则有七十奇，人则有三千余。即本堂每逢主日，男女扶老携幼而来，门内几无隙地。数年之内，藉众会友随时劝化，始复有此兴盛也。"

在此，我们根据这段话来推敲苏慧廉大概于什么时间到各处宣扬福音。本文称，在1885年之前，就是苏慧廉刚到温州后不久，还没有分会设立，且在城里的教堂里主日聚会也是寥寥无几。在1898年撰写《重建圣殿记》时，苏慧廉称教会的发展是在"近十年来"完成的。因此，我们可以猜测，苏慧廉大约在1885年至1888年之间到各处传福音。但"浪回子"在《中西教会报》的《温州嘉会会设支会事历》中说："其分设支会。尚仅十稔。"[46]似乎是更确切地以1885年为开始。这个猜测在苏路熙的描述中找到答案，她说："1885年，房子造好了，我们急不可待地告别了江心屿，搬进新房子，一住就是25年。……搬入温州城新居之后，苏慧廉就消失了，去了乡村。"[47]

不过，我们又从其它的资料可以得知，在苏慧廉之前，李华庆可能已经有开始对外福音的工作，或者可能不是他直接到各乡村去，而是信徒将福音带到乡村去。比如在江北岸的牙郎桥教会被称为永嘉最早的偕我会教会。该教会传说早在1880年就已经有信徒接受福音，但温州循道公会1951年统计资料显示为1895年正式建立教会。然而，该教会又传说，原江北联区总堂张堡教会（循道公会1951年统计资料显示为1893年建立）第一位信徒陈茂岳是由牙郎桥教会的信徒带领信主的。我们就可以根据一个教会正式建立的过程，来作合理的猜测。其过程是：先是第一位信徒信主，慢慢发展到一定数量的信徒，再从母会脱离出来建立聚会点，等待时机成熟而被承认为一间正式的教会。因此，我们可以说原属于城厢的牙郎桥教会可能真是永嘉最早的偕我会教会。我们也可以相信牙郎桥教会关于第一位信徒信主的传说："最初是一位名叫叶成四的长辈到温州买杂货，听了福音之后信主，就将福音带回到牙郎桥。"

在《晚清温州纪事》中，苏慧廉谈到一个距离市区四英里外的男子，每个星期日都会到市区做礼拜，且不久后建立了一个小分会。他说："有一位男子，每个星期日都从四英里外的村子过来，一个天气格外晴朗的日子他带来了另一个人。有位城里的基督徒喜欢去那个村子举行安息日礼拜。传教士兴

---

46 《中西教会报》，光绪21年9月（1895年10月），第5页。

47 苏路熙：《乐往中国》，第39、40页。

致勃勃地鼓励他这样做，一次又一次，日复一日，一个小教会终于形成了，没有人知道个中原因但事实是，这个带出那个，那个又带出另一个，一个接一个分会雨后春笋般冒了出来。"[48]若按距离说，牙郎桥也正是温州市区以北逾六公里的村子。

苏慧廉出外传教的路上（图片取自《A Mission in China》）

---

48 苏慧廉：《晚清温州纪事》，第 37 页。

对于苏慧廉向外拓展福音的路线，我相信目前的资料中以"浪回子"《温州嘉会会设支会事历》[49]一文最为详尽。

第一，文中指出苏慧廉及其同工的贡献，特别指出苏慧廉初来温州时的艰辛。"司牧传道者。苏君慧廉也。及后开设医院。诊病施药者。霍君厚福也。续苏君以理教。先霍君以司医。则有海君和德。此三人者。皆大英之杰出者也。虽先后相继至温。而追念前数年之教务。实苏君独任其事。当苏君初来温也。慕道者稀。阻道者众。教会或兴于异日。教会未必即兴于当时。岂知人之所为。或敢侮之。天之所为。莫能御之。"

第二，文中指出由温州偕我公会总堂（文称"嘉会"）分出三个支会："一乐邑之东乡。曰虹桥。一永邑之小源。曰桥下街。一处州之属县。曰青田。"这三个支会，很明显就成为温州偕我公会向外拓展的三条大支流。而不同的支流其发展的速度也有不同，文称："知斯三者。则知教会有难旺。有渐旺。有大旺之不同。"

第三，虹桥隶属于乐清，为人烟稠密之区，地近海滨、人情朴实、山川环列，但道路则四通八达。当支会初设之时，有极大的困难，属于"难旺"之地。由虹桥分出两个支会，即港沿和横床。港沿属于乐清，而横床则属于玉环。

第四，桥下街属于永嘉，距温州以北五十余里，有大源与小源之分。而支会设于桥下街，呈"渐旺"之势。由桥下街分出四个支会：山根、梅川、碧莲、小山坟。除小山坟没有分出支会，其他三处均分了又分。山根分出四个支会：菰溪、大头垟、朝园、小担岙。由梅川分出四个支会：郑山、大箬坑、白泉、茗岙。由碧莲分出五个支会：剩庄、平坑、小溪、东山、岩头。再由岩头的小源传至大源，分出三个支会：枫林、麻车、上埠。文中形容桥下街分支的情况时说："如水之有流也。盈科而后进。如木之有干也。畅茂而条达。今也会则森森而立。人则源源而来。各教会又蒸蒸而日上。而追溯其所自始。则在桥下街是。"而且，在桥下街有对联很形象地表达说："旧新约圣经充塞当时，七日一期宣讲；大小源真道开端此地。千秋万古流传。"又有对联说："上帝创天及地。创地及物。物治以人。须知林林总总。统死死生生。人受命皆由主宰。斯民逃墨归杨。逃杨归儒。儒志于道。宣认本本原原。尽先先后后。道成身独有耶稣。"该对联后来成为城西堂的对联。

---

49 《中西教会报》，光绪 21 年 9 月（1895 年 10 月），第 3-5 页。

第五，青田介于温州与丽水（原称处州）之间，为商贾往来之地。当福音传入青田之时，呈"大旺"之势。文中记载，青田先是有一个人在温州听福音而皈依，后将福音传到青田，有五、六个人接受福音，成为青田教会之始。然而，最先接受福音的人被世俗所迷惑，承接福音者则以道自守，使得教会在青田遭受许多的逼迫，教堂被毁。不久后教会得到大复兴。由青田分出四个支会：大岭阜、北岩、石溪、大路。教会从原来 20 多人增加 20 倍。散居四方的信徒将福音带到各地，遂在青田的 18 都内有 11 都建立教会。

第六，由温州偕我公会又分出城厢的五个支会：旸岙、耦桥、巨溪、牙郎桥、岩思。

文称，至 1895 年，温州偕我公会的基本情况是："兹更以其数计之。会之就地而立。三十有五。人之洁己以进。六百有三。共襄执事者十有一。而并轮往宣传。统三十三。专守主日者千有三。而兼居家守诫。约近二千。"

苏慧廉在其《晚清温州纪事》一书中证实了"浪回子"所叙述的路线："开始在桥下建分堂，结果带出二十多个分会的果实，分会到了碧莲已逾二十个；在虹桥，或确切点说乐清湾的小渔村，也萌发了三十个分会；青田等地也差不多。"[50]

第三节　偕我会初传温州的本色化实践

一、温州方言《圣经》

外国传教士来中国传教的困难之一就是语言。当传教士们来到方言语种繁多的江南地带时，语言的障碍就犹为明显。苏慧廉和他的先驱们（包括偕我会的李华庆牧师和内地会的曹雅直牧师）来到温州之初，就需要开始学习语言。然而，苏慧廉不但努力学习温州方言，且进一步研究温州方言，建立罗马语音体系，翻译方言《圣经》、编辑温州话赞美诗。

（一）翻译温州方言《圣经》的动因

苏慧廉在刚来温州半年之后，就显出自己语言方面的特长。在 1883 年 6 月，他找到一篇用宁波方言写成的讲章，自己在词句上删减和改写，就在一

---

50 苏慧廉：《晚清温州纪事》，第 38 页。

天晚上向 30 多位基督徒讲道。讲完之后，他问大家是否听懂，他们都笑着回答："oh tung-djah ba"（温州方言：都懂了）。[51]

苏慧廉学会用温州方言讲道之后，下一目标就是翻译方言《圣经》。什么原因使他萌发这一奇想并付诸实践的呢？其初衷就是为福音的传布。苏慧廉说："传教士可以没有许多应得的东西，但他绝不可以没有一部为他的人民的语言而翻译、记载着主基督生命和教训的作品。不然，他的传道只有表面效果，永不能持久。"[52]为使自己传道的工作达到永久的效果，他几乎倾注了自己全部的精力。他将自己翻译温州方言《圣经》与英国威克里夫和丁道尔相比较，说："自从我开始力图为两百万温州人民像以前威克里夫和丁道尔为四百万英国人那样（翻译圣经）至今已有二十多年了。"[53]

虽然当时已经有为数不少的中文《圣经》译本问世，如文理译本、浅文理译本，但这些译本只是那些文人学士才能看懂。就连官话译本，也只是受过教育的人才能读懂的。对于绝大多数目不识丁的温州大众来说，他们交流的唯一方式就是温州方言。苏慧廉陈述自己用温州方言翻译《圣经》的初衷时，列举了几个常见的普通话与温州方言作对比。例如许多常用字：官话的"他们"温州话的字面读法是"ta-mang"，方言是"gi-da-ko"（直白译为：渠大家）；"那里"字面读法是"na-li"，方言是"boa-ta"（直白：旁单）或"nya-uh-doa"（直白：狃宕）；"什么"的字面读法是"zang-mo"，方言则是"ga-nyie"（直白：何乜）；"怎么"字面为"tsang-mo"，方言是"tsz-na"（直白：訾那）；"不"字面为"pai"，方言是"fu"（直白：否）；"没有"字面是"mo-yao"，方言则是"n-nao"（冇）。再例如句子"那个东西拿来"，书面读法是："na-ko tung-si na-lai"，温州人则说成"he-kai mu-z tso-li"（直白：许个物事捉来）。当时中国教会官话《圣经》已是最为流通的汉文，毕竟与温州方言有很大不同，如苏氏所说："官话本是人们能得到的唯一本子，牧师在上朗读，除了那些有圣经的人以外，对于大多数人而言，就算是读得声如洪钟或锵锵然如铜钹，还是不得其义的。"[54]

---

51 W.E. Soothill, A Mission in China, p.21.
52 W.E. Soothill, A Mission in China, p.194.
53 W.E. Soothill, A Mission in China, p.199.
54 W.E. Soothill, A Mission in China, p.199.

（二）温州方言《圣经》翻译的历程

确定福音传布的需要，温州方言《圣经》的翻译是势在必行。苏氏就要选择用什么文字翻译方言《圣经》。在苏氏之前，已经有许多其他方言《圣经》翻译成功[55]。传教士们一般会采用两种翻译方法，即汉字翻译和罗马字拼音。苏慧廉最初也曾打算用汉字翻译，他说："最初我尝试将四福音翻译为方言时的打算是宁愿就地取材，而不愿介绍一个纯属外国的拉丁化系统。但经过一次次失败之后，我便意识到这样的努力是徒劳的。因为许多方言土语没有文字，结果每页近四分之一的篇幅需要自己创造新字，或转借方言别字的专门发音或意义。"[56]贾立言牧师在其《中文圣经译本小史》中说："用罗马拼音可有两项原因：第一，有些方言，有音无字，所以不能写出，这样《圣经》的翻译就显得极其困难，甚至绝不可能。其次，即使有字体可以写出，人民识字的能力也很低薄，所以有许多人以为若用罗马拼音，那么在数星期之内即可习得，单是这个优点已足使许多人决意采用这个方法了。"[57]苏氏也为自己选用罗马字拼音的理由作了说明："教育一个本地人，尤其是本地小孩子读写罗马字系统，比复杂麻烦的方块字更为容易。……事实证明这个系统（罗马字拼音）简单易行，一个男孩或女孩需要几年才能读写的文字在几个月内即可学会。许多青年需要大量阅读课本的，只要一个星期学习了初级（罗马字拼音）课本后，回到牧师那里，就能啃出他的新约圣经了。"[58]

苏慧廉在确定用罗马字拼音翻译方言《圣经》的方针之后，就将此计划分为两个步骤。在正式翻译《圣经》之前，他先编纂了一本罗马拼音的入门书和一本赞美诗集。显然，苏慧廉的第一个步骤不但行得通而且很奏效，在其妻子苏路熙论述中曾提到：苏慧廉所创立的温州话拼音系统很容易学习，

---

55 在温州话译本之前，已有方言译本为：上海话（1847），厦门话（1852），福州话（1852），宁波话（1852），客家话（1860），广州话（1862），金华话（1866），汕头话（1875），杭州话（1879），苏州话（1880），台州话（1880），邵武话（1891），海南话（1891），兴化话（1892）。参《中华归主——中国基督教事业统计 1901-1920》（The Christian Occupation of China），中华续行委员会特委会编，1922 年，第 1037-1038 页。

56 W.E. Soothill, A Mission in China, pp.199-200。

57 贾立言：《中文圣经译本小史》，《新约圣经流传史略》，香港：拾珍出版社，1999 年 7 月，第 137 页。

58 W.E. Soothill, *A Mission in China*, p.199.

甚至中国人和西方人都可以轻易掌握。她讲了一个颇为形象的故事：在苏慧廉的罗马拼音入门书和赞美诗集写好的十年后，他的同工海和德从英国来到温州传教。在学会听、讲温州方言之前，他就先学习用苏氏编的赞美诗集唱诗。当他将一首诗歌唱完之后，旁边的中国人大为诧异问："这是怎么回事？海先生还不会说中文就已经会唱了？"[59]

苏氏开始着手翻译《圣经》的具体时间，在他本人和夫人的著作中都没有提到。不过从苏氏翻译方言《圣经》的底本来看，是在 1889 年后启动的。苏氏以《杨格非官话译本》[60]为底本，将《圣经》从官话语言用拉丁文拼写为温州方言。《杨格非官话译本》于 1889 年完成，在汉口出版。此译本是应大英圣书公会及苏格兰圣经公会的联合请求，目的是出一本"能以成为中国说国语之处的公认的译本"[61]，而它的面世成为"第一部被全国广泛采用的白话文圣经译本"。[62]据苏慧廉所说，此译本对 1890 年传教士大会后着手的官话《圣经》翻译有很大的影响。[63]苏慧廉因为此译本影响大，就以此为蓝本，首先将《四福音书》和《使徒行传》翻译出来，并在 1893 年告假回英国期间交付大英圣书公会印行。在取得重大成功之后，苏氏又继续翻译新约其他卷目[64]，并于 1903 年完成。大英海外圣经公会接受了这个译本，出资于 1904 年出版[65]。苏慧廉说："在把圣经翻译成温州话的繁忙劳作时期，充满了启迪、富足和灵

59 "Mr. Sea"应该就是海和德牧师（James W.Heywood），当地中国人习惯称他为"海牧师"或"海先生"，苏路熙根据惯称直译为英文 Mr. Sea。海和德于 1891 年来温州协助苏慧廉工作，并于 1907-1927 年任圣道公会温州教区教区长。有关海和德事迹可参汤清：《中国基督教百年史》，第 462 页。支华欣编著：《温州基督教》，第 6 页。

60 杨格非（Griffith John,1831-1912），又译"杨笃信"，英国新教伦敦会来华传教士，1855 年来华，在上海及各地传教，后在湖北、湖南传教建堂，曾翻译《浅文理译本》于 1885 年出版，并独自完成官话《圣经》的翻译。参海恩波：《道在中国——圣经在中国的翻译与流传》，蔡锦图译，香港：国际圣经协会，2000 年 9 月，第 95，104-105 页。

61 贾立言：《中文圣经译本小史》，《新约圣经流传史略》，第 131 页。

62 赵维本：《译经溯源——现代五大中文圣经翻译史》，香港：中国神学研究院，1993 年 12 月，第 25 页。

63 W.E. Soothill, *A Mission in China* , p.200.

64 *The New Testament, in Romanized form in the Wenchow speech* ,Shanghai: Brit. And Foreign Bible Society, 1904.

65 W.E. Soothill, *A Mission in China* , p.206.

感，我生命中没有哪个阶段能与之相比；有一点我深信：不管别人能从中受益多少，译者自己是最主要的受益者。"[66]

（三）翻译温州方言《圣经》的困难

虽然苏慧廉很早就显出其语言方面的特长，然而真正要翻译出一本地道的温州方言《圣经》实非易事。苏氏说："译者之路是艰难的，但从当代译者所走过的路来看，尽管不是一帆风顺，甚至荆棘遍布，更多可怕的障碍已经被移除了。他的前辈大量的工作和他们的教导，更不要说热烈的讨论，都为他铺了路，他所要做的只是把灌丛清除，把高凹的地方即可。"[67]在苏氏的回忆中，罗列了许多专用名词的运用问题，如"神"与"上帝"的选择、洗礼和浸礼的区别、约翰福音第一章中"道"与"言"的运用等等，但最主要的问题还在于温州地道方言的翻译上。[68]

尽管他以《杨格非官话译本》为蓝本，但将它翻译为温州普通群众一听就能明白的"土语"就需要下一定的功夫。苏氏首先要选择的是"劳力中国话"还是"有教养的中国话"[69]。两者的语言习惯是大不相同的，若按书面语言读出来，地道的温州人还是难以明白。笔者曾经拿《圣经》中某一段落叫几位老太太读（她们原本是文盲，能读的几个字是在教会的识字班里学会的），读完之后就问她们是否明白所读的意思，她们直摇头。等笔者用土话讲解一次之后，她们才明白。苏慧廉牧师在翻译时特别注意"劳力中国话"的运用，目的是让所有目不识丁的人都能读懂。比如：苦力们称"父亲"为 ah-pa（阿爸），称"母亲"为 n-na（直白意思为：喂奶的人）。而在受过教育的人口里，他们就会用"vu"（父）和"mu"（母）来称呼。受过教育人说"盲"字为"hah-nga"（瞎眼），但在口语里说成是"moh-doa-ge"（目瞪人）。"夫"和"妻"书面语音为"fu"和"ts'i"。口语"夫"称为"nö-tsz"（男子）或"nö-tsz-k'ah"（男子客）；"妻"称为"löe-üe-nyang"（"老媪"即老时安慰者）或"löe-üe-nyang-k'ah"（老媪人客，old peace man quest）。关于日和月，书面可称为"zaih"（日）和

---

66 W.E. Soothill, *A Mission in China* , p.206.
67 苏慧廉：《晚清温州纪事》，第 152 页。
68 W.E. Soothill, *A Mission in China* , pp.200-201.
69 "劳力中国话"和"有教养的中国话"是苏慧廉的用词。"劳力中国话"是普通百姓的日常语言工具，可以说是最地道的土话。"有教养的中国话"则是有知识的人所用的书面语。

"nyüeh"（月），但在土语里则称日为"nyieh-diu vaih"（热头[陀]佛）和"t'a-yie vaih"（太阳佛，即"太阳"）；月则转变为"nyüeh-koa vaih"（月光佛）或"t'a iang"（太阴）。

（四）温州方言《圣经》的流传

温州方言译本的流传和对温州教会影响现有的历史文献和口传资料都不充足。加上现代温州基督徒对温州方言《圣经》的要求减少，方言《圣经》已被淡忘。若有人在教会中问起有关温州话《圣经》的事，也是无人知晓。唯有温州教会已故历史学者支华欣牧师生前时时关注它的流传并寻访着它的下落。笔者 2004 年底采访这位执着的学者时，他说："文革后，我十几年从事温州教会历史的搜集和编写工作，最为可惜的是至今未能找到温州话《圣经》。"

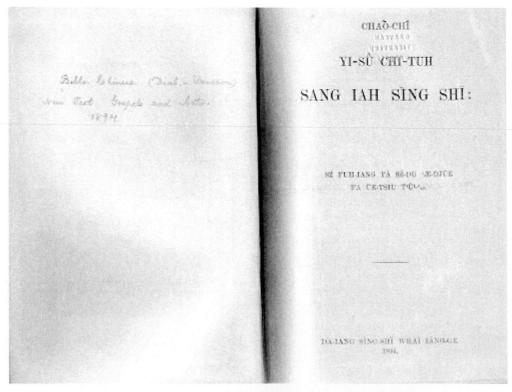

拉丁文温州话《新约圣经》译本（藏于美国哈佛大学图书馆）

〈马太福音书〉

虽然现存资料十分贫乏，但是我们还是可以从三份资料窥见温州方言《圣
经》流传及影响。首先是苏慧廉著作《A Mission in China》记载，1903 年落
成的偕我会艺文中学里，拉丁文《新约》成为学生的必修课之一[70]。相信此课
程持续至 1925 年艺文中学停办。其次是苏慧廉妻子苏路熙有关海和德牧师到
温州之初唱温州话赞美诗学习土语的记载[71]，相信海和德以及后期众多来温传
教士（包括内地会和循道公会）都得益于苏慧廉的伟大成就。最后是《上路
洋教会简史》中粗略记载的一段话说："那时，花园巷总会（内地会）办有崇
真小学、育德女子学校，教育质量甚高，为了和外国牧师便于交流，设有拉
丁文课，学生能用拉丁字母拼写温州话，本会袁勤先生、吴丽芳都有以拉丁
字母拼写文字的能力，为汉字拉丁文化开了先河，可惜当时的书本、校刊，
现在已找不到它的遗迹。"[72]虽然本段记载的是内地会中有关拉丁文学习的史

70 W.E. Soothill, *A Mission in China*, p.193.

71 W.E. Soothill, *A Mission in China*, p.33.

72 上路洋教会现在永嘉县境内，隶属温州内地会，于 1888 年建立。资料内容有值得
商榷之处，如拉丁文课程的开设应该与"外国牧师便于交流"无关。不过资料显
示拉丁拼音学习的史实是很宝贵的。摘自《上路洋教会简史》，未定稿，第 2 页。

实，但温州内地会的温州方言拉丁拼音课程也应该是由苏慧廉创立的。据介绍，本段文字中的袁勤和吴丽芳都于 20 世纪 30 年代负责教会圣工。因此，他们在小学学习拉丁文的时间应该更早。

可以作一保守估计，罗马拼音系统的创立和温州方言《圣经》在创立和翻译的最初 30 年里的影响是极大的。不管是来温传教士、教会学校学生，还是温州本地信徒，都受益于此。随着时间的流逝，《官话和合本》的问世，以及"五卅惨案"之后艺文中学的停办，《温州话译本》就逐渐被人忽略，甚至无人问津。

综上所述，尽管温州方言《圣经》似乎已消逝在历史之中，但它的面世至少有三方面的历史作用：第一、它是来温州传教士最初学习方言的入门课程；第二、它为温州教会信徒在《圣经》真道上的扎根开启了方便之门；第三、它为后世学者研究温州方言留下了一份宝贵的遗产。

二、赞美诗本色化尝试

苏慧廉在温州传扬福音的过程中，除了将《圣经》用罗马字拼音译成温州方言，同时又将赞美诗用罗马拼音编辑成书，借用五声调式来编辑中国化的赞美诗，且引进中国器乐为赞美诗伴奏，对于福音的传布助益极大。

（一）罗马拼音赞美诗

在苏慧廉用罗马字拼音翻译温州方言《圣经》之前，他先编纂了一本罗马拼音的入门书和一本赞美诗集。这使得来温传教士最先受惠，可以最快的速度学习温州话。

苏路熙描述其缘由说："出于我们自己的急需，我们经常用罗马字母拼读方言，最后居然把赞美诗歌本和新约圣经也翻译成温州方言。新约圣经翻译完成的时候，我和苏慧廉在雨天泥泞的东门外差点要跳舞庆贺。"[73]

（二）中国化圣诗的编纂

苏慧廉介绍，由于中国人对于音乐的理解不同，在赞美诗初入中国之时，中国的信徒无法按照传教士的要求唱诗。他说："唱诗班、管风琴，华丽的装饰、精美的礼拜仪式，往往是传教士所期盼的，但在工作起步阶段是不可能的，即使有可能，那也许会帮倒忙。直到现在，许多爱听福音的人仍会被赞

---

73 苏路熙：《乐往中国》，第 36 页。

美诗歌吓跑！"[74]他介绍当时温州基督徒唱诗时："卖力胜过甜美。男男女女老老少少使出吃奶的劲扯开嗓门'放声歌唱'"；"……中国人喜欢音乐，但趣味与欧洲人迥然不同，他们喜欢尖而亮的音乐，喜欢一种次于风笛的演奏方式"；"没有人知道什么是和谐，他们只会唱曲调"。[75]

1. 建立本色格律

因此，苏氏采用中国民乐的五声调式建立本色格律，并以简易的长调、中调、短调、七调、八七调等曲调，令信徒习唱。他说："几年前，我们赞美诗是唱得一团糟，我觉得最好限制一下我们的一些曲调的数量，以避免唱赞美诗引起争执带来痛苦。因此，到现在，我们只有长调、中调和短调。……限制曲调数目的效果一般都不错，无论在城市或乡村。在中国我们见过确实不错的聚会唱歌，和谐已取代不和谐，不过嗓门有时还是高了点。"[76]

温州基督徒只要记住苏氏所编的固定乐谱，就可以套入所有格律相同的诗歌中。今日温州教会中的许多老年基督徒，虽然看不懂乐谱，但也可以随口唱出这些曲调。其中，长部的字数分别为8888，短部为6686，七部为7777，中部为8686，八七部为8787。据此所编的诗歌大多符合温州话的韵律，也有许多是根据温州方言中的土语，温州基督徒用方言唱这些诗歌则朗朗上口。

2. 引进中国器乐

苏慧廉期待"基督教要改善世界上生活的各个方面"，因此他认为中国人不可失去任何机会。在圣诗中国化的努力中，他大胆尝试将中国器乐引入温州教堂的礼拜之中。他说："至于器乐，中国笛子，有点像单簧管，二胡已引进少数村的礼拜中，那儿刚好有足够的人才能干了不起的事，而且在某些地方，效果不错，尤其当聚会开始的乐曲，与乐队同调时。"[77]

苏路熙描述苏慧廉学习中国音乐的情形，其程度达到可以开讲座的地步。她介绍苏慧廉放弃午睡的机会，请了中国乐师来教他二胡和笛子。她说："我常常听到欢快的旋律。一天我们的老师给我带来了一个著名的中国的歌手。他坐下来唱中国的歌曲，唱得非常动人。……这位高音歌手的技艺震动了苏慧廉的灵魂。"[78]

---

74 苏慧廉：《晚清温州纪事》，第41页。
75 苏慧廉：《晚清温州纪事》，第41页。
76 苏慧廉：《晚清温州纪事》，第41页。
77 苏慧廉：《晚清温州纪事》，第41-42页。
78 苏路熙：《乐往中国》，第158页。

3. 采用中国曲调

苏慧廉对于圣诗中国化的尝试中最为杰出的就是采用中国曲调。对这方面的研究，他曾将自己的心得写成一篇论文，先是在宁波传教士联合会上宣读，后来又刊登在《教务杂志》上，题为《中国音乐与我们在中国传教之关系》。他总结了四种方法："一、直接采用中国乐曲，然后创作与原乐曲音节节拍完全相同的圣诗歌词；二、直接采用中国乐曲，然后创作与原乐曲尽可能相吻合的圣诗歌词；三、对所选用的中国乐曲进行适当的调试或改动，然后配上西方传统的圣诗；四、对中国乐曲进行局部的改动，然后配上西方传统的圣诗。"[79]

苏慧廉说："到目前为止，我们的努力还很有限。下面的曲子改编自民谣《茉莉花》，因为它是五音阶的，是该国常见的音阶，大概也是世界上现存最古老的音阶，很容易学。没受过训练的人是不可能掌握半音的，因为五音阶中都没有用第四和第七音，因此，在演唱任何含半音或'4'和'7'这两个音的英语曲调时，当地人自然会用最接近的五音阶唱，在训练有素、听觉灵敏的外国人听起来，显然有点怪怪的。"苏慧廉向我们展示了自己最初的努力成果，就是改编自《茉莉花》的圣诗《圣经至宝》，歌词为："圣经原是上帝书，实在是我宝藏库。知我生自何处来，指我死后何处归。"[80]

同时，苏路熙也曾做了相关的努力。她曾与温州本地牧师戚瀛茂合作一首中国曲调的诗歌，题为《为国求福歌》。该诗载于《（新编）赞美诗》第175首。《赞美诗（新编）史话》作者王神荫说："据说苏路熙很重视收集中国民间曲调来为赞美诗配曲。她为此特地雇民间曲艺'吹打班'来家吹唱，记下温州的民间曲调。《为国求福歌》用的是五声音阶，为温州信徒喜唱乐颂。"[81]

（三）中国化圣诗的影响

苏慧廉所编纂的赞美诗在温州偕我公会的教会中流行，其诗集为《圣诗》。该诗集一直沿用至解放初期。改革开放之后，温州教会编辑的《赞美诗歌》（1981）和《赞美诗歌》（增订本，1999）中所收录的《乐守主日》、《主日为圣》等，就是苏慧廉当年创作的诗歌。

---

79 转引自沈迦：《寻找·苏慧廉》，第81页。

80 苏慧廉：《晚清温州纪事》，第42页。

81 王神荫编著：《赞美诗（新编）史话》，中国基督教协会出版，1993年8月，第295页。

　　苏慧廉建立的本色格律，长调、中调、短调、七调、八七调等曲调一直盛行至文化大革命。由于文化大革命期间，所有诗集被毁，信徒就凭记忆沿用本色格律在聚会中传唱。笔者于 2004 年 9 月采访永嘉义务传道人林明真、陈爱怜夫妇时，夫妇俩随意翻开保守至今的《圣诗》(文字版)，就能按着指示唱出诗歌，不需要任何伴奏。笔者要求他们唱了几首相应的诗歌，整理于下：

长部（一）：《快乐日》圣诗第七十六首：

$\underset{5}{}$ 1 2 | 3 - - $\underset{5}{}$ 1 2 | 3 - - 3 4 3 | 2 - - 1 3 2 | 1 - - |

前有一 日　　我意立 定，　靠托耶 稣　　救我灵 魂。

$\underset{5}{}$ 1 2 | 3 - - $\underset{5}{}$ 1 2 | 3 - - 3 4 3 | 2 - - 1 3 2 | 1 - - 0 |

那时心 中　　实在高 兴，　四方传 开　　我主救 恩。

3 · 4 | 5 - - - 1 · 2 | 3 - - 3 4 3 | 2 - - 1 3 2 | 1 - - |

快 活日　　快 活 日，耶稣洗 净　　我众罪 孽。

5 5 5 | 5 - - 5 6 5 | 3 - - 5 5 5 | 5 - - 5 6 5 | 3 - - 0 |

心里清 亮　　极大欢 喜，快活日 子　　不能忘 记。

3 · 4 | 5 - - - 1 · 2 | 3 - - 3 4 3 | 2 - - 1 3 2 | 1 - - ‖

快 活日　　快 活 日，耶稣洗 净　　我众罪 孽。

长部（二）：《因信称义》第八十五首

5 - | 3 5 6 - 5 - | 6 7 1̇ - 1̇ - | 7 2 3̇ - 1̇ - | 7 6 5 - |

主　　呵我再 不　　夸自己，从　　前所行 我　　再不倚，

5 - | 1̇ 2̇ 3̇ - 1̇ - | 4̇ 3̇ 2̇ - 2̇ - | 3̇ 1̇ 6 - 5 - | 6 7 1̇ - ‖

向　　来靠赖 样　　样是空，今　　只依靠 流　　血大功。

短部:《宜尽本分》第九十九首

5 | 1 - 61 | 2 - 16 | 5 - 5 | 1 - 61 | 2 - 32 | 1 - |

我 有 本 分 当 尽,我 有 上 主 当 尊,

5 3 - 2 16 - 1 3 2 - 1 6 5 - 5 1 - 61 | 2 - 32 | 1 -

离开 罪恶 与主 相亲,永远 拯 救灵 魂。

七部:《靠主得福》第八十七首

3 35 61 16 | 5 5 6 5 - | 3 35 61 16 | 5 5 6 5 - |

人人 心里 要求福, 欢喜 天堂 怕地狱,

5 5 5 35 | 6 6 5 - | 3 23 5 32 | 1 12 1 - ‖

走尽 天边 忙碌碌, 究竟 未能 得好处。

中部:《学主忍耐》第一百二十六首

5 | 1 - 1 | 2 - 2 | 3 - 2 | 1 - 5 | 6 - 6 | 1 - 6 | 5 - |

任 凭 恶 人 轻 看 主 恩,言 语 毁 谤 亵 渎,

5 | 1 - 1 | 2 - 2 | 3 - 4 | 5 - 3 | 1 - 1 | 2 - 2 | 1 - |

我 总 一 心 赞 美 真 神,靠 主 爱 怜 照 顾,

1 | 3 - 3 | 2 - 2 | 1 - ‖

靠 主 爱 怜 照 顾。

八七部（一）：《孩童晚上祷告》第一百五十六首

$$\underline{3\ 2}\ |\ 1\ 1\ \underline{3\ 5}\ |\ 2\ 2\quad\underline{3\ 5}\ |\ 6\ 5\ \underline{3\ 2}\ |\ 1\ -\ |$$

慈悲　牧师求你　认我，在你　圈里做小　羊，

今日　幸得主恩　待我，赐我　衣裳和饭　吃，

祝福　父母祝福　全家，还要　赦我许多　罪

$$\underline{3\ 2}\ |\ 1\ 1\ \underline{3\ 5}\ |\ 2\ 2\quad\underline{3\ 5}\ |\ 6\ 5\ \underline{3\ 2}\ |\ 1\ -\ \|$$

晚间　睡着亲近　保我，直到　明朝无灾　殃。

多谢　救主满心　爱我，还求　保佑我不　欹。

救我　灵魂住在　天家，永享　福气万万　岁。

八七部（二）：《劝罪人来得救》第一百七十八首

$$3\ \underline{3\cdot2}\ |\ 1\ 1\ |\ 2\ 2\ |\ \underline{3\cdot2}\ 1\ |\ 5\ \underline{5\cdot4}\ |\ 3\ 3\ |\ \underline{2\cdot1}\ \underline{2\cdot3}\ |\ 1\ -\ |$$

苦恼　罪人　一齐　走　来，现在　信服　有　恩　典。

$$3\ \underline{3\cdot4}\ |\ 5\ 5\ |\ 6\ 6\ |\ \underline{5\cdot4}\ 3\ |\ 3\ \underline{3\cdot4}\ |\ 5\ 5\ |\ 6\ 6\ |\ 5\ -\ |$$

耶稣　等候　叫你　进　去，满心　慈悲　和爱　怜，

$$3\ \underline{3\cdot2}\ |\ 1\ 1\ |\ 2\ 2\ |\ \underline{3\cdot2}\ 1\ |\ 5\ \underline{5\cdot4}\ |\ 3\ 3\ |\ \underline{2\cdot1}\ \underline{2\cdot3}\ |\ 1\ -\ \|$$

主有　能干　主有　能　干，劝你　信服　勿迟　延。

三、中国式传道人培养

苏慧廉特别提到温州本地传道人的培养。据他介绍，苏慧廉在初到温州之时，偕我会的第一个传道人是借来的。而不久之后，苏氏培养了温州本地、且是偕我会培养的传道人。

（一）传道人的背景

温州教会之初，除了传教士本身是来自西方传统基督徒家庭之外，温州本土传道人的信仰背景一定是与基督教没有任何共通之处的。苏慧廉说："他初来参加我们的礼拜时还是一位异教徒和拜神者，主的话抓住了他，他成为信徒并定期参加礼拜。"[82]对于这些在传统中国礼教与异教崇拜中成长的皈依者，苏氏用"风随着意思吹，你听见风的响声，却不晓得从哪里来，往哪里去。"（参约3：8）表示他们皈依基督完全出于圣灵的工作，不是人所能做到的。

进而，苏氏介绍温州本地的传道人，除了少数人没有受过教育之外，其余都是经过一些教育的。他说："有两人加入我们的行列之前是秀才，有几位曾参加过科举考试，另外几位是教师，或是受过良好教育的商人。"[83]因此，我们可以看出，温州偕我会初期在本地传道人训练上比较重视个人教育的程度，这对于初期教会的发展来说实在是必要的。

（二）传道人培养的模式

除了对传道人教育水平的要求外，偕我会对温州传道人的培训也有一个适合初期需要的培训模式，这在神学院未普遍开办的初期来说是较为合适的。苏慧廉简述传道人培养的过程："他拥有比他人高的讲话天赋，而且，当时正好需要当地传道人，在这个过程中，他全身心投入圣职工作。随后，与他的同工相比，不论是作为传道者或教务人员，他证明了自己的优势。经推荐，在牧师城市培训班经过十天经文训练。在那里，他显示出自己的价值，并最终被委任为福音传道者，或在一名高级神职人员身边担任助理牧师。至今，大多数人均需完成这样的教学任务，也不是对他们要求更多，而现在正是任何不管受过何种良好教育，都必须经过专门培训的时候。在我们的学院，已有三名年轻男子经历了这样一个过程，如今已成为我们最能干的传道人。"[84]

---

82 苏慧廉：《晚清温州纪事》，第 43 页。
83 苏慧廉：《晚清温州纪事》，第 43 页。
84 苏慧廉：《晚清温州纪事》，第 43 页。

而在培训过程中，偕我会对传道人的训练着重品行训练多于智力训练。他说："有过这样智力训练的人，就很容易在我们给他们的书上找到'老师'，他们需要从牧师那儿得到训练，与其说是智力发展不如说是品行训练。"[85]同时，其训练采用耶稣与初期教会门徒训练的方式，所产生的效果就是"生命影响生命"，对传道人产生深远的影响。而训练本地传道人的传教士则尤其忙碌。苏氏说："如果传教士善于经文解释，受过布道术训练，具有祈祷的才能，与这样的人相处三个月，将对他们的人生产生深刻而持久的影响。咳！要传教士费时费力的地方是那么的多，需要他着手处理的事情是那样地急，连短暂空闲几乎也没有。尤其是，碰到个别情况需要个人面对时，一天想独处几个小时似乎也做不到。"[86]

苏慧廉作为偕我会最有影响力的传教士，对于温州本地传道人的培养定是尽心竭力，对于受其教诲的传道人的生命影响也是至深的。

（三）传道人的薪金问题

很明显，偕我会本地传道人的训练是速成的。在传道人训练之后，要考虑的就是他们的薪酬。苏慧廉介绍，偕我会给予本地传道人的薪金略高于当地一般的教师。按他的话说："众所周知那是该国报酬最差的一个阶层，虽然中国历来自诩如何尊师重教。"在苏慧廉写《晚清温州纪事》之时，传道人的工资还仅仅是四五元（八或十个先令）一个月，包括他离家外出时的交通费和伙食费。[87]

不过，本地传道人中，大多都有自己的财产，包括自己的房子，因此他们都只是每月一次被指派到离家较近的聚会点讲道，其余时间则待在自己的教会。这样的安排可算是很有人情味的，因为他们不但不用与妻子和家庭长期分居，同样也节省了差会的租赁、装修、保养房子的费用。[88]

苏慧廉形容这种方式为"圣保罗式工作制"，他说："传道士需求的增加使我们只能采用就地取材，有什么料就用什么的方式，结果建立了一个圣保罗式工作制，他们在一周的工作日内赚钱谋生、养家，周末出去随便到哪个指定的分会主持礼拜。他们当中许多人，迄今其腿功仍比头功好，走江湖比

85　苏慧廉：《晚清温州纪事》，第 43 页。

86　苏慧廉：《晚清温州纪事》，第 43 页。

87　苏慧廉：《晚清温州纪事》，第 44 页。

88　苏慧廉：《晚清温州纪事》，第 44 页。

传教强。不过我们的'本地传教士'，如今的确是温州工作的骨干，正如在英格兰的那些'循道教会的骨干'，在本区，每到星期日我们有一百五十个礼拜仪式要举行，其中有一百多个由我们这个'讲师团'调配的讲道人，他们构成了我们当地教牧同工的基础。"[89]

（四）传道人的去处

这些经过专业训练的传道人，培养作为每个乡村教会的本土牧师。但是这些本土牧师尚不能满足发展迅速的乡村教会之需。因此，偕我会也会聘用一些当地未经专业训练的讲道人，就是义务传道员，将他们派遣到各个乡村教会担任讲员。差会津贴的费用标准是：每周日车马费十五分，如果晚上出去二十五分，四十二分两个晚上；派到离家四十里（十三英里）以上的分会，每十里额外津贴十分。[90]

这些义务传道员的培训是："联区会议之后，往往为当地讲道人连续安排几天研习《圣经》的时间。我们也偶尔在城里为最优秀讲道人培训十天，从中我们得以选择最有资格的人，通过联区会议，推荐担任本土教牧神职。"[91]

偕我会初期本地传道人的培养明显是很成功的，这从偕我会 1905 年的报告中可以得知。报告显示，除外国传教士之外，本地传道人（或称华人牧师）共有 20 人；地方上的传道人，即义务传道员 131 人，另有女传道 5 人。[92] 他们被派到 150 个教会（或称支站）讲道，而在这些支站共有 124 位长老。[93]

四、中国式会堂建设

初入温州传教的苏慧廉，自身也只是一个布道新手，其传教仍处于摸索阶段，但他却是有雄心壮志，期望达到"每一个城镇应设一个分会，……'村村有教堂'"。而就在那个时候，"根本没有会堂可租，即使有，二十年前，也没有人敢租给他们外国人。"[94]

---

89 苏慧廉：《晚清温州纪事》，第 39 页。
90 苏慧廉：《晚清温州纪事》，第 46 页。
91 苏慧廉：《晚清温州纪事》，第 47 页。
92 汤清：《中国基督教百年史》，第 463 页。
93 汤清：《中国基督教百年史》，第 655 页。
94 苏慧廉：《晚清温州纪事》，第 36 页。

苏慧廉的"村村有教堂"的理想，在最初的几年暂时无法实现，只好入乡随俗，大胆尝试建设中国特有的会堂，主要设置在农村的两个公共场所，一是房子中间共用的中堂，一是姓氏公共的祠堂。

苏慧廉以碧莲为例。碧莲于 1890 年正式设立分会[95]，在此之前则是先有四位于 1886 或 1887 年在苏慧廉在市区创办的鸦片戒毒所里得痊愈的男子所建立。他们在戒毒成功后，带着四本《赞美诗》和两本《新约》回家，每天晚上和主日聚会，唱《赞美诗》并相互阅读和讲解《新约》。持续一两个月后，他们得知苏慧廉要到农村去传福音，就要求苏慧廉到碧莲去探访。苏慧廉首次在碧莲的祠堂里传讲福音，成绩斐然。[96]

继而，苏慧廉派得力助手金先生到达碧莲，开始着手安排供教会聚会的礼拜场所。他说："当金先生到达碧莲，在一个慕道友家里获得休息之所后，他的第一项工作就是安排聚会的地点。"他先是寻找一个房子的中堂作为礼拜场所，但在当时的温州，信徒不多，不太可能寻找到信徒家的中堂，因为中国的一般老百姓买不起整座房子，是与其他家庭同住。每所房子都有一间大的公用中堂，用于招待来客或举行庆典之类的活动，例如丧礼或婚礼，平时则是存放农具与农产品。若在中堂做礼拜或聚会，就需要得到房子里所有住户的同意，不然容易引来纷争。不过，中堂是当时较理想的礼拜或聚会场所。

苏慧廉描述曾在中堂讲道时的情景："有一次我在这种'中堂'或客厅布道，我身后就有一口棺材，那不是空棺材，里面一具尸体已停放六个月了，等待一个吉祥的日期举行土葬。我也曾在许多这样的'客厅'布道，那里有一大群猪，占了一个角落，对我的又长又无味的讲道大声抱怨不停。可能因我的到来，地是特意为这次活动扫过的，那垃圾就占了另一角；农具摆放在两旁；我的上面，一盏烟雾腾腾没有灯罩的煤油灯呛得人说话都困难；房间里一直到外面的走廊已经挤满了大群冒着热气的农民，他们累了倦了，虽然他们已辛劳了一天，但还得站两个多小时来倾听人家的讲演，发表讲演的既有本地人又有外国人。"[97]

然而，在中堂聚会或礼拜，有时也会引来其他住户的不满。闻名的永嘉枫林教案的起因就是徐定鳌在众宗亲的反对下在众厅聚会，引来民教纷争。

---

95 1951 年《温州市宗教团体登记资料》中记载。
96 苏慧廉：《晚清温州纪事》，第 38 页。
97 苏慧廉：《晚清温州纪事》，第 39-40 页。

该案件从 1894 年 8 月直到 1896 年 3 月，耗时一年多，其案情极其复杂，下文将追溯详情[98]。

除了中堂之外，较为理想的聚会、礼拜之处，就是大祠堂。碧莲信徒人数越来越多时，原先借用的中堂已经不够用，就借了宗族的大祠堂。当时的教会用很少的费用租下了大祠堂，只是有一个条件，就是该宗族过年过节时，教会就"应该让路。"

苏慧廉形容在祠堂聚会和礼拜的特殊经历。他说："首次，在祠堂举行基督教礼拜仪式给人一种意识错位的感觉。请想象一下这样的一个地方：整个建筑物，让我们告诉你，长八十英尺，宽三十英尺。两端的一头，总长度的五分之一被隔作厨房及公用房；正厅两头对着庭院敞开，有点像被卸了侧墙的英国乡村教堂。布道者面对开口，风雨可以进来，而会众正好背对开口，他们坐在狭窄、无靠背的硬板凳上。讲道人讲的《圣经》和《赞美诗》放在前面的祭坛或供桌上；身后木制的、沾满灰尘的先祖灵位牌一字排开；他们后面的隔墙，有时画上一个该宗族始祖的像。远一点，主神位的左右两边也有画像，一边是土地爷，一边是其他神灵。牌位与神祇面前有许多供插香用的椭圆形香炉，这些香笔直地插在炉灰中。一切是中国那种司空见惯样子，又脏又乱。宗祠这地方，正如一些人形容黑人那样：远看挺有趣，近观难入目。"[99]

在苏慧廉看来，能够在这样的祠堂里礼拜也算是神的恩典，初期温州偕我会租下了十余所这样的会堂供教会使用。他认为，这也见证了信徒们的人品，以及宗亲对他们的尊敬。虽然在永嘉岩头，曾因租用祠堂而招来当地人的逼迫。[100]但在苏氏看来，祠堂始终是一个非常理想的礼拜场所，不然他就不会说："如果我们能让各处的人把宗祠变为基督教用房，那就不用盖很多教堂了，因为只用少许改变，这些宗祠就可以很好地供基督教聚会之用。"[101]

五、礼拜仪式的简化与中国化

今日的温州基督徒，到全国、全世界各地的教会访问、学习过之后，发现温州本地教会的崇拜礼仪有点与众不同，在稍微了解崇拜学知识之后，又

---

98 详文在第八章第三节"永嘉枫林教案"。

99 苏慧廉：《晚清温州纪事》，第 40 页。

100 《中西教会报》，光绪 21 年 10 月（1895 年 11 月），第 3-4 页。

101 苏慧廉：《晚清温州纪事》，第 41 页。

发现温州的崇拜实在无礼仪可言。笔者一直以来将原因追溯到"文化大革命"那个特殊的历史时期。确实，外在环境的压迫下，基督徒们聚集在一处，只能轻轻地唱诗、祷告、讲道，根本不在乎有没有崇拜礼仪，更不会去在意是否符合崇拜神学。然而，苏慧廉《晚清温州纪事》中所呈现的，使我们不得不联想到基督教初传温州时的崇拜本色化努力。

苏慧廉说："到目前为止，我们的礼拜仪式一直是最简单的，简单到没文化的人也可以主持。唱赞美诗、祷告、读经和规劝，这就是我们城镇与乡村做礼拜的内容。唱诗班、管风琴，华丽的装饰、精美的礼拜仪式，往往是传教士所期盼的，但在工作起步阶段是不可能的，即使有可能，那也许会帮倒忙。直到现在，许多爱听福音的人仍会被赞美诗歌吓跑！……我们的礼拜毫无美感。有人说，等到教堂烂了，美才会来；也有人说，靠主的恩典，慢慢来。"[102]

从苏慧廉的话中，我们可以得知教会初期的礼拜仪式与今日许多温州农村教会的礼拜仪式惊人的相似。许多教会每周的礼拜中，若能够有一位传道人来证道就已经不错。笔者也曾屡次被派到农村的教会去证道，还试过在聚会中同时担任主持与证道，或同时担任司琴与证道。

然而，偕我会（及以后的循道公会）本身自英国圣公会分立，教会本身注重崇拜礼仪，因此在教会渐渐发展之后，教会在崇拜礼仪上有所规范。但对于温州教会来说，始终还是以简化的礼仪为主。如在1943年圣诞期间，中华基督教循道公会温州教区（前身就是温州偕我会）英籍传教士爱乐德牧师曾在温州出版《实用崇拜简礼文》，对于初具规模的循道公会温州教区在崇拜礼仪上有促进的作用。他在该书的"前言"中称："本书出版是扶助教会举行仪式崇拜之用，并不是每次礼拜都照着这种样式而行。如遇有奋兴布道等聚会，假可采用自由方式。其最要者，在团体崇拜而不失却热心与活泼生命，但必须举行仪式崇拜礼时，则可采用本书材料。"[103]

他也特别指出这种崇拜礼仪的作法与中国古代的崇拜风俗有仿效的目的："中国古时遇着重要事项，有一种特别礼节。所以照着中国风俗，在教会重要礼节，也举行特别礼拜，如果教会只用一种崇拜样式，则不能分别其特

---

102 苏慧廉：《晚清温州纪事》，第41页。
103 爱乐德：《实用崇拜简礼文》，中华循道公会温州教区，1943年，前言，第2页。

殊精神，好比诸圣节，虽圣诞节到处风行，岂对于受难节等，是比不上圣诞节，而不予以纪念么？故举行其他圣节时，也能帮助教会圣道智识。"[104]

在书中还特别加上一些与家庭相关的礼仪篇幅，如建造、婚丧、祝福婴孩等礼仪。他说："释教之所以在中国发展之速，而随从者之众，都因为家庭与宗教有合一的团体，遇有婚丧，生子等项事上，都有崇拜礼之举行，故我教亦当仿行。现在我教对于婚丧礼，只仅有唱诗祈祷，就算了事，其余都照着社会迷信行事，教牧师好像在旁默认及赞许之，这正是表示暗中扶助迷信之发展一样，使一般观众，好像看释教是注重婚姻等礼节，而基督教则反之。"[105]

根据以上所述，爱乐德所编著《简礼文》就是一本本色化的崇拜礼文，全书的大纲如下：

（一）主日崇拜简礼文

（二）圣餐简礼文

（三）成人受水礼文

（四）祝福婴孩礼文

（五）儿童崇拜礼文

（六）成婚典礼文

（七）殡丧礼文

（八）圣节纪念礼文

（九）收成节礼文

（十）新年礼拜文

（十一）纪念礼拜文

（十二）国家重要事项聚会秩序

（十三）奉献物资礼拜文

（十四）教会工作人员受职典礼文

（十五）个人感恩典礼文

该《简礼文》所涉及的内容虽然繁多，但所有礼文的编排还是偏向简单，没有令人烦琐和太过仪式化的感觉，如"主日崇拜简礼文"所体现的就是简单而不失崇拜的意义，其具体的程序罗列如下[106]：

---

104 爱乐德：《实用崇拜简礼文》，前言，第 2 页。

105 爱乐德：《实用崇拜简礼文》，前言，第 2 页。

106 爱乐德：《实用崇拜简礼文》，第 1-2 页。

（一）（立）唱诗班歌诗（或大家唱诗或短歌）

（二）（立）**读崇拜圣经**

（三）（跪）默祷（继同念主祷告文）

（四）（立）歌诗（全体）

（五）（跪）**牧师领祷告**

（六）（坐）**牧师读经**

（七）（坐）报告或收捐事项

（八）（立）歌诗（全体）

（九）（坐）**讲道**

（十）（立）歌诗（全体）

（十一）（跪或立）祷告或同声祷告

（十二）（立或跪）祝福

六、教会自养

自养是苏慧廉的自立实践中有步骤且有效的策略。至 1907 年离温为止，他在温州的时间已达 25 年之久，但他仍然认为温州教会的自养仍处于起步阶段[107]。他指出中国人的国民特性就是对一般用途不捐献，但对于特定的事物，就会根据自己的能力来捐献，如建大教堂。在他服侍的时间里，将自养分成几个步骤：

第一步就是由各分会自己负责寻找聚会场所。他说："自养第一步是让乡村教会找到他们自己的礼拜场所，现在，我们的分会百分之八十已经这样做了。有时，这牵涉到租用一个祠堂或一个房间，通常这并不需要增加费用，只是在周日，以及一周内几个固定晚上，有些信徒借用一下他的房子而已。有时候，甚至在几个分开的村落，有几间房屋可以轮流用来做礼拜。"[108]

第二步就是停止供应灯油。在教会刚刚成立的时候，教区向每一个新分会提供灯和油是必要的，这样可以使晚上聚会不会在黑暗中进行。当时，煤油灯在中国乡村很罕见，在温州称为"洋油灯"。随着分会越来越多，若所有分会都由教区负责供应灯与油，会成为教区的经济负担。因此，在苏慧廉鼓励下，到 1907 年左右，偕我会温州教区各分会的灯油都改由自己供应。他说：

107　苏慧廉：《晚清温州纪事》，第 44 页。

108　苏慧廉：《晚清温州纪事》，第 45-46 页。

"现在，许多慕道友，或道友，如果认为时机已到，他们自己的村庄该有自己的教堂了，一般来说，我们要求他们自己准备好所有的物质设备，包括房间、凳桌家具、煤油、生火器、灯具等等，除了讲道人的开支。"[109]

第三步是教区与分会共同负责传道人薪金和开支。"我们规定每一个教会每年至少交两元，作为巡回传教的费用。"[110]虽然，苏慧廉认为理想的状态是每个分会都有一位本土牧师来牧养，但经济必定是难以维持的。为了减少开支，他聘用当地非专业的传道人，这些传道人的津贴为："每周日车马费十五分，如果晚上出去二十五分，四十二分两个晚上。派到离家四十里（十三英里）以上的分会，每十里额外津贴十分。旅行的距离远了，会碰到各种各样恶劣的、令人难受的天气，一件像样的衣服是必不可少的，额外花时间为病患者作祈祷，或为婚礼和殡仪做礼拜也不可小视。所以说，这些人每月赚取的平均不到两元，甚至不如苦力费，而且，他们还得自己付船费，自己解决伙食。"[111]

最后一步，也是苏慧廉认为最为重要的，就是建立巡回教区奉献基金，这项基金即后来海和德所继承的自养基金，又称"谢恩款"[112]。这项计划于1905年春率先在碧莲联区预先制定。"该联区有二十个教会，决定搞一个巡回教区奉献基金。他们要求我们能维持目前的巡回教区补助金五年，在这一时期结束后减少一半，满十年后，完全停止所有现有资助。"[113]

苏慧廉的自养计划得以全面推展，其效果在汤清博士的著作《中国基督教百年史》中有清楚的记载：温州偕我公会1905年报告：有传教牧师3人，教育传教师1人，医务传教师1人；华传道20人，地方上传道人131人，女传道5人，领袖124人；受餐者2144名，慕道友成人5711人，儿童估计1500人；教会150所；医院1间；高级学校1所；教员12人；日校25所，教员43人；捐款2133.22元。[114]另载："英国偕我公会在浙江温州有渐进的自养程序。'百年传教大会'前夕，本地教友慷慨捐献，建立了总站和支站礼拜堂，

109　苏慧廉：《晚清温州纪事》，第46页。

110　苏慧廉：《晚清温州纪事》，第46页。

111　苏慧廉：《晚清温州纪事》，第46页。

112　《浙江青田基督教会之创始及自立经过的报告》，青田基督教自立会同工编印初稿，1954年，第7页。

113　苏慧廉：《晚清温州纪事》，第46页。

114　汤清：《中国基督教百年史》，第463页。

或租赁小礼拜堂。由华牧指导一三一位游行传道人，到一五〇支站讲道。这些支站共有一二四位长老。"[115]

第四节　温州偕我会医药事业

在近代中国基督教史上，西方传教士在传布基督教信仰的同时，随之将西方先进的教育、医疗等理念与技术引到中国。在传教士来温州传教的同时，温州医药事业也随之发展起来。中国内地会传教士曾在温州建立第一间西医医院，尝试借医疗传教，但因稻惟德医生的离开而被迫停止。而偕我会传教士苏慧廉则大力发展医疗，为温州地区医疗事业的发展做出卓越贡献。

一、戒烟所

苏慧廉不精医术，但他在1883年初来到温州之时，却借着仅有的医学知识以及从英国带来的一批西药，以医疗打开温州传教之门。[116]而最先受到温州百姓欢迎的就是苏慧廉所开的戒烟所。苏慧廉于1906年回忆时说："二十余载前。予寄迹此间。宣扬圣道。时有慕道者数人。有阿芙蓉癖。就予求治。予素未尝肄业医学。姑取数种西药戒之。颇得效。此后踵门者众。欲辞不得。"[117]

苏慧廉乐意借医疗传教，但他自称"我们在温州的医疗工作是从我这个对医学非常无知的年轻人开始的。"他在离开英国之前，带了一箱自己精心挑选的药物，分别是酊剂、奎宁、硫黄、胆矾、硫酸锌等药物。在每次外出布道时，这些药物成为他每日的伴侣，在城镇和乡下都可以用得着。他说："当我巡回布道时，这些药物当然能帮我吸引更多的听众；病人在接受一定量的药物之前先得听讲道，而且尽可能多听些讲道的内容；这种想法是可行的，如果不能一石二鸟，至少可用布道与治疗这两张网抓住一只。"[118]

然而，苏慧廉在温州传教的二十多年中，温州吸食鸦片的问题日趋严重，这也更趋使苏氏及其他传教士在本地开设戒烟所。苏慧廉说："至于温州，在二十五年前鸦片烟馆还很少，它们羞答答地藏在狭窄的弄堂和小巷里。而今天一切都变了，没有哪条街没有烟馆。十四年前，有人要我调查烟馆的数目，

---

115 汤清：《中国基督教百年史》，第655页。
116 《温二医百年院史》，第1页。
117 《通问报》，第191回，上海：北京路18号，丙午（1906年）二月，第1页。
118 苏慧廉：《晚清温州纪事》，第115页。

我发现在城内共有七八百家烟馆。两年前得到的数字是拥有执照的烟馆超过一千两百家，包括妇女儿童在内的每百人中就有一个鸦片吸食者；换句话说，每三十个成年男子中就有一个。"[119]

在苏慧廉的妻子苏路熙所著的《乐往中国》一书中记载苏氏最初为一位吸食鸦片者戒毒的过程[120]。此事大约发生在 1886 年。丁先生原是一位秀才，很有才华，曾作风水先生，染上鸦片之后，他的生活和家庭被毁。后来他妻子在金先生的带领下信了主，并将丈夫带到温州城里，跟苏慧廉见面。苏路熙描述他们初次见面的情形："他们开始交谈，都想不到后来他们的关系会如此亲密。丁先生讲了他自己的故事。他本是个勤奋好学的年轻人，他考中了秀才，然后在自己村子里当私塾教师。出于某些原因，大约是塾师的收入太少，他改行当了风水先生，这比听小男孩们花样百出的背书有意思多了。"[121] 丁先生要求从未给人戒毒的苏慧廉拿自己做试验，三个礼拜之后，丁先生的毒瘾治愈，并成为偕我会男校的老师。[122]

《教务杂志》第 21 卷中登载一封来自苏慧廉的信，其中提到此次戒毒的过程，以及丁先生的改变，该信写于 1889 年 12 月 9 日："受洗的信徒能够皈依基督教很多都是直接或间接地源于我们所开展的戒烟工作。其中一位秀才，戚先生，十八个月前精神萎靡、衣冠不整地找到了我。我以前从未见过此人，但一直听闻他虽是虔诚的慕道友，却因吸食鸦片而无法入教。他恳请我接纳并治愈他。在这方面，我没有任何的经验，故而有点迟疑。不过当他坚定地表明自己会不惜任何代价戒烟时，我立刻接纳了他。……秀才戚先生，我们的第一位患者，现在已经成为了我们得力助手。在讲坛之下的他是内敛羞涩的，但是一旦他站上讲坛，就摇身一变成为了激情四射的演讲者，特别是对那些文人阶层而言。进行科举的时候，现在科举已经结束了，在他的建议下，我们推延了戒烟的工作，而是提前开放了为文人士子准备的场所，每日大约收取一点伙食费（每日 80cash）；大约十四名士子和六个秀才接受了我们的帮助，我们希望他们与我们共度的那段时日没有虚度。"[123]

---

119 苏慧廉：《晚清温州纪事》，第 127 页。

120 《乐往中国》，第 187 页。

121 《乐往中国》，第 188 页。

122 《乐往中国》，第 189-190 页。

123 The Chinese Recorder, 1890，21: 34-37.译文引自沈迦：《寻找·苏慧廉》，第 76-77 页。据沈迦的研究，苏慧廉此处所指的戚先生应该就是丁先生，属苏慧廉的误差。

丁先生戒毒成功之后，苏慧廉从而成为温州有名的神医，有许多人慕名来求医。不久之后，苏慧廉在城西嘉会里巷教堂里开设了一个戒烟所。不久，苏慧廉扩建了一套住房，指派一位本地基督徒管理。他说："我们的治疗方法显然是斯巴达式的，以致一些病人要忍受两三天剧烈的疼痛，并且几乎要死在我们手上，但据我们所知，所有的人都治愈回家了。"[124]该戒烟所开办仅两年，就有三、四百人从这里得治愈回家。[125]

二、城西小诊所

苏慧廉于 1906 年回忆时说："适新任会牧海君来瓯。海君较予稍明医理。于是命来戒者。寄宿予寓所旁之小舍中。后小舍不能容。乃于城西圣堂之旁。添设数椽。为病者寄寓。并于彼施医焉。"[126]

苏慧廉所说的"海君"就是海和德牧师，于 1867 年，在英格兰普斯顿（Preston）出生，早年曾做过教师，从事过商业贸易，也曾为英国少年戒酒会（Band of Hope）干事。后来在曼彻斯特神学院进修后受偕我会派遣于 1891 年到中国传教。海和德"稍明医理"，因为他在来中国之前，在曼彻斯特医院读过六个月的医学课程。[127]在他来温之后，苏慧廉就派他在自己的寓所旁的"小舍"里主持医疗事工，后来因为"小舍"不能容纳，就在城西教堂边上设立诊所。

不过，触动苏氏夫妇建立小诊所的，是一位名叫三郎的麻风病人。当时，虽然戒毒所已关闭，但苏慧廉的"神医"名声在外，仍有不少病人慕名而来。三郎从青田方山一步步爬到温州城内苏慧廉的家。因为他听说温州城里有个外国人乐意为穷人治病，且几乎不收费。青田方山离温州有四十英里，而三郎是匍匐前行过来，苏路熙知道，仅仅在温州西门到瓦市殿巷这最后的两英里，三郎就匍匐了一整天时间。路熙说："如果不是他可怜的样子激起我们的同情心，我们也许永远都不会办医院。"因此，苏慧廉收留了三郎，并请海和德给他治疗，经过几个月的努力，他竟然可以靠着拐杖行走了。[128]

---

124 沈迦：《寻找·苏慧廉》，第 79 页。
125 沈迦：《寻找·苏慧廉》，第 79 页。
126 《通问报》，第 191 回，上海：北京路 18 号，丙午（1906 年）二月，第 1 页。
127 苏慧廉：《晚清温州纪事》，第 115 页。
128 沈迦：《寻找·苏慧廉》，第 89 页。

霍厚福像（图片取自《寻找·苏慧廉》）

后来，霍厚福（Alfred Hogg）医生曾简单描述这个小诊所："我们做诊所的这些房子最初并非是为医用而建，并且也不是特别适合来做这项工作。它坐落在城市礼拜堂的后面，二者是在同一个院子里。原本这里打算用作戒烟所，而且也确实作为戒烟所使用了若干年。八间本地造型的小房间排成一长排，水泥地面，但没有天花板，其中一头连接着一个小教堂，这看起来就好像拥挤的过道。其中一间房间有一个中式炉子，这是住在这里的人的厨房。相邻的两间屋子如今则被合并成一间，并摆入了一些橱柜和一个洗涤槽。里面还有一两张桌子和椅子，必备药品也储存在这里，这样门诊室与药房就合而为一了。另外五间房用作远途病人或重病患者的病房。"[129]

但在这个不大的小诊所里，却门庭若市，每天都有骆驿不绝的病人从这里进出。海和德在 1893 年向英国总部的汇报中说："在过去的十二个月，我接待了 5624 个病人。其中 3736 例为新病人，1888 例为复诊。单天最高的新病人门诊量为 106。"[130]由于工作量的增加，海和德难以应付，当时瓯海关的劳莱（J·H·Lowry）医生也来小诊所义务坐诊。为此，苏慧廉说："作为一个传教团，我们非常感激他的热心与高超的医术。"[131]

苏慧廉说："予第一次回国时。商诸总会。延霍医士来温。总理其事。"[132]因此，霍厚福医士于 1893 年底从英国出发，于 1894 年 1 月来到温州，成为偕我会第一位来温的医疗传教士。他在学习了一年的语言之后，就接管了诊所。

129 Alfred Hogg： A Year Work in China, *The Missionary Echo*,1895，p.134.转引自沈迦：《寻找·苏慧廉》，第 90 页。

130 *The Missionary Echo*,1894，p.67. 转引自沈迦：《寻找·苏慧廉》，第 91 页。

131 苏慧廉：《晚清温州纪事》，第 116 页。

132 《通问报》，第 191 回，上海：北京路 18 号，丙午（1906 年）二月，第 1 页。

霍厚福三个孩子（图片取自耶鲁大学网站，1900年）

霍厚福一家（1900年，图片取自耶鲁大学网站）

1895年，霍厚福报道自己在温州一年医疗传教的简况：

诊所于1894年2月6日开张，正是中国农历新年之后。诊所很快就有许多人来光顾。每逢周二、周五——常规的门诊日，日就诊的病人在八十到一百人左右，这个数字持续了相当长的时间。……

在常规的门诊日，大量穷苦人、中途歇脚者、残疾人、盲人在午前陆续从周边的乡村和城市聚集过来，坐在小礼拜堂的位置上轮流等着看医生。我们的一两名当地的牧师便向他们宣扬唯一真神荣耀的福音，告诉他们救赎的道路。

……

有能力负担的病人每人都会付三十元现金并得到一支写了特定号码的竹签，然后依次序走进另一个房间。医生在学习了一上午的语言后，大约在下午一点钟来到诊所，先花点时间准备药物或处理掉手头上的外科手术。大约两点，门诊开始，一直到黄昏才结束。需要额外时间或特别注意的病例，或者手术，会另择日子进行，要么在诊所，要么在医生家里。

病人轮流进来，在医生对面坐下，他们的名字和地址写在登记簿上，然后他们开始说明他们的病痛，医生必须尽力从他们模糊的、不完整的描述中确定他们的症状，并做出诊断。很多时候这是一项困难的工作。那些来自或远或近地区的人们操着不同口音的方言，无法清除地说明自己的病情，更加困难的是，这些人有着一些奇怪的观点和意识，所以要理清他们的病因是难上加难。某个人的疾病是"风"，而另一个的则是"空气"，第三个则兼有"风和空气"，而这些词到最后却都是"风湿"的意思。另一个人说他胃里的某个部分得了"感冒"，其实是消化不良，而他却认为这病因是七年前曾从楼梯上摔下去过；还有一个人说不出自己有哪里不舒服，但言之凿凿地说他需要奎宁才能康复。

这里的中国人坚信奎宁是一种几乎能治百病的万灵药，由于疟疾在这里相当流行，他们有这种观念也并非错得很离谱。他们还认为西药可以治愈任何麻烦的疾病，于是一个人会想要一点药去治疗白内障、严重骨质疾病，他甚至想为某个住得远的亲戚要一勺药剂，那个亲戚的身体里出了一点问题，但他却疏忽了具体有何症状。

通常，他们并不希望做手术，不过更主要的原因是因为他们对外国治疗手段的怀疑，而非仅是怕疼。因为通常来说他们很能忍受疼痛，他们很容易陷入对手术前景的恐惧之中。

更加恼人的是，这里的病人一般都会忽视用药指导，他们也缺乏持续接受治疗的耐性。有一个患了某种慢性病很多年的病人被警告必须小心遵医嘱用药，但他却借口说一个人不可能面面俱到。他可能一次就吞下七天的药量，造成相当令人惊讶的后果，同时还会得出这些药并不合适的结论。有时又有已经到了最后疗程的慢性病人回来，悲伤地对我们说治疗毫无进展，哪怕他已经用了整整三天的药。作为工作中的助手，我有一位年轻的一老师，如今正接受医学生的训练，并且在我的监督下进行配药。他是一名聪明的同伴，在两年前信了教，如今已经受洗。这同样还有我的仆役，一个七十五岁时成为基督徒的老人，带着他的小男孩在这里看门并照看病人。……[133]

三、定理医院

在霍厚福医生来到温州之后，城西小诊所也不敷使用，苏慧廉就将原来作为救治吸食鸦片者的场所作为诊所的一部分，而这个地方，就成为偕我会医院最初院址。[134]因此，苏慧廉决定筹建医院，一方面作为收留住院病人，另一方面可接纳更多门诊病人。他得老朋友华克登牧师（A. J. Walkden）的推荐，英国雅茅斯的约翰·定理（John Dingley）答应出资建院。苏慧廉回忆说："因求医者日众。狭隘不能容。乃致函英吉利总会。慕捐设立新院。该处有定理君者。捐银二千余元。爰购郡城瓦市殿巷基地一片。建筑医院。霍君返国后。包医士乃来温接任其事。今已五载。其间来院求医者。三万三千零九人。宿院者。二千零五十六人。" [135]

定理医院建院源于 1895 年，来温已过一年的霍厚福在苏慧廉所办的城西小诊所里从事医疗工作，一年内新病人达 2750 人，总诊疗人次达 5006 人。因此，在英国偕我会 1895 年年报中，发布温州拟建医院的报告："霍厚福医

---

133 Alfred Hogg: A Year Work in China,*The Missionary Echo,*1895，p134.

134 苏慧廉：《晚清温州纪事》，第 117 页。

135 《通问报》，第 191 回，上海：北京路 18 号，丙午（1906 年）二月，第 1 页。

生的医疗工作成为传教工作的重要部分。他现有大量的病人，建设一座匹配的医院迫在眉睫。苏慧廉牧师希望能为此募集到一百至一百五十镑，捐献者的名字，将成为这所医院的名字。"[136]不久，在偕我会海外传教委员会成员沃克登（A. J. Walkden）牧师及阚斐迪牧师的介绍下，英国大雅茅斯市（Great Yarmouth）的约翰·定理先生决定捐献两百英镑，霍厚福医生的岳父巴兹利（Bardsley）先生也捐了笔钱，支持建院工程。苏慧廉在温州墨池坊买地建院。苏慧廉在《晚清温州纪事》中记载医院的详情，带领读者参观定理医院：

> 医院入口处为传达室，门诊时间，总会有一位上了年纪矮胖的女士在里面为病人挂号，你总会发现在她的窗口挤满了等待看病的人，病人付了三十个铜板（约一个便士）后就可以领到一个标有号码的竹签，穿过小庭院，候诊者就可以走进一座小礼拜堂，通常早上九点钟的时候里面就挤满了人，各式各样的人都有：有衣着光鲜的，有一身补丁的；有的文雅，有的粗俗；有人皮肤光洁，有人浑身溃烂，挺吓人；有成人，有小孩；有基督徒，也有偶像崇拜者。所有的人都混杂在一起，并排坐着。说话者的左边坐着妇女，她们当中的一些人怀抱婴儿，像平常一样拉家常。

> 医术精湛的鲍莅茂医生进来了，跟着五六个样子聪明、穿着整洁的医学生，他们都是基督徒。开始分发圣诗单，上面印着一首四行赞美诗，《圣经》经文和一篇很短的祷告，还有门诊的时间、收费标准。读解了赞美诗之后，医生用他那带有哮喘声的风琴演奏曲子——在这种气候下，患哮喘病的人和乐器都不容易治愈——而我们——不，不是在唱，而是发出噪声来。这里面有一半的人在他们的一生中从未听到过或唱过赞美上帝的圣歌，甚至也没有听过上帝的存在。接下来是简短的布道，之后以祷告结束整个礼拜过程，时间严格控制在十五分钟之内。医务人员退去，接下来是叫门诊号，"一号、二号"等等；听到喊号之后，手持标有号码的竹签的病人，欢快地冲入诊疗室，他们可能从早上七点钟就已经等在那里了。

> 这时候学生们各就各位，其中两个留在鲍莅茂医生身旁，其余的坐在各自的诊桌前。病人被指派到学生面前，他们为已经挂

---

136 沈迦：《寻找·苏慧廉》，第116页。

号的病人检查病历，然后做诊断、开处方，写病历和处方都使用拉丁字母，最后再将病人引给鲍莅茂医生确诊。多数的病人得到确诊，但时不时会被要求做详细的检查，学生就会走上前来帮助做检查。通过这种方式，病人就能得到满意的治疗，学生的临床实践能力也得到了培养。这样，一个上午通常的门诊量多达一百六十位。

现在，如果你走过门诊室，对面就是住院部了。注意这些台阶，因为前面第一座建筑高出地面六英尺，为的是高一点、干燥点。左首为护士小卧室，病房内病人的床铺被放置成两排。除医生用有颜色的纸简单装饰一下墙壁外，病房并没有装饰；病床是最简单的铁床，没有金属丝床垫，上面仅铺有木板；没有雪白的床单和枕头，只有蓝色棉花被子；没有花瓶和别的类型的装饰，因为我们的护工为男性，是中国人。这个时候他已经将地板洗好了，给病人带来了他们的饭食，不是给他们洗脸，而是饭后递给他们每位一块常见的湿布擦脸，这是中国人饭后的礼节习惯，护理人员没有什么时间干别的更为细腻的修饰了。

……

离门较远的病房尽头，是新设立的一个手术室。外科手术常在那边进行，从虹膜切除术到积脓病清除等手术都做，这简单的医学术语，毫无疑问，对普通人来说就像医生单子上所列举的那样很容易理解。我们的脚下是地下室，如果我们走下去的话，会发现那里也变成了病房。留心你的头——整个高度只有六英尺，房门更矮。在这个黑暗的地方我们被迫让十二个病人先住在里面，直到我们新大楼完工。

病房的拐角处是我们的药房，是新近增加的一个地方，病人可以在白天任何时段凭处方取药，这对病人和医生来说都节省了时间。假如处方对症的话，病人就可以随时去买药而无需等着向医生咨询。这样我们就有了一笔可观的生意在做，盈利部分可帮我们解决资金问题。在我们新建的医院里，临街的一面特地建了一间药房，我们期望这个店面能够对鲍莅茂医生为医院自养所做的令人钦佩的努力有切实的推动作用。

男病房后面依次是厨房间、厕所，通过这扇门就是女病房。增多的男病人已经将女病人赶了出去，她们现在暂住在我们住处的附设房子里。原来的女病房被男病人住着，甚至连地下室都给占了。

医院为住院病人每天都举行礼拜，而参加者总是专心地听讲。今天早上我去往新医院的途中路过女性病房，令人感兴趣的是看见所有病人由鲍莅茂夫人带领着跪地祷告。我们并没有强迫每个病人那样做，但很久以前她们就心甘情愿地跪下来敬拜她们每天所听到的全能的上帝。她们中的一些人非常虔诚，以至于等到祷告结束后她们才去服药。这么做，正如有人评论的那样，比事先拉长着脸好多了。如果饭前的谢恩祷告是可取的话，那么吃药前的祷告与吃药后的谢恩祷告将更加明智！

……

很难想象，还有什么事能比我们医院的工作更像耶稣的所作所为，因为是耶稣基督把天国福音的传布与医治病人结合在一起。我们医院的信条就是："差遣他们去宣传上帝国的道，医治病人。"我们竭尽所能，病人得到治疗，福音得以传布。如果我们敢于开拓的话，我们将会显示出更大的慈善之心，因为有时候我们很难把病人送回家等死，但是中国人非常迷信，医院里只要有一个死亡事件就足以把所有的病人吓回家，他们担心死人的魂灵会附在他们身上。除此，甚至到今天，流言蜚语还时不时在我们耳畔令人不快地响起。我们正在慢慢地改变人们的观念，人们也会慢慢地明白。当我们能够提供一个"临终关怀"的房间，让"绝症"病人在那里平静地死去，而不是在那样悲伤的环境中死去的时候，我们就可以心安了。

我们已经做了许多了不起的事情，更伟大的事情还在前面等着我们，我们已准备好去迎接新的挑战。[137]

---

[137] 文中提到的鲍莅茂（W. E. Plummer）医生为英国医疗传教士，在霍厚福于 1901 年返回英国之后，鲍氏于 1904 年来到温州继任院长一职。苏慧廉写的《晚清温州纪事》于 1907 年出处，遂在文中提到鲍氏。苏慧廉：《晚清温州纪事》，第 118-122 页。

定理医院旧照（取自《寻找·苏慧廉》）

该院于 1897 年建成，因由定理先生出资建造，遂定名为"定理医院"。苏慧廉说："土地被买了过来，能够收治十二个男病人十名女病人的病房，以及厕所、厨房、门房建起来了，因为我们主要的工作是门诊治疗，一个相当大的门诊所和一个小礼拜堂或候诊室也建成了。"[138]后来，定理医院也不敷所用。苏慧廉描述说："在此期间，鲍莅茂（W.E.Plummer）医生接替霍厚福来温，在过去三年时间里，病房扩大了一倍，地下室也放满了床。女病人也不得不搬到我们的住处，以便给男病人腾出更多的空间。我们的房子还是不够用，我们的需要很紧迫。"[139]

很明显，定理医院作为白累德医院的前身，为近代温州医药事业作出卓越的贡献。苏慧廉说："每年门诊的病人超过一万人，去年总人数达到一万一千六百三十人，再加上在我们药店开业的前九个月内买药的五千七百四十人，所以定理医院自开业以来门诊病人多达七万人次，他们当中的多数都是首次听到我们带来的上帝救赎的讯息。去年一年我们共收治七百四十名住院病人，自从定理医院建院以来，我们的住院病人超过四千人次。"[140]

四、白累德医院落成典礼

温州近代在医药史上影响最为深远的应属白累德医院，而白累德医院就是在定理医院的基础上发展起来的。

（一）医院基建

白累德医院的名称，是因为该医院的最大捐款者名叫亨利·白累德（Henry Blyth）。在定理医院建立九年之后，该院拥挤不堪，苏慧廉就向英国总会要求建筑新院。苏慧廉详述该院建筑过程，其中特别描述白累德先生慷慨解囊的全过程："癸卯岁予返国时。商诸总会。总会以乏欵为辞。予乃请总会准予在该处各支会众等募捐。总会又不允。予乃致书某富翁。而彼覆函曰。未之能行。山穷水尽。不得已。草稿登伦敦某报。凉夜残灯。默求神助而已。不料此稿一列该报。即影随形至。翌日予于邮筒中得函。展阅之。则署名者乃白雷德君。七十老翁也。自谓愿捐银二千五百余元。并邀予过彼一晤。时予起程回华之期。即该礼拜四也。予于礼拜二搭火车至彼。至则告以建造医院。

138　苏慧廉：《晚清温州纪事》，第 117 页。

139　苏慧廉：《晚清温州纪事》，第 117 页。

140　苏慧廉：《晚清温州纪事》，第 118 页。

非此区区二千余元所能成。是晚该处有聚会。予乃赴会演说。略陈浙温布道情形。翌日早餐后。白君邀予散步海滨。皓日东升。海云飞舞。凉空澄远。层汉无阴。白君忽告余曰。此医院愿以一肩任之。乃出荷包中一纸示余曰。某处建造会堂。需助银若干。某处设立恤孤会。某处设立学堂。某处布道。某处建造医局。需助银若干。近日入项。几不敷出。若能准分数载以出此款。则甘尽力以负此任。予曰。今日造一段。明年筑一所。如之何其可。既而白君慨然曰。某处有器具等件。其典之。以所得之银建造该院。苟蒙主恩得保余年。不难珠还合浦。于是独捐金二千六百五十镑。合墨银一万六千九百余元。汽笛一声。重洋万里。予乃束装与慷慨捐施之白雷德君来瓯。购地兴工。客腊始成。计费墨银二万余元。虽得白君之巨款。终不敷焉。愿诸君慷慨解囊捐施。且代为祷祈。求主备应费之银。以济斯欤。此即予之厚望。亦即予今日述说本院之缘起。及历史之本意也。"[141]

（二）落成典礼

白累德医院于 1904 年购置地基，1905 年春兴工建造，年底竣工，1906 年 1 月 30 日（正月初六）举行落成典礼。时年仅 16 岁的刘廷芳对此事在《通问报》作了详细的报道："浙温偕我会于甲辰购置基地，客春兴工，腊月始成。会牧苏君暨医士包君折柬邀请各西牧、华牧暨教友等，于元月初六日早晨，会集该院行开院礼拜，复折柬邀请各当道及名绅等，于是日下午到院行演说开院礼。初六早晨，各会友暨会牧等，约二百余名赴该院圣堂中。钟鸣十下，该院总理医士包泹茂君、暨该会会牧谢道培君、山途獴君、内地会会牧衡君秉鑑，登台行开院礼拜。先由包君择圣诗，请该会总牧苏君慧廉鼓琴歌诗，其题为堂成献主歌。诗毕，该院英医士包君泹茂、华医士李君笑蟠，同祈祷。毕，包君请谢道培君读圣经哥林多书信三章第十节至末。读毕，歌诗题为此堂将有归荣于上主。于是，包君请苏会牧登台演说，历时颇久。苏君演说毕，乃复歌诗，诗题为他日将有无数人民记念此地，为彼等得救之所。于是，包君请内地会华牧师蒋君宝仁、英牧师衡君秉鑑祈祷。祷毕，唱颂赞歌。山牧师祈祷，苏牧师祝福而散。下午二下钟，各当道应请而至者，文僚自道员贺观察以下二十余员，武僚自总镇萧军门以下二十余员，名绅自翰林余筱泉学士以下四十余名。既齐集，包君乃登台演说本院开设之宗旨、历史缘起等。

---

141 《通问报》，第 191 回，上海：北京路 18 号，丙午（1906 年）二月，第 1 页。

演说毕，分赠本院募捐启。遂导众周视各处，后至客厅，款以西式茗点。钟鸣五下时，炮声四起，仪节纷纷，各员一一告别而散。"[142]

据汪起霞、陈梅豪、郑求是回忆："白累德医院占地面积近十亩，其中有：楼房一座（门诊兼病房），计2100平方米；辅助用房，计400平方米。院内工作人员五十人左右。全院病床共118张，分设在三个大病房及十多个单房内。三楼有五间头等病房，三间二等病房；大楼底层一半作为门诊外，其余均作为病房及手术室、药局、X光室等医疗用房。大病房系普通病房，有病床三十四张。住院病人不以科别分，而是以性别分，男病房两个，女病房一个。不论老少病人，也不论患何疾病，均同住一个病房。"[143]

第五节　温州偕我会艺文学堂

一、艺文前身

1897年，偕我会苏慧廉开始创办西式教育的学堂，即艺文学堂。该学堂的前身是于1879年由李华庆创办的学塾。[144]苏氏在其《晚清温州纪事》中说："我们在温州的教育工作开始规模很小。只有十名男童，他们的父母要顶着骂名将孩子送过来，因为这里不收学费。一个矮个子的质朴厚道的先生任校长。几张凳子和课桌即是我们最早的教学设施，这样一直用了二十年。"[145]

艺文小学创办之初，其教学还没有沿用西方的模式。苏氏介绍说："那些孩子是遵照老规矩学习的，每个孩子坐在高高的小板凳上，悬空的双腿酥酥发麻。每个学生竭尽全力抬高嗓门大声念书，好让自己和别人记住老师指点他们学习的课文。"[146]当时所用的课本，有《幼学》或《蒙求》、《千字文》、《神童》、《百家姓》、《三字经》。除此之外，学生还得背儒家经典：《四书》、《五经》，并要读朱子（朱熹）对这些经典的注解。

---

142 《通问报》，第191回，第1页。

143 汪起霞、陈梅豪、郑求是提供资料，苏虹整理，〈施德福与白累德医院〉，《温州文史资料（第3辑）》，第141-142页。

144 据沈迦的研究："1949年1月22日《浙瓯日报》刊载私立艺文小学编印立校七十周年纪念册消息，由此推导该学堂成立于1879年。"沈迦：《寻找·苏慧廉》，第180页脚注2。

145 苏慧廉：《晚清温州纪事》，第137页。

146 苏慧廉：《晚清温州纪事》，第137页。

谢道培牧师在一篇题为《回顾》的文章中提到学校扩大的原委。沈迦根据原文简述如下："1897 年前后，有两个年轻人希望跟苏慧廉学英文。当时苏慧廉没有时间，路熙也已在教一位郭姓地方官的儿子，于是刚刚抵达温州的谢道培承接起了这个任务。后来又有两个学生加入进来。谢道培的教学无疑是成功的，经过一年的学习，这四人都进了海关工作。据谢氏记述，当时瓯海关及轮船招商局也有办学的设想，后见偕我公会办学成功，就放弃了原先的计划，并让自己零星的几个学生转向教会申请入学，于是教育成为偕我公会必须考虑的工作之一。"[147]

苏慧廉介绍创办之初的情况："1897 年我们终于下定决心开始我们的新学制教育。影响我们初衷的主要因素是一位新来的男子学校校长，他从上海学到一点算术、代数、几何知识；我的好友约翰·傅兰雅（John Fryer）博士和其他人一起，在翻译教育用书方面做了出色的开创性工作，这些就是未读过大学的中国学生唯一的知识来源。然而，教育界的迅速变化，这在十年前是很难理解的。那时我们尚没有现在手头用的课本，每个传教组织的教授几乎必须自己翻译教科书。"[148]

不过，艺文学堂的创办，一改原来免学费的传统，因此该校创办初期规模较小，学生仅 20 人[149]。苏慧廉说："我们用刚学到的粗浅西方教育知识管理着我们的学堂。这里有二十个青年，他们都缴了学费，这在温州前所未闻的。要学英语，需要额外加学费，我的同事谢道培牧师很乐意管理这个学校。我们聘请了一位本地教国学的老先生，而这位老师还用其肤浅的知识教授其余课程。"[150]

不久，艺文学堂学生人数不断增多，由 20 人迅速增加到 50 人，以致原有教室无法容纳，就租了一间很脏但还算宽敞的中式老屋。苏氏描述当时的情景时说："1899 年，传道工作日益繁重，谢道培和我忙不过来，急需人手，山迩缦牧师被派来和我们一起工作。我们还是缺人，学校也不断地要求有一位受过专门训练的校长来管理。……我们抵押来的房子远不能满足我们的需要，学生人数增多，缺少食堂、宿舍、教室，光线空气不够好，迫使我们建

---

147 沈迦：《寻找·苏慧廉》，第 182 页。
148 苏慧廉：《晚清温州纪事》，第 142 页。
149 温州市鹿城区政协文史会编，《鹿城文史资料》（第 9 辑），内部发行，1995 年 3 月，第 141 页。
150 苏慧廉：《晚清温州纪事》，第 142 页。

造新的合适的房子。"[151]

蔡钢铁回忆:"1897年,在艺文小学堂办学经验的基础上,偕吾会在瓦市殿巷(今墨池小学校址)又创办了艺文学堂。英教士苏慧廉任校长。英籍牧师谢道培负责英语部。另聘一位温州教师负责其他课程。初期规模较小,学生仅20人。当时苏慧廉一朋友在上海江南制造局翻译大、小学堂教科书,艺文学堂即采用该局翻译的中学教科书作为教材。后学生人数不断增加,原租民房不够使用,又增租一间。校方增聘温州一位有名望的古典文学教师任教中国文学课。中国语言和中国文学一直是该校的主课。"[152]

二、艺文校舍扩建

艺文学堂最初由苏慧廉任校长,其校舍过于狭窄,一直欲扩建。1902年,苏慧廉在东门海坦山麓购地20亩,不久即动工建造。苏慧廉在1902年12月11日的信中说:"我们终于获得了那块土地!就在一小时前拿到了地契。现在我得算算要花多少钱?不过,整件事情还得通过温州官员的审核,在一切都尘埃落定之前,还有很多事情说不准。"[153]

据苏慧廉记载,这块地购自一温姓宗族,花了六百英镑:"我们学校的地理位置非常好,它坐落在温州城安静的一角,距离大街不过一英里,大约五分钟不到的路程。大街两边商店林立,人来人往。学堂东边靠山,那里有个军事训练场,由城墙包围着,可以开放给我们学生锻炼之用。北面的城墙之外,有山有水,风景优美。我们处于训练场和群山的包围之中,这份隔绝恰好可省去限制学生的刻意举措。"[154]

苏慧廉亲自担任学校校舍的设计师,他的设计以英国亲戚寄来的一张有建筑图案的明信片为蓝图。苏慧廉简单介绍了整个工程的过程:

> 所幸的是,那些中国承包商给予我们很大的支持,他们中除了一人外都是基督徒,不过就连那位非基督徒也按时参加我们的礼拜。他在画蓝图、定计划和随后的施工过程中都提供了很大的帮助,甚至还免费完成了他自己的那部分工作。从事文书记录和监工的那位朋友也不分昼夜地工作了八九个月。

---

151 苏慧廉:《晚清温州纪事》,第143页。
152 温州市鹿城区政协文史会编,《鹿城文史资料》(第9辑),第141页。
153 转引自沈迦:《寻找·苏慧廉》,第187页。
154 转引自沈迦:《寻找·苏慧廉》,第187-188页。

　　当计划制订好后，承包商们又与工匠们讨价还价了一番，好在那些人通情达理，最后商定了双方可以接受的条款。经验告诉我们建造一平方米要花多少钱，因为我们知道砖头、石灰和人工的价钱，好像得出造价不过是计算的问题，但其实建造过程中有很多细节是无法计算的。因此在建造过程中，我们不得不一再消减野心，以符合预算。有些花费是无法通过签订合约锁定的，玻璃、铁、锁、螺栓、铰链、人工、油漆、家具等等的开销都让我们忧心忡忡。而且，合约的完成也得看承包商的能力，同时也在考验着我们这些基督徒到底能够忍受多大程度的损失。我们只与石匠、瓦匠和木匠等三大工种签订了合约。只有石匠按时完成了任务，并且没有超支。瓦匠和木匠就没能按时完成进度，于是我们不得不检查他们的账本，看看资金有没有被挪作他用，然后拿着合约严令他们加快进度。其实这些都意味着损失。我们预留了紧急花费的资金，唉！可惜很快也花进去了。几个星期前，当我们告诉上海一家银行的副经理超支的时候，他的回答是"总是这样！"我们只能很遗憾地说，工程结算时还欠银行二百五十英镑。[155]

艺文学堂入口处（取自《寻找·苏慧廉》

155 转引自沈迦：《寻找·苏慧廉》，第188-189页。

新校舍于 1903 年 10 月竣工并投入使用。新校舍中"有可容九十人的学生寝室，教员房间，教室，小礼堂，招待室，饭厅及一般小屋"。蔡钢铁在〈艺文学校始末〉中对新校舍作了简述："新校舍为西式建筑，规模恢宏，建筑精致。有教室、教研室、校长室、接待室、餐厅、礼拜堂和可容纳 90 人的学生宿舍。教室宽敞，设备先进，其规模在当时堪称温州之首。"[156]

三、艺文校舍落成典礼

1903 年 10 月 20 日（农历九月初九），艺文中学行新校舍落成典礼，温处道童兆蓉、温州镇总兵刘祥胜、温州知府王琛、永嘉知县秦国均、地方著名士绅、经学大师孙诒让等应邀到场祝贺，英国著名传教士、学者李提摩太也特地从上海来温祝贺。[157]温州府学、县学和中学堂的教师及孙诒让创办的瑞安学计、方言两馆的部分师生也参加了典礼。会上，苏慧廉、李提摩太和孙诒让相继发表演说[158]。

艺文学堂开学典礼嘉宾合影（1903 年）

前排左起：蔡博敏、永嘉知县程云骥、温州府同知吴中俊、温州镇总兵刘祥胜、李提摩太、温处道道员童兆蓉、瓯海关税务司史纳机、委办厘金局道员、玉环厅同知吴蓉、永嘉前知县

后排左起：山途缦、瑞安知县张学智、孙诒让、衡秉鉴、海和德、苏慧廉、谢道培、谢拔德、弗罗贝船长、包莅茂、永嘉县医学学官

---

156 温州市鹿城区政协文史会编，《鹿城文史资料》（第 9 辑），第 142-143 页。

157 莫法有：《温州基督教史》，第 82-83 页。

158 温州市鹿城区政协文史会编，《鹿城文史资料》（第 9 辑），第 142 页。

担任艺文中学校长的蔡博敏以东道主的身份详细记录典礼的盛况，沈迦在其著作中引用并简述其过程：

离 10 月 20 日尚有许多天，我们教会里的很多人就处于一种既兴奋又担心的复杂心情中。兴奋的是新校园终于要竣工了，担心的是在筹备阶段出现任何微小差错。

按照中国历法，10 月 20 日是冬季的开始。按习俗，中国人开始要换上冬装了。其实，现在还是怡人的秋天。

接待室和大厅事先已被布置一新，彩旗招展。位于大厅中央的讲台两侧，悬挂着中国的龙旗和大不列颠的国旗。主楼外面也飘扬着两国国旗，象征着中英之间的团结。

开学典礼预定在两点钟开始，贵宾们提早到来了。校园里逐渐变得活泼和热闹起来，一辆辆的轿子——这是温州仅有的交通工具——依次排列在道路的一侧。士兵们穿着红黑相间的外套，戴着黑色的帽子。官员们则穿着绸缎（前胸后背都镶嵌着刺绣的图案），从顶戴花翎可看出他们的官阶。如此种种在灿烂的阳光下汇成了别具东方特色的绚丽画面。

我们的贵宾是李提摩太博士。

（李提摩太是苏慧廉的老友，他应邀专程而来。）

当客人抵达的时候，苏慧廉先生亲往迎接。李提摩太博士和道台大人坐在接待室的上座。Shun-T'ai、海关税务司（史纳机先生）、弗罗贝船长和其他当地的官员则依次坐在两侧的位置上。餐厅和一个教室也被用作接待室，在海和德和宁波来的谢拨德（G.Sheppard）得体的协助下，当地的士绅受到教会人员的热情接待。

时任温处道道台叫童兆蓉。曾在温州传教的海和德牧师则是专程回温，共襄盛举。

当客人们都到齐后，苏慧廉先生就引领他们参观学校，大家向大厅前行。我们的学生已经到位（计六十人），此外还有一支学生组成的小分队（特邀的），来自临县瑞安的府学。瑞安是一座文风浓郁的城市，文人墨客云集。

苏慧廉在台上就座后，李提摩太博士紧靠着他的右手边落座，而道台则靠着他的左手落座。史纳机先生、弗罗贝船长、衡秉鉴牧师（内地会）、海和德、谢拔德和教会的其他成员则簇拥着他们。道台起身作了一个简短的致辞，祝贺教会落成了如此壮观的建筑，并祝愿学校诸事顺利。

（开学典礼的重头戏是李提摩太的演讲。道台礼节性的致辞后，李提摩太便起身）

他首先描述了世界和五大洲的概况，大多数的听众对此还一无所知。他指出他们过去曾经统治过的范围，以及这些地方（包括亚洲在内）是如何逐渐被欧洲国家所支配。他还谈论了为什么今日中国会如此险象环生。他认为中国落后的原因是保守，僵化的保守主义导致缺乏改革的意愿。像实物教学课那样，他以欧洲和其他地方的一些落后国家为例，指出它们正是由于不愿与时俱进、与人类同进步，才落入衰落的境地。从此以后，过去曾经撼动世界的王权，现在已经力不从心了。

随后，李提摩太博士继续阐释了中国的衰弱之处，他指出，一旦中国愿意学习，那么在它的面前，依然有着光明的未来。

这所新学堂，从一种世俗的观点来看，建造它的人不仅是得不到什么，而且还要付出很多。这所学堂出现在中国，正是为了医治中国的衰弱。这些人奉上帝的名，并为荣耀上帝，来给这里的年轻人们传授东西方的智慧，因为上帝是所有智慧的源泉。

最后，他以字斟句酌的语言，赞扬了当地官员和士绅对学堂及教会的认同和支持，并且感谢这群温州城里的精英能端坐五十分钟，如此全神贯注地聆听他的演讲。

（李提摩太演讲之后，苏慧廉起身。）

他首先感谢李提摩太博士宝贵的演讲，并且感谢道台、本地官员和士绅的出席。随后苏慧廉指出，这所学堂的成立是本着三个可见的目标：启迪智慧、强健体魄和磨砺道德。"健全的精神寓于健全的身体"是一句很有价值的谚语。他继续说道，但是只有身体或者智力的单独发展绝不是健全的发展。道德品质是智慧和真理的根本，甚至比智力培养和体格锻炼更为重要，而这正是本校的主要目标。犹如中国的圣人所说的："君子务本，本立而道生。"苏先生继续说："这所学堂正是以上帝为真理与公义的基石，并期待在体魄、灵魂和精神上，或者像圣人所说的在身体、头脑和心灵上都能得到良好的收获。身体，是灵魂的载体；头脑，是思维的载体；而心，是道德或者情感——无论是高尚还是邪恶——的中心。"

随后来宾们下到一楼。接待室和餐厅已预备了点心，中国客人们显然对英式蛋糕等点心非常青睐。

送别官员的仪式甚至比欢迎仪式还要威风。在持续的鞭炮声中，苏慧廉先生依次向走进轿子的官员道别。当最后一顶轿子离开大门后，我们教会每个人脸上的表情都表明这件严密筹备的大事终于获得了圆满成功。[159]

孙诒让的哲嗣孙延钊在所编的《孙衣言、孙诒让父子年谱》中记录了当时的简况：

光绪二十七年辛丑（1901 年）诒让五十四岁[160]

时温州耶苏教会设立艺文中学堂于永嘉朔门外之海坛山麓。（光绪丙申，教会初办艺文书院于其地，尚非正式学校，至是改为中学。教筑堂舍，面积方二十亩，年收生徒三百余人，讲堂宿室，时称完整，历届华业者多出洋游学。民国戊辰，政府令停办，乃作肺病疗养医院。）七月某日开学，堂长苏慧廉教士，邀请诒让及英国人李提摩太氏到堂讲演。诒让于是日率领瑞安学计、方言两馆师生前往参加，当众演说，略及古今中外文明事业交相传播之历史故实。[161]

孙诒让的演说辞抄录如下：

在温州艺文学校开学典礼上的演说辞（光绪二十七年）

今天为艺文学堂落成的日子，兄弟到堂瞻礼，躬逢其盛，深为忻幸。又得闻李提摩太先生、苏慧廉先生两位演说开学的宗旨，意在以西国之文明，教训吾温少年子弟，更为感激。[162]

吾想吾中国文明开化，始于黄帝轩辕氏教史官仓颉造作书契。而伏羲八卦同后来《尧典》、《舜典》，为中国圣经最古之书，都在距

159 沈迦：《一条开往中国的船》，北京：新星出版社，2016 年 1 月，第 232-235 页。
160 "光绪二十七年"应为"光绪二十九年"，为孙延钊误记。
161 孙延钊撰，《孙衣言、孙诒让父子年谱》，上海社会科学院出版社，2003 年 7 月第 1 版，第 298 页。
162 张宪文辑，《温州文史资料第 5 辑——孙诒让遗辑存》，中国人民政治协商会议浙江省温州市委员会文史资料委员会编，1989 年 12 月，第 435 页。

今四五千年光景。西国文明，始于埃及、巴比伦，其金字塔古碑，亦大约在西历纪元前三千多年的时候。可见东西文明，都开辟于上古时代，真是遥遥相对。苦于那个时候没有铁路、轮船，欧洲自欧洲，中国自中国，绝不相通。但西国《旧约圣经》里头有一句话说，秦人到郇山。大约在中国前汉，西历元年以前。这是中国人到西洋最早的事实。而犹太教入我中国，亦在那个西汉时候。到如今河南省还有犹太人的子孙住在那里，又有羊皮写《旧约》一书，算是西教入中国最早的事情。到了后汉安帝时，大秦王安敦贡狮子。大秦就是罗马，亦就是教皇所住的地方。唐朝有《景教流行中国碑》。元朝成吉思皇帝用兵西方，一直到了意国、奥国的边境。总之，从前交通不便，所以难说偶然有人来往，而东西文教依然由于山川远隔，难以彼此传布。只有中国罗经指南针相传的话说，周以前已经传到西国。养丝蚕缫丝的方法，晋时传入西国。到了元初，火器又传到西国，这些算是中国文明输入西国的事情。明末时候，利玛窦、艾儒略诸位教士将《几何原本》同《文算指》及几种格致的书带到中国来，徐光启、李之藻等把它翻译成华文，盛传于世。本朝开国，南怀仁等又蒙我圣祖皇帝优礼，任钦天监副之职，修定《灵台仪象志》及历法各种书，这些算是西国文明输入中国的历史。到了嘉庆以后，蒸气之学发明，而火轮船、火轮车次第造成。从此全地球五大洲几万里路，彼此交通，犹如邻居一般。而西国文明一天比一天进步，又有许多新的事物与科学知识传布来到中国，可是中国地广民众，轮船、铁路尚多未能通行之处，加以民情大多守旧，所以一时未能使人人都可以得到这些新的知识。

吾们温州虽是通商码头，而地方风气，亦还未能开通。敝县瑞安近年来初办有几处学堂，而经费短绌，校舍课程都未完备。学董、讲师、办事职员多是科举出身的旧人，恐怕对于新的教学方法及新的各科教材，所见所知，都很有限。总而言之，诸凡草创，比较各强国的先进规模，真不啻天壤相判了。至于我自己，虽然读过中国旧书，而不识西国文字。近来稍稍兼看西书的译本，总还惭愧，所得甚为浅薄，且每恨未曾亲到西洋，参观各国的新政设施及一切大小学堂的办法，以增长见识。现在苏先生设立这艺文学堂，可使我

们温州的人士多得到些新的学理，多看见些新的事物，对于地方民
智的开通，是有不少的裨益的。今天我与同来的师生们到此登堂观
礼，如同身到西国考察一样，岂不欣幸！李先生[163]是西国有名的通
儒，今幸光临我温州，来与我们互相见面，谈笑于一堂，亦算不易
得到的机会，所以我与同来的师生们，对于两位先生今天这一番的
热情是同表感谢与倾佩的。[164]

　　11 月 14 日，苏慧廉在艺文学堂落成典礼完成之后，离开上海，经西伯利
亚回英国，去照顾生病的苏路熙。[165]

艺文学堂校舍

　　蔡钢铁在〈艺文学校始末〉中对新校后来的发展做了简单的描述："新校
师资扩大，教学设备亦趋齐全，并于当年开齐课程。有国文、算术、物理、
化学、历史、地理、英文、体操、图画、神学和修身等课。初级英语作为选
修课。三、四年级的地理、算术等课用英文授课。英人蔡博敏自 1902 年起任
艺文学校校长。据艺文学校 1922 年的《同学录》记载，当时该校任课教师为：
国文伍守彝、潘绍廉，算术章文谦、郑猛，英文蔡博敏、周勤、李景贤，国

---

163 指英国传教士李提摩太。
164 孙延钊撰，《孙衣言、孙诒让父子年谱》，第 468-470 页。
165 沈迦：《寻找·苏慧廉》，第 202 页。

文兼历史吴鸿年，英文兼物理杨联芳，英文兼地理、博物、理化孔黎惠，体操胡方成，算术兼图画詹庆铨。1906 年，在册学生 200 人，其中走读生 40 人，住校生 120 人，在外膳宿学生 40 人。"[166]

四、艺文中学首届毕业典礼

1907 年 2 月 22 日，迎来了艺文中学的首届毕业典礼，盛典空前。《通问报》记载了整个典礼的详情《湔温学界第一次行给凭卒业礼》，报道者为"本馆温州通信员"，很有可能就是刘廷芳。作者首先介绍该校由偕我会会牧苏慧廉所创，聘请英国传教士蔡博敏任校长。在 1907 年，该校又经改良，聘请教员，并增设课程。

作者报道受邀参加该校毕业典礼的中西嘉宾："文僚邑尊丁大令等、武僚萧军门等、永嘉名绅候选知县黄观臣大令、瑞安名绅钦派学部二等咨议官、温处劝学公所总理孙仲容比部、乐清名绅翰林院编修余筱泉太史、平阳名绅现任温州府中学堂监督刘次饶先生等、西宾则瓯海关税务司、定理医院总理、偕我会诸会牧等"。[167]

典礼于是日下午在该校举行，报道说："是日下午体操、教员胡君传令全部学生操装排队、齐集操场、迎接来宾、钟鸣二下、苏总理、蔡监督、自招待所导来宾赴会堂开会、会堂位次、总理监督居中、官绅暨各教员分左右、上坐学生、全部操装分左右两班、相对下坐、领凭诸生分两班、相对前坐"。[168]

整个典礼极其隆重，以毕业生为中心，俨然成为该校教育成果的一个展示平台。第一届毕业生分别有章文谦、潘绍濂、杨联芳、刘廷芳、南吴锵、李钟音、夏心如、管音、唐庚等 9 人。他们均已受聘在各单位就职，其中有 6 位留校任教。

一、演说开会、（苏总理）略述本学堂历史及简略报告等、

二、卒业生读中文论、（中等专业卒业生潘绍濂）算学为科学中之必需论、

三、卒业生读英文论、（普通科卒业生杨联芳）论方今教育问题、

---

166 温州市鹿城区政协文史会编，《鹿城文史资料》（第 9 辑），第 142-143 页。

167 《通问报》第 247 期，1907 年 3 月，第 4 页。

168 《通问报》第 247 期，1907 年 3 月，第 4 页。

四、卒业生读中文论（中等专业卒业生管音）教育与人才之关
　　系论、

五、卒业生读英文论、（普通科卒业生刘廷芳）中国预备立宪之
　　方针、

六、给中等专业卒业生章文谦中等专业凭、（苏总理同蔡监督）
　　章君为该堂成立以来第一班学生、早已习毕中学课程、自
　　本堂前算学正教员山东王守栋先生辞职后、历年掌教算
　　学、程度既高、品行又佳、本堂学生多出该氏门下、本堂
　　得力于彼非浅、故苏总理于给凭、时特加表扬数语、

七、给中等科卒业生潘绍濂凭、（总理监督）潘君今任本堂算学
　　教员职、

八、给普通科暨英算专科卒业生杨联芳、刘廷芳、南吴锵、李
　　钟音等四名凭、（总理监督）南今膺玉环中学堂西文教员
　　之聘、李供职温州大清邮政局、杨现任本堂西文兼化学教
　　员、刘任西文助教、与杨君同留学本堂西文专科、

九、给中等专科卒业生、夏心如、管音、唐庚三名凭、（总理监
　　督）夏任学务公所调查员、管任本堂算学助教、唐任本堂
　　英文助教、

十、卒业生行礼、分前后二行、
　　（甲）中向总理监督三鞠躬、
　　（乙）半身左向诸官绅三鞠躬、
　　（丙）半身右向诸教员等三鞠躬、
　　（丁）退下成军行左向各同学一鞠躬、右向各同学一鞠躬、
　　　　同学行操礼举手答之礼、毕复原位、

十一、来宾演说奖励、（邑尊丁大令孙仲容比部余筱泉太史）

十二、向来宾道谢闭会、（苏总理）

十三、赴席、（来宾暨全部学生）席终体操教员率领全部学生操
　　　装排队送客、来宾一一告别而散、[169]

　　在毕业生中，最引起我们注意的当然是后来成为燕京大学宗教学院院长、
中国心理学会创始人、中国基督教领袖，在世界基督教舞台上崭露头角的刘

169 《通问报》第247期，1907年3月，第4页。

廷芳。这时，他已 16 岁，担任艺文中学的英文教员。他在毕业典礼上用英文发表的论文《中国预备立宪之方针》（The Preparation for the Proposed Chinese Constitution）被校长蔡博敏推荐到英国偕我会刊物《The Missionary Echo》发表。

该文足见刘廷芳对于预备立宪的乐观态度，认为"清政府下达诏书，承诺在不久后实行立宪，这给中国人民带来了极大的喜悦"[170]。他对当时的立宪准备工作充满了憧憬，他说："在西方国家，宪政是在人民的呐喊和武力中建立的。成千上万的人为之抛头颅洒热血。然而在中国，情形却迥然相异。"[171]因此，廷芳在文中提出预备立宪的四个预备，包括：政府的预备；官员的预备；人民的预备；年轻人的预备。[172]

在政府的预备中，他认为首要的就是要任用那些原来政府派到国外深造的有为青年，使他们"可以在现有的职位上很好地证明自己，以得到更重要的职位，为预备立宪做出贡献。"[173]其次就是消除满汉之争，谋求公共的利益。

在官员的预备中，他用身体、躯体、肢体的观念来比喻国家、官员与人民之间的关系。他说："只有当肢体是良好运动的，躯体才能发挥功用。如果政府要对官员任命进行重整，那么官员自己当先做好准备。国家需要人民的协作，去制定和颁布新的法律，这是人民的职责。因此，公民权利是人民共有的财富。在中国，官员被称为'父母官'，他们必须把这种公民权利的意识灌输给人民。要做到这点，他们自己首先要彻底地学习关于公民权利，市民、国家和国际的观点立场。"[174]

在人民的预备中，刘廷芳提出一个宪政政府下的人民需要懂得自我管理，从而要消除人民的无知。因此，他提出普及教育的重要性。他甚至建议采用英国 1870 年的《初级教育法》，使得一定年龄的孩子需要在学校里接受义务教育。

在年轻人的预备中，刘廷芳提出："年轻人一定不能因为年轻而轻看他们自己和摆在他们前面的机会。"[175]他以英国两位政治家沃夫（James Wolfe）和

---

170 *The Missionary Echo*, 1907, p.257.
171 *The Missionary Echo*, 1907, p.257.
172 *The Missionary Echo*, 1907, pp.257-258.
173 *The Missionary Echo*, 1907, p.258.
174 *The Missionary Echo*, 1907, pp.258-259.
175 *The Missionary Echo*, 1907, p.259.

小威廉皮特（Pitt）为例，站在年轻人的立场，以第一人称向同龄人提出呼吁说："他们和我们是一样的人。如果我们致力于追寻他们的脚踪，我们不一定会比他们差。所以我们更应该诚恳学习，追求知识，为未来的工作打下良好的基础。我们所要追寻的知识需要是有用并且无误的知识，似懂非懂是件危险的事情。我们需要比别人更加知道管理自我（self-government，下同）。我们宁愿要自己被恶待也不要恶待其他人。我们的激情要为我们的意志服务而不是成为他人意志的奴仆。对我们老百姓有益的事我们要马上去做。我们要尽我们所能得去提高我们人民的智力。这样，我们才与宪政政府下年轻人民的身份相称。当我们这么做，并影响其他人跟着我们这么做，这就将成为我们的荣耀。"[176]

　　在文章的最后，刘廷芳指出立宪运动中最为重要的基础就是提高自我管理，而教导我们进行自我管理的最好道路就是基督的教导。[177]

艺文学堂教员同全班学生照像（1906 年）

176 *The Missionary Echo,* 1907, p.259.
177 *The Missionary Echo,* 1907, p.259.

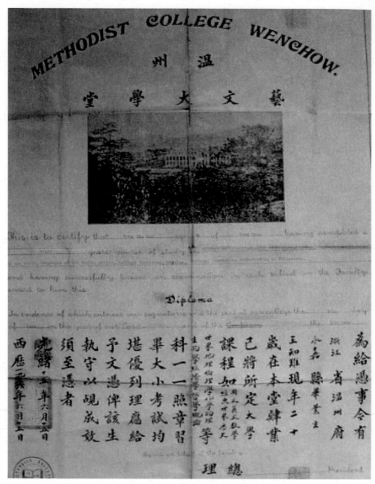

温州艺文大学堂毕业证书

第六节　温州偕我会城西堂

温州城西堂是城里最著名的教堂之一，它最早称为教堂是从李华庆牧师到达之后就已经开始，而继任者苏慧廉则在1884年的"甲申教案"被毁后，将它重建，后经扩建，最终于1902年建成现存的城西大教堂。

一、街头教堂

李华庆于1877年到达温州，1878年2月得到蔡文才的帮助，在嘉会里巷找到一处房屋，作为教堂与住处。[178]李华庆于1881年病逝后，偕我会派遣苏

---

178 *The United Methodist Free Churches Magazine*，1878，p.447.

慧廉于 1882 年 11 月抵达中国接替牧职。[179]而李华庆留给苏慧廉的除了少数本地基督徒外，还有一个小教堂，即街头教堂，苏氏称为"街头布道小屋"，他形容："这也是我自己被引见的第一个地方。"[180]

苏慧廉介绍："那是一条狭窄街道，两边都是商店，这条街人流在移动，川流不息，从早到晚，直到深夜。房间是租的，原先是商店，已经过改造，里面摆放着几条长凳和一张桌子。"他也充分肯定街头教堂的作用："在温州，我们的街头教堂在我们传道早期利用率很高，但是由于其他方面更为广泛的需求，加上人手缺乏，使教堂变成了书店和圣经存放处。"[181]

很清楚，苏慧廉来到温州六个月后，于 1883 年 6 月，在街头教堂里第一次用温州话讲道。[182]在他还不太能够流利讲道的时候，街头教堂每天大门打开，在本地信徒的帮助下接待本地人。但是本地人却并不会按着他们的期待而进到教堂里。他说："人群川流不息，急着赶时间去工作。也没人想到他们需要我们的宝贝，不过他们确实很需要，他们的需求会向我们伸出渴望的双臂。我们坐在那里等候，我们感受到他们正有力地牵动着我们的心弦，不要期望哪位中国人会大喊'请你过来，帮助我们'，……差不多是同样的情形，在我们门前匆匆而过的幽灵般人群中，'中国人'出现在我们面前，他渴求救赎，但又想逃避。"[183]

当有人进到街头教堂的时候，苏慧廉为了激发他们的兴趣，请他们坐着，自己反倒站着。这样，就会有不少人因此被吸引，很快凳子上、走廊上、后厢房挤满听众。继而，苏慧廉向他们传讲福音信息。

不过，在自己直接传讲福音之外，苏慧廉会充分利用本地传道人的优势，他说："最好的福音传播者自然是当地的基督徒，他们通过日常生活和言行，用自己改过向善的品行见证了上帝的大能，他们随时可以为他们内心的真道做见证。"[184]

---

179 *The Chinese Recorder and Missionary Journal* 13 （1882），p.465.
180 苏慧廉：《晚清温州纪事》，第 22 页。
181 苏慧廉：《晚清温州纪事》，第 22 页。
182 苏慧廉：《晚清温州纪事》，第 18 页。
183 苏慧廉：《晚清温州纪事》，第 23 页。
184 苏慧廉：《晚清温州纪事》，第 25-26 页。

二、买地建堂

1884 年（光绪十年）10 月的"甲申教案"，城西街头教堂被毁。1885 年，苏慧廉在被焚毁原地重建偕我会教堂。[185]

尚在上海避难的苏慧廉在给英国偕我会的信中，就已经计划好重建教堂。他说："首先，在原地重建一座可容纳两百人的教堂，当然这个方案还得适应以后不断的扩建。新教堂必须与街道分隔开来，以便晚上礼拜时唱诗的声音不影响别人。另外，还需要一个与原来差不多大的街头教堂，面向大街，以作传教及卖书之用。"[186]

苏路熙有简单地回忆："我们高价买回了暴乱中被毁的地产，钱来自中国政府的赔偿、国内的捐赠和我们自己的积蓄。……苏慧廉梦想能在城市有一个大教堂，而自己住在教堂边。24 岁的苏慧廉狂热幻想能在城市买个新地皮盖新教堂，比原先的大。他不懂建筑，不懂生意，但他懂汉语。一天，本来声音柔和的苏慧廉大声和几个人谈生意，像个泼妇，真是无法想象。不过他谈成功了。……懒惰无能的工头、不诚实的商人和恶劣的工人，让建筑过程很不愉快。不过慢慢地房子终盖成了。"[187]

工程约于 1885 年下半年开工，于 1886 年完工。关于教堂的结构与大小，沈迦介绍："新教堂建在嘉会里巷原址，不过比原堂要大。它分两部分，容纳近百人的街头教堂与可容纳三百人的礼拜教堂。街头教堂，其实就是沿街的传道室，主要用来接待异教徒。建在街头教堂边的礼拜教堂，则供信徒周日崇拜之用。"[188]1886 年英国偕我会的年报中报道："温州于本年增加了一座教堂。当年教徒人数为五十六人，与上一年相比没有增加。"[189]

苏慧廉后来在《重建圣殿记》[190]中提到："次年英会捐资建造圣殿。主日聚集者尚寥寥无几，并未分设友会。"《教务教案档》记载 1895 年在温州府属教会情况时称："城内城西街设有耶稣教堂一所。堂屋洋式。教士苏慧廉系英国人。"[191]

---

185 苏路熙：《乐往中国》，第 28 页。
186 转引自沈迦：《寻找·苏慧廉》，第 69 页。
187 苏路熙：《乐往中国》，第 28-29 页。
188 沈迦：《寻找·苏慧廉》，第 69 页。
189 转引自沈迦：《寻找·苏慧廉》，第 69 页。
190 现存城西堂。
191 吕实强主编，中国近代史资料汇编，《教务教案档》第 5 辑（三），第 1815-1817 页。

偕我会城西堂

城西堂近景

三、教堂重建

重建圣堂后，苏慧廉在一篇题为《温州城市教堂揭幕》的文中写道："此教堂有三百个座位，其中三分之二在 1885 年的时候还是空着的，但到 1895 年所有的座位就被坐满了。到去年，可以说是人多得挤也挤不进去。于是东面的墙被凿开，用草席搭了一个凉棚，临时解决下问题。"[192] 同样，他在《重建圣殿记》中亦称："即本堂每逢主日，男女扶老携幼而来，门内几无隙地。数年之内，藉众会友随时劝化，始复有此兴盛也。"[193]

苏慧廉于 1897 年春季动工建造新堂，于 1898 年告竣。并勒石纪念，全文如下：

> 主降一千八百七十八年，英国传教士李华庆，航海东来中国，寓温郡嘉会里传耶稣圣教。仅阅四年，即归道山。自八十二年，仆来继李任。其时居住于此，信者甚寡。至八十四年，忽丁魔劫，突遭恶党劫掠财物，焚我教堂，荡我书院，火我居房。次年英会捐资建造圣殿。主日聚集者尚寥寥无几，并未分设友会。多历年所，福音莫得广宣，叹习俗愚迷共崇偶像，实非人力所能挽回，讵意主旨难测。近十年来，恩光渐照渐明，圣道愈推愈广，地则有四五邑，会则有七十奇，人则有三千余。即本堂每逢主日，男女扶老携幼而来，门内几无隙地。数年之内，藉众会友随时劝化，始复有此兴盛也。仆之始愿未及此，今及此岂非天乎？去年春议重建圣殿，继长增高俾得礼拜观瞻。幸托主恩，中外集资成数，庀材鸠丁，昕夕董治，月圆十度，方始告竣。仆望自是福音处处广行，圣道蒸蒸日上。爰欸其缘由，勒石以垂不朽云。愿救主恩、天父博爱、圣灵感化，长临本堂，世世无穷，亚们。主降世一千八百九十八年 英国传教士苏慧廉识

教堂重建时，苏慧廉采取低调的方式为教堂揭幕，没有举行隆重的庆典。苏慧廉说："我们决定在上个礼拜日也就是本月圣餐聚会时，为新堂悄悄揭幕。我们所有人都为能目睹一场盛大的聚会而感到由衷高兴，特别是我们中间那些记得过去的艰辛与失败的人。当看到六百多张灿烂的面孔，听见他们发自肺腑的赞美上帝之声时，定有某种更胜于快乐的感情激荡在心。每个座位都

---

192 转引自沈迦：《寻找·苏慧廉》，第 69 页。
193 摘自《重建圣殿记》。

坐满了人，不过因旧的习惯，人们仍喜欢拥挤在讲坛的台阶和圣餐台栏杆的周围。其实，我们已经准备了很多的长凳。……两名本地牧师也做了祷告，他俩都经历过过去的岁月。其中一名老人已八十岁了，另一位，也就是金先生，仍然与我们在一起。"[194]

　　1902 年（清光绪二十八年）4 月 16 日，温州偕我会城西大教堂献殿大典举行。该堂始建于 1885 年，经重建与扩建，至 1901 年年底终告竣工。该教堂"外观是哥特式的，拱圆的门井、尖角的窗顶，脊顶上还高耸着十字架，但它又带着明显的中国建筑特征，比如外墙直接用中式青砖，中国古典建筑中常见的山墙、门头及丰富的民间装饰纹样也清晰可辨。西人设计，国人施工，就地取材，时代的、地方的印记深深地烙在这座建筑上。"苏慧廉本人为教堂的总设计师，但他还请英人狄克逊（F. W. Dixon）为教堂做了特别的声学设计。此次扩建，连同 1898 年完工的部分，总花费达五百英镑。献殿大典上午由苏慧廉主持，下午的祷告会由谢道培主持。之后是奉献仪式，当天收到的捐款达七十英镑。[195]

　　这座由苏慧廉建造的城西大教堂现在仍然屹立在城西街上，成为省级重点文物。在 2008 年 12 月，温州城西教堂举行教会成立 130 周年暨教堂重建 110 周年庆典之前，特邀温州著名书法家重新书写一幅对联，据传该幅对联在教堂建造之初就有，但在文化大革命时被毁。我们至今无法知晓对联出自何人之手，但从史料中可以找到其最早的文字记载，即 1895 年 10 月（农历九月），"浪回子"在《中西教会报》报道〈温州嘉会分设支会事历〉，其中提到永嘉桥下街分会的教堂内就有对联，其内容就是现城西堂的对联，桥下街教堂的对联很有可能是从城西堂仿录去的。该幅对联的上联是："上帝创天及地。创地及物。物治以人。须知林林总总。统死死生生。人受命皆由主宰。"下联是："斯民逃墨归杨。逃杨归儒。儒志于道。宣认本本原原。尽先先后后。道成身独有耶稣。"[196]

194 Soothill, "Opening of Wenchow City Chapel," The Missionary Echo（1899），p.19. 转引自沈迦：《寻找·苏慧廉》，第 132 页。

195 沈迦：《寻找·苏慧廉》，第 172-173 页。

196 《中西教会报》，光绪 21 年 9 月（1895 年 10 月），第 3-5 页。

1900 年前后，偕我会传教士在温州合影（图片取自《寻找·苏慧廉》）

左起：山迩猃、霍厚福、苏慧廉、谢道培

第七节　偕我会初传温州的几位华人牧者

偕我会初传温州，传教士们的脚踪实在是值得我们更多追溯的，但在这个同时，我们不可忽略的就是那些传教士们所结福音初熟之果。他们不但是蒙受福音的好处，反而成为传教士们得力的助手，其传福音的热忱与果效是有目共睹的，其贡献也是不容小视的。

根据苏慧廉的介绍，在一段很长的时间里，温州教会的信徒是以"穷人"为主，其中包括农民、店员和手艺人等等，他甚至以此为荣，因为他说："我们骄傲地承认，有一段时期，贫穷卑微者是我们基督的主要见证人，这是事实。这难道不是基督伟大的'计划'——'穷人有福音传给他们！'的体现吗？上帝不是拣选了世上愚拙的，叫有智慧的羞愧；又拣选了世上软弱的，叫那强壮的羞愧吗？"[197]

---

197 苏慧廉:《晚清温州纪事》，第 76 页。

当然，在后面温州教会的发展中，也有身份地位较高的人参与教会服侍，如秀才戚品三牧师，但从比例来说，还是以贫穷者为主。本处，我们先介绍几位热心的传道人，接着我们再重点介绍几位初期温州偕我会的重要人物。可以说，他们成为温州偕我会发展的核心人物。

一、偕我会初传温州的几位华人牧者（一）——林福

当苏慧廉于 1883 年初来到温州之时，就见到一位名字叫林福的老信徒。他应该是李华庆牧师时期信主的。他自己曾对苏慧廉见证过自己得救的经历："我原是一个野性十足、行事鲁莽、满口脏话的人，老是寻衅斗殴。如果有人碰巧在我的菜地被我逮着，他可要倒霉了。但是有一天，当我经过街上的礼拜堂，一时好奇，想进去听听那个'番人'究竟在讲些什么，于是我混了进去，站在后面人群当中。我几乎什么也听不懂，但有一句话触动了我，让我放不下心。那传教士说：'咒骂是罪。'可我记得打从会说话起，我就粗话不离口。如果讲粗话是一件邪恶的事，那我一定是万恶不赦的罪人！这是我离开时唯一的念头，我一下子感到自己的确是需要改变，这就成了我救赎的途径。"[198]

按苏慧廉的描述，林福很可能原来是一位练武的人。"在他成为信徒之前，他确实是个人物，因为他的两个大拳头随时会落在那些欠揍的，甚至不欠揍的人身上。他站在我面前，稳如橡树，粗糙多节、皱纹密布；罗圈腿，内翻的脚趾；宽阔的肩膀，弯曲的长满老茧的手；钢铁一样的肌肉，稀稀落落的胡子……他有一个方正而刚毅的下巴，他的双眼又红又小；沟壑纵横的皮肤，写满了六十年的风霜雨雪和沧桑。"[199]

林福信耶稣之后，经历了完完全全的改变。"他的嘴巴干净了，他的野性驯服了，他的脾气有克制了。"一天，一名男子进入他的菜园偷东西，看见林福就拼命逃，林福则喊着说："慢慢来，慢慢来，小心摔倒，别伤了自己，多拿一些。"后来，他追上那贼，那人跪地求饶，他反而采了一些菜蔬给他，并他让走。他原本嗜酒，但信主后，明白酒会使人乱性，就戒了。

林福是苏慧廉来温州之后，最早见到的温州信徒之一。当时，苏慧廉在著名的偕我会英籍牧师阚斐迪的带领下来到温州，准备接任李华庆的班。但

---

198 苏慧廉：《晚清温州纪事》，第 79 页。
199 苏慧廉：《晚清温州纪事》，第 77-78 页。

阚斐迪离开温州前一天晚上，林福来到他们面前，要求阚斐迪换掉从宁波调来的传教士，因为那位传教士是在李华庆去世之后从宁波调来负责温州教牧工作的。林福认为那位传教士涉嫌行为不当，若是继续留在温州，会断送温州的传教事业。虽然证据不足，阚斐迪因为林福的勇敢、直率和真诚，将那位传教士调离温州，就由苏慧廉独自担任偕我会温州的传教任务。

林福同样是一位热心传福音的圣徒。他虽然不识字，也不会看《圣经》和《赞美诗》，但他却谨记所听得的福音信息，不但自己从来不缺席任何一场礼拜，且不放过任何机会去带领任何可以"逮到"的人来听福音。[200]因为他的带领，偕我会初期重要传道人金先生得听福音，并成为苏慧廉得力的助手和温州教会的祝福。[201]

苏慧廉还特别记载了林福在1884年"甲申教案"中的表现："他心爱的聚会点被一群残酷的暴徒烧毁，废墟冒着浓烟；他和教友们心如刀割、悲伤欲绝。他自己的家也不是一个安全的避风港，街上更是危机四伏……那天他刚挑着蔬菜担来到菜市场的摊位，就遭到一帮歹徒的攻击。因为他是一位出名的基督徒，很难逃脱众人眼光，他的生命立刻有了危险。在这面对死亡的危急关头，他镇定自若，指着身旁肉架上的剁肉刀说：'刀在那儿，老头我的喉咙在这儿，你们早点杀了我，我就早点上天堂。'他的敌人被震慑住了。他继续卖菜，虽说不是完全没事，但总算获得短暂的安宁。"[202]

苏慧廉又介绍了一位早期温州偕我会的卖书员。苏氏没有提及他的名字，但他却是一位很有影响力的人。他本身是一位教师，住在海岛，一般认为是玉环岛。他有一次进城，经过城西堂，听到福音，认为是新的学说，就很感兴趣，遂买了本《新约》。几个月后，他再次来到城西堂，面见传教士。不久，他接受洗礼，并担任教会的售书员。他在大英圣书公会的支持下，四处售卖《圣经》。在1884年的"甲申教案"后，他暂时不能在温州一带卖，就经陆路北上，在台州、宁波等地售卖。但可惜的是，他因伤寒病倒，虽经传教士们的悉心护理，还是药石罔效。[203]

---

200 苏慧廉：《晚清温州纪事》，第78页。
201 苏慧廉：《晚清温州纪事》，第80页。
202 苏慧廉：《晚清温州纪事》，第78-79页。
203 苏慧廉：《晚清温州纪事》，第83页。

二、偕我会初传温州的几位华人牧者（二）——金先生

金先生，这位英年早逝的温州早期传道人，至今不知道他的大名。但他的事迹却被记录在苏慧廉和苏路熙的著作当中。苏慧廉说："几天前，我经过他的旧居，即使我没有脱帽，心里也在向他致敬。无论如何，我要大声说：'这里曾经住着一位圣徒'。"[204] 苏路熙则更显夸张地说："他是世界上最善良的人之一。"[205]

金先生是谁？沈迦先生在其《寻找·苏慧廉》一书中说："金先生可能是温州第一代传道人金国良"[206]，但没有确定身份。不过，我们若按莫法有的《温州基督教史》，就可以得知，金国良不一定是温州教会的第一批传道人，"偕我会先后按立本地信徒夏殿士、戚品三（第一批）盛岩如、吴保年（第二批）、汤复三、卢源生（第三批）为牧师。选立本地信徒金国良、周佩武、戚臣昌三人为教师。他们是第一批温州籍教牧人员。"[207]

在苏氏夫妇关于金先生的记载中，提到他晚年曾勇敢地帮助岩头教会因逼迫四散的信徒重新召聚起来[208]，夏振榜在〈录楠溪岩头传道来历〉一文中提到"幸有金君显章。戚君品三。周君文樵。王君大珉。余君时升。戚君希颜。"[209]极力支持岩头教会在逼迫中站立得稳，文中的"金显章"排在"戚品三"（即后来著名的戚瀛茂牧师）之前，可能就是我们所要追溯的金先生。

不过，虽然不能确定金先生真实身份，我们仍然可以从苏氏夫妇的著作中得知他的生平事迹。

相貌英俊的男子

苏慧廉介绍金先生是由林福伯带领信主的。自他第一次听道起，就被上帝救赎的真理所吸引，反而他的妻子和岳母则产生激烈的反对。苏慧廉形容对金先生的第一印象："我最初认识他时，他是一个身材高大、举止自然、相貌英俊的男子，快三十岁的样子。和一般汉人不同，他有一个充满热情的额头，一双清澈的眼睛，如果嘴巴大小可作评判人的依据，他可是长了一张演

204　苏慧廉：《晚清温州纪事》，第 80 页。

205　苏路熙：《乐往中国》，第 47 页。

206　沈迦：《寻找·苏慧廉》，第 60 页脚注。

207　莫法有：《温州基督教史》，第 60 页。

208　苏慧廉：《晚清温州纪事》，第 88 页。

209　《中西教会报》，光绪 21 年 10 月（1895 年 11 月），第 3-4 页。

说家的嘴，能说会道。他的脸，像他的性格，温厚和蔼，从他成为基督徒以来，尽管说话耿直，但我从来没有看到他得罪人。"[210]

苏路熙是在甲申教案后来到上海，苏慧廉特地从温州赶到上海去迎接她，就带着金先生一起去的。苏路熙形容说："现在的金在中国人中间只算其貌不扬，但当他第一次毕恭毕敬地站在我面前，瘦骨嶙峋却十分顺服，他对我也一直保持不必要的恭敬。当时他穿着传统的宽松长袍和劳动者的厚底布鞋，脸和半个脑袋剃得干干净净，乱乱的头发扎成一条辫子，一直垂到脚踝。他的肤色很黄，长相一般，高颧骨，每一线条都刻画了中国内地人的特点。……金是他的姓，没有别的姓氏更配得上他的品行。甚至第一次见面，他就吸引了我。那是他属灵不属世界的一面，他能以更远更深的目光看待这个世界。"[211]

从商人到男仆

金先生本来没有受过教育，社会身份很卑微，他在皈依基督之前，以售卖冥币为生，一年能挣两百元，生活无忧。当他归向基督之后，就意识到制作冥币是拜偶像，从而放弃了一年两百元的收入，先是开了一家小店，但因为生意不景气，小店转手改行当了货郎（俗称卖俏客）。金先生的改变引来妻子和岳母的强烈反对，因为他的疯狂行径使他的家庭陷入拮据的情境，因为改行做货郎之后，他的年收入不超过五十元。[212]

后来，苏慧廉正好辞掉仆人，需要另找，金先生乐意接受。苏慧廉形容："他迅速接受了我提供的职务，还说这份工作经济收入与他目前的生意差不多，但他更珍惜能正常参加礼拜，并可以挤出时间学习经文的机会。"[213]苏路熙形容这个仆人的工作"不是一个体面的男仆，而是一个苦力，来洗地板、打扫院子、打水、擦鞋以及从汽船上搬东西。一句话，什么事都干，在一个乱糟糟的家庭，一个苦力被当牲口的国家。这里除了人力也没有别的可用。苏慧廉相信金的忠诚，花一年五十元请他，金很乐意地接受了。"[214]他之所以愿意从原本受人尊敬的商人沦落为一位受人鄙夷的仆人，仅仅是为了能按时参加礼拜。

210 苏慧廉：《晚清温州纪事》，第 80 页。
211 苏路熙：《乐往中国》，第 47，48 页。
212 苏慧廉：《晚清温州纪事》，第 81 页。
213 苏慧廉：《晚清温州纪事》，第 81 页。
214 苏路熙：《乐往中国》，第 49 页。

信仰的考验

对于金先生信仰的考验就是 1884 年甲申教案。在 10 月 4 日当晚，苏慧廉躲过雨点般飞来的石头，逃到县衙避难，眼睁睁地看着教堂和房子被焚毁，也无法知道温州本地信徒的情形如何。但金先生表达了自己对信仰的忠诚，到处寻找苏慧廉，并为他祈祷。苏慧廉回忆："我们不知道我们的基督徒怎么样了，我们也不知道我们自己会怎么样。暴徒会不会冲进衙门将我们拉出去？知县能不能或者愿不愿保护我们呢？夜是漫长的，但终究过去了，天亮了，上帝恩赐的阳光照亮我们苍白憔悴的面孔，也带来了亲爱的金。'我们找你找遍了全城'，他说，单腿跪在我的椅子旁，'我们不知道你怎么样了，我们不是找，就是为你的平安祈祷，看到你总算放心了，总算放心了！'" [215]

后来，苏慧廉和刚来的苏路熙都在江心屿避难，金先生被提升为家里的厨子。也就在同时，金先生将自己的家作为临时的教堂，供教会礼拜之用。《寻找·苏慧廉》中记载："房子有一个小院子，院子里铺上了竹席，另外还临时摆放了些凳子。院子很快就被挤满了，以至于人们不得不把门关起来。" [216]

第一位本地传道人

在金先生正式成为传道人之前，苏慧廉曾借来一位布道者，一直与苏慧廉一起传道。但苏慧廉在金先生成为传道人几个月后，就把这位借来的传道人给辞掉了。苏慧廉评价那位传道人，说："那人尖酸苛刻、傲慢专横，他的神学知识很糟。他爱说他听众的祖先在遭受万劫不复的报应，无论是好是坏，他都不为所动，他的声音过于夸张，缺乏感情。"而当时身为厨子的金先生，苏慧廉认为是很好的基督徒，但是很糟糕的厨师。他说："当时他是我们的厨师，一个糟糕的厨师，但是一个很好的基督徒，然而将一个好基督徒与好厨师糅合在一块真是有点勉为其难！……除了他的菜，他的虔诚也的确是无处不在！我们觉得像金先生这样一个好人将时间浪费在我们厨房里很可惜。"当苏慧廉说出要让金先生作卖书员的时候，"泪水顿时流出他的眼眶，他回答说：'没有什么会比去四处为主作见证更令我快乐，这是我最想做的事。只要需要，即使是龙潭虎穴我也敢去。'" [217]

---

215 苏慧廉：《晚清温州纪事》，第 82-83 页。
216 沈迦：《寻找·苏慧廉》，第 61-62 页。
217 苏慧廉：《晚清温州纪事》，第 84 页。

自此，金先生就成为温州偕我会第一位本地传道人，时间差不多就是 1885 年。[218] 苏慧廉回忆当时的情形，说："那时候，我们人手很缺，的确，这种情况像慢性病一样持续了很久。我们虽然只有一个布道者，但却有胆量创建五六个分会。"[219]

苏慧廉评价："金先生的所有神学知识来自《圣经》和《赞美诗》，但他拥有智慧、忠诚和热情，正是我们最需要的人。慢慢地，他代替了原先的讲道者，我们丝毫不觉得遗憾，因为正是他的参与，我们的乡村传教工作得以起步和发展。我们经常一起出去传教，一起坐船，一起日晒雨淋，一起跋山涉水，一起风餐露宿，一起狼吞虎咽嚼着当地的饭菜，周而复始，难以细数。"[220]

积劳成疾

在苏慧廉最初十多年的传教生涯里，金先生成为一位不可替代的同工，也是温州偕我会各县教会的奠基者之一。苏路熙说："虽然我们不能说，金先生为我们建造了圣殿，但他的确帮我们建立了四十多个教会——四个大县，每个县十个。"[221]

大概在 1890 年左右，金先生在一场事故中得病，使得他不能再像以前一样到处传福音。苏慧廉回忆：

> 四五年之后，他对基督教事业的热忱使他积劳成疾，最终付出生命。他去西溪探访新成立的几个教会，一有机会就传福音。等到他回家时，到了江边已是傍晚，他已累得筋疲力尽，离城还有二十英里，他却发现没有船了。不久，他看见一艘运水船慢慢地往城里去，那里因为干旱，水井都已经干涸了，他请搭个便船，但船夫只能让他待在桅杆处狭隘的横坐板上。……尽管横坐板很狭窄，金先生却不费劲地在上面睡着了。不久，船忽地一个颠簸，可怜的金先生猛然惊醒，发现自己深深地掉进装满水的货舱。

> 他当然是浑身湿透，他放在双结的肩包里的换洗的衣服也湿透了，……他没有选择，只能穿着湿漉漉的衣服，面对深夜寒风坐了

218 苏路熙：《乐往中国》，第 39、40 页。
219 苏慧廉：《晚清温州纪事》，第 39 页。
220 苏慧廉：《晚清温州纪事》，第 84 页。
221 苏路熙：《乐往中国》，第 55 页。

好几个小时。肺炎随之而来，然后又是肺病，虽然他的生命维持了十多年，但他再也不能干他热爱的事业，尽管数度尝试，也是心有余而力不足。[222]

智慧与榜样

苏慧廉很真诚地说："他被迫退休仍是我们一个巨大的损失，虽然其他更能干的传教士出现了，但金先生是奉献和虔诚的楷模，不管工作多么艰辛和绝望，他都愿意干。"[223]

苏路熙更是指出金先生在退休之后仍然是教会最得力的人，是教会力量的核心。她说："许多人来到他简陋的屋子寻求建议、同情和鼓励，许多认为高他一等的人也放下了架子来向他求助。他的智慧和决断让许多问题迎刃而解。"他也很多时候成为苏慧廉解决难题的渠道。苏路熙说："当苏慧廉遇上难题，踌躇不定，他会等到晚上，静静地穿过巷弄，来到金的住处。金总会给他指点。一次，我家出了问题，气氛非常怪异。疑惑中，陈半夜先生——他总在晚上十点钟以后拜访我们，不到半夜不回去——来了，带来了金的口信：'打发你家厨子走。'我们听从了他的建议，一切正常了。洗礼者都有他的推荐。他让很多可能激发的争端消弭于无形。尽管退休了，他无可争议，没有任何丑闻和他有牵连。我从来没有听谁讲过他的坏话。"[224]

金先生死后，留下三个女儿，交由苏慧廉照顾长大，后来成为偕我会发展女学的核心力量。[225]

三、偕我会初传温州的几位华人牧者（三）——夏振榜

夏振榜，又名夏正邦，又称夏殿士[226]，是温州偕我会历史上首批华人牧师，为苏慧廉继金先生之后，最为得力的华人同工。苏慧廉评价："他是我们教会有过的最出色的布道者、最尽心的同工、最好的组织者、基督教最勇敢

222　苏慧廉：《晚清温州纪事》，第 87-88 页。

223　苏慧廉：《晚清温州纪事》，第 88 页。

224　苏路熙：《乐往中国》，第 54 页。

225　苏路熙：《乐往中国》，第 55 页。

226　吴慧译为"庆保"，按"Tsang-poa"，沈迦认为是"正邦"，在其著作中均用此名，但从夏氏在《中西教会报》与《万国公报》的署名看，"振榜"、"正邦"都曾出现，而温州话"振榜"与罗马字"Tsang-poa"的读音更为接近，因此笔名在下文中一概用"振榜"，若引用原典，则尊重原著。

的卫士。我们还能找到他这样的人吗？他确确实实将自己的生命献给了福音的事业。"[227]

银匠与书童

夏振榜是苏慧廉与金先生第一次到碧莲传教的福音果子。时年1887年，四位来自碧莲的戒毒者，带着《赞美诗》和《新约》回家建立聚会点。持续一两个月后，他们邀请苏慧廉到碧莲去探访。苏慧廉在碧莲的祠堂里传讲福音。夏振榜就是其中的听道者之一。苏慧廉回忆："首次在碧莲传福音时，有一位二十岁的青年在场，他当时就下决心要了解更多道理。他成了一个慕道友，后来做了教会同工，而且很快成为一个当地的传道员，自费出去传道。尽管因为年轻曾遭部分年老资深的人士反对，他还是及时获得正式任命，早早就成为当地牧师。"[228]

夏振榜的父亲夏昌鈖[229]是个银匠，手艺精湛，振榜也学习了父亲的手艺，远近闻名。但他在21岁的时候，蒙召成为一位传道人。[230]

在碧莲村里，夏振榜被称为是村子里读书最多的人。因此，苏慧廉收他为书童，在他的书房里做事。"那个时候，庆保在书房做事。苏慧廉的中国助手当中，他是最聪明最优秀的一个，也是唯一得力的人。他工作勤奋，好几次劳累过度将快死。有一次，我们感到不安，把他关到我们自己的房间里，让他好好休息，调理好身体。"[231]

最出色的布道者

在苏慧廉的描述中，夏振榜为温州本地牧师中最出色的布道者。苏路熙说："他成了同工后，去乡村工作，吸引了许多人进城参加礼拜，并创立了不少分会。所有人（包括中国人和外国人）当中，他的工作成果是最好的。"[232]

苏慧廉在"本土化布道"一章中特别提到夏振榜出色的布道。他说："我们已故的本土牧师夏先生是一个智力过人、见解深刻的布道者。"他介绍振榜

227　苏慧廉：《晚清温州纪事》，第38-39页。

228　苏慧廉：《晚清温州纪事》，第38页。

229　笔者于2011年1月8日到碧莲实地采访，在夏振榜墓碑上得见其父亲的名字为夏昌鈖。

230　苏路熙：《乐往中国》，第209页。

231　苏路熙：《乐往中国》，第209页。

232　苏路熙：《乐往中国》，第209页。

有两篇精彩的布道："他曾经有过一场精彩的布道，谈的是'莫想我来废掉律法和先知，我来不是要废掉，乃是要成全'。他的目的是要表明，中国的宗教，即使不是十全十美，也一直在为主的降临铺路，因此我们不是要摧毁孔子、老子、佛陀，而是要完善他们的不足之处。他还有一个有力度的讲道是'若不传福音，我便有祸了'。这篇讲道后来被收入小册子，由他自费出版，作为'答辩书'分发给朋友们。很可惜，该书成了他最后出版的文字！"[233]

夏振榜的出色还表现在他带出了两位后来温州循道公会的领袖，分别是温州教区总会会长卢源生牧师和汤复三牧师。吴廷扬牧师在《夏铎》分别介绍这两位领袖的生平。在〈卢源生牧师传略〉提到："迨光绪二十年三月初六日，夏周二教师在溪南布道，以路加十五章浪子回头为题，卢牧听后，颇有心得。五月初八日赴岩头教会听讲，夏殿士先生讲演"亡羊比喻"，大受感动。卢牧师立志学道查经，无日或间。偶值暇暑，常伏案默祷，或在静处，时自咕哔，人虽不知，而无形之主，已纳之矣。十一月苏牧惠廉至岩头主领议会，夏教师述牧师之行状，苏牧欣请接谈，见卢牧品行雅洁，信主诚笃，授以圣经。此后卢牧益努力灵修，灵德日进，越数月受洗。尝以暇日，以基督之行，孝友之道，笃训侪辈，人咸钦仰之！"[234]

在汤复三牧师的〈略传〉提到："迨前清光绪中叶，英国苏慧廉牧师到碧莲巡视教会。华教士殿士先生述牧师行状，苏牧师欣请接谈，见牧师雅量高深，清言洞达，即以圣书馈赠。牧师受归后，见是书身灵并救，遂寝馈其中，忧食俱忘，阅数月即领洗进教。"[235]

最勇敢的卫士

据莫法有的记载：1891年，年仅20出头的夏振榜与戚瀛茂一同被按立为牧师。[236]但在上文卢源生牧师生平的介绍中，我们得知"光绪二十年"（1894年）夏振榜为"教师"，尚未升任牧师职。因此，我们尚不能确定他是什么时间就任牧师职。

---

233 苏慧廉：《晚清温州纪事》，第98页。

234 吴廷扬编，《夏铎——中华循道公会温州宁波两教区月刊》，第1卷第5期，温州循道公会宗教教育部夏铎月刊社，1937年5月，第21-23页。

235 吴廷扬编，《夏铎——中华循道公会温州宁波两教区月刊》，第1卷第1期（创刊号），温州循道公会宗教教育部夏铎月刊社，1937年1月1日，第27页。

236 莫法有：《温州基督教史》，第60页。

由于他出色的表现，很快就成为温州偕我公会的中方负责人。苏路熙形容："他获得不同阶层的基督徒的尊敬，非基督徒，尤其是上层阶级也很敬重他。官员不会轻视他的影响力，甚至愿意出一大笔钱让庆保利用自己的影响力帮助他们。但这诱惑不了庆保。庆保除了有卓越的组织能力，对神也非常虔诚。"[237]特别在 1900 年庚子教案期间，夏振榜表现出他对信仰的忠诚和勇敢。当时苏慧廉和苏路熙远在英国度假，夏振榜和英国传教士谢道培一起驻守温州教会，一同经历教会的"死荫的幽谷"。

谢道培的日记记载，"端亲王关于屠杀外国人和基督徒的法令早在 6 月 20 日已到达温州，这正是镇台很想付诸行动的法令"。[238]温州神拳会扬言要袭击教堂与教徒，并要屠杀外国人。7 月 6 日，教会代表（包括内地会、偕我公会）和道台代表会面，道台无力帮助教会，因为镇台范银贵非常排外，且知府也不会有所作为。[239]7 月 7 日，除少数传教士（如谢道培）之外，几乎所有传教士都到江心屿避难。苏路熙说："这项法令颁布两周后，温州的外国人一无所知。官员们都乐意执行，除了一位最高长官。他不会轻易服从这个自杀性的法令。他不顾同僚的反对，冒着生命危险抵制这个法令。鸦片也不能消磨他的是非观和判断，让他盲从。"[240]7 月 10 日（六月十四），温州官兵在江心屿英国领事馆附近驻扎，保护外国人。道台带着几位官员拜访领事，要求海关人士留下，但坚持让传教士撤离温州。[241]

就在这个"四面楚歌"的境地，传教士们被隔离在江心屿，得到道台的保护，夏振榜成为温州偕我会中最勇敢的卫士。在夏振榜写给远在英国的苏氏夫妇的信中可见当时的处境。他说："我们的城市正如灭亡时的耶路撒冷。虽然知道义和团只能杀掉我们的身体，不能杀死我们的灵魂，人们还是处在深深的恐惧之中。我们正经历着火的考验。难民们不断地哭泣，我竭尽全力安抚他们。如果不是道台同情我们，我们早就死了。……我日夜得不到休息。如果没有神的帮助，我不相信靠我自己的力量，我会留在城里。这意味着死亡，我们基督徒要死在一起。如果神肯保护我们，那很

---

237 苏路熙：《乐往中国》，第 209 页。

238 沈迦：《寻找·苏慧廉》，第 149 页。

239 沈迦：《寻找·苏慧廉》，第 147-149 页。

240 苏路熙：《乐往中国》，第 212 页。

241 《英国蓝皮书有关义和团运动资料选译》，北京：中华书局，1980 年，第 196 页。

好。如果神要我走上不归路，我会成全神的旨意。如果是后者，我只求你看顾我的孩子。"[242]

苏路熙说："当外国人被隔离在海岛上，庆保英勇地担负起对不安村民的责任。对于他们而言，他们比江心的外国人更忧愁，因为他们走不掉。他们没有电报可与外界联系。……对于庆保而言，外国人离开，就像灵和肉的分离。悲伤的基督徒对外国人寄托着一线希望——希望他们保护他们摆脱无知野蛮的暴徒。……他们请求外国朋友别走，尤其是谢先生一走，就'群羊迷途找不到牧羊人'，但庆保说：'别拉着外国人。没有他们，我们还安全点。'他充满勇气和亲和力，想安慰他们。于是重担都压在这个三十岁的男子肩膀上。他要照顾和安慰这些仓皇无助无家可归的人，接济他们。他的重担，我只能猜测。我不奇怪庆保说自己日夜没有休息，而且他的身体也不算强壮。"[243]

7月11日晚上，领事下令所有外国人都到船上过夜，并且把船泊在离码头有一定距离的地方。[244] 7月12日（六月十六），"普济"轮载着外国侨民，包括海关人员、传教士及其家属，离开温州港，到宁波和上海避难。7月23日，留守在温州的夏振榜写信给英国驻温使馆，将温州基督徒所遭遇的事情简述了一番："一名传道人（内地会，本地人）被义和团抓住，他的头被粗暴地砍了下来，成为祭品。另一名基督徒企图逃脱追捕，结果淹死在一条水渠里。还有一人被重重包围，在逃生无望的情况下，为避免受折磨而上吊自杀。接着义和团来到瑞安，毁掉了教堂和基督徒的屋子，抢夺他们的财产。在瓯江以北乐清，一名黄姓的举人写信叫来当地土匪，烧掉了白溪的教堂（偕我公会）。这名举人曾攻击一名传道人，几乎要挖出他的眼睛。这位传道人快要被他打死，幸亏举人的父亲出来反对（霍厚福医生七天后见到了这位传道人）。在那里大约有五十户教徒（偕我公会）遭到抢劫，并被敲诈了总共三千元。在楠溪，暴行与掠夺同样在上演。有一伙人威胁一名因为疟疾发烧而卧病在床的传道人（偕我公会），这使得牧师因受惊而死。这些土匪高举'扶清灭洋'的旗帜。在西溪及其他四个地区，暴力和掠夺也在上演。这些土匪完全漠视道台的公告，除了如今已归于平静的平阳外，没有一兵一卒被派去平息骚乱。"[245]

---

242 苏路熙：《乐往中国》，第214-215页。
243 苏路熙：《乐往中国》，第215-216页。
244 沈迦：《寻找·苏慧廉》，第154页。
245 转引自沈迦：《寻找·苏慧廉》，第165页。

平阳神拳会金宗财于 8 月 6 日被捕，后在温州城斩首示众。8 月 16 日，许阿擂在马屿战斗中被俘，判刑 15 年。最后，华侨张新栋于 1901 年 1 月 14 日投案自首。1900 年 8 月 30 日，谢道培在动乱未平息之时，冒着生命危机"潜回"到温州，与夏振榜一道做教徒与官府的桥梁。从刘绍宽的日记中所载的赔偿金额来看，基督教对于赔偿有许多让步。谢道培在 1901 年 2 月 1 日给差会的信中提到说："上周四，在本地牧师夏正邦的陪同下，我们去见了温州知府，并与他交谈了很长时间。知府同意赔偿七千元，原我们要求的总额是一万一千元。我们不得不同意他的意见，因为在金钱上追求过多，将在中国官员中坏了我们的名声。知府今年的财政收入不好，商业处于非常低迷的状态，因此要得到全额并不容易。"[246]

那时，苏慧廉正从英国赶回到温州。"同时无论谁来谁走，庆保留下来了。城内没有发生流血暴力都要归功于他。他和谢先生一起，为基督徒索赔和重建家园。"[247]动乱平息后，夏振榜因处理有功获官府表彰。谢道培说他被授予"一枚镀金的勋章（可佩于帽上）及一串朝珠"。但夏氏辞让，表示自己的奖赏已在天上。后来知县把奖励塞进他的轿子，并于几日后派人到家乡碧莲宣布荣誉。2011 年 1 月 8 日，笔者在夏氏的墓碑上看到"皇清例赠"、"中书"等字，证实了官府对夏氏的表彰。

"他是不可取代的"[248]

1902 年夏，温州霍乱肆虐，仅几个月内，温州就死了两万多人。夏振榜牧师于 11 月应玉环教会的邀请去岛上传教。由于霍乱肆虐，苏慧廉曾劝阻夏振榜延迟出行计划，但他执意要去，说："约好的时间，如果我不过去，那里的人会很失望。我不知道以后什么时候还有机会去玉环。你知道我的时间排得很满。"并说："而且，我生在这里，比外国人更容易适应这样的气候。"[249]这番话成为夏振榜最后的遗言。

虽然带着利眠宁出发，但这种曾救过他人的药，这次没能救回夏振榜的命。不久后，噩耗从玉环传来，夏振榜因霍乱而死，在他最后写给苏慧廉的信中说，我已被霍乱扣押，虽然第一时间就服用了利眠宁，但看起来无效。[250]

246 转引自沈迦：《寻找·苏慧廉》，第 168 页。
247 苏路熙：《乐往中国》，第 216 页。
248 苏路熙：《乐往中国》，第 207 页。
249 苏路熙：《乐往中国》，第 216 页。
250 沈迦：《寻找·苏慧廉》，第 176 页。

苏路熙描述自己与苏慧廉人生中最悲痛的时刻，她形容："在我们变幻无常的人生中，这是最悲痛的时刻。我们苦心栽培的栋梁之材却骤然被死神无情的斧头砍倒在地。一种辛酸的悲痛绞住我们的灵魂。在我们心中，在我们的筹划中，他是不可取代的。"[251]确实，在他们眼里，振榜实在是一位能够作为外国传教士离开温州之后的最佳接班人，因此他的离世成为无比的伤痛："我们知道自己最终是要回国的，而他会留在温州。这是我们可怜的构想。但事实正好相反，他走了，我们留下来，留在悲伤绝望中。"[252]

苏路熙描述那个令人伤心欲绝的场景："棺材从玉环运到了温州，按我们外国人的习俗，棺材要运进教堂举行丧礼。但中国人的想法正相反，棺材可以在白天被运出城，但装有死人的棺材不能带入城，不然妖魔鬼怪也会随之潜入城里，危害市民。所以队伍停下来，在朔门口的江岸边举行丧礼。一大群基督徒和非基督徒聚集在这里，静静地听着苏慧廉讲述他们同胞的自我奉献的一生：他享年三十二岁，为信徒服务了十年。这是江边感人的一幕。然后船载着他的尸体去楠溪，在环绕着碧莲的群山中有一座坟墓，他就被安葬在那里。"[253]

丧礼在 12 月 14 日举行。此前两天，正是温州偕我会一年一度的联区会议，苏慧廉感叹说："没有了夏正邦，年会大不一样，但我们的工作总还得继续下去。"[254]

亲同手足

面对夏振榜的死讯，苏慧廉极其伤痛地说："我愿意用自己的右手换庆保的一条命。"[255]苏氏的话完全表露了与夏氏之间亲同手足的感情。夏振榜十多年的服侍生涯里，有三篇文章在《中西教会报》与《万国公报》中登载，其中两篇为苏氏两次回国述职将要分离之时所作，从中充分表露相互的关系与不舍之情。

1892 年 11 月，夏振榜撰诗〈恭送慧廉苏先生回国〉，登载于《中西教会报》，详情如下：

---

251 苏路熙：《乐往中国》，第 207 页。
252 苏路熙：《乐往中国》，第 207 页。
253 苏路熙：《乐往中国》，第 218 页。
254 沈迦：《寻找·苏慧廉》，第 177 页。
255 苏路熙：《乐往中国》，第 207 页。

恭送慧廉苏先生回国[256]

设教东瓯志气伸
嘉言逊顺感民人
邪魔败势诚归主
良牧还乡乐省亲
和易近人传妙谛
平安返旆赖真神
叨陪数载情何切
愿向汪伦步后尘

初遇苏翁启我痴
从容气度可为师
几劳译语翻经史
屡见怜贫布惠慈
理欲分明资主宰
山河绵邈望旌旗
瓯江暂别何须惜
重侍春风会有时

骊歌几叠绕江滨
离别由来最怆神
堤柳有情回去棹
驿花无语送行尘
生蒙慈惠恩靡既
诗记云山句倍新
再至定教开径待
几回翘首望阳春

攀辕那忍别慈君
数载深恩一旦分
圣道初开茅塞蔽
秋风已动客情殷

---

256 《中西教会报》第 22 卷，光绪 18 年（1892 年）11 月，第 30 页。

归应有梦瓯江月

出诓无心越岫云

此日苏公归故国

芳名扬播共相闻

温州永邑莲山夏振榜未是稿

1900 年 4 月（农历三月），夏振榜借苏慧廉例假回国之期，撰文记叙苏慧廉在温传教十九年的功绩，其文刊载于《万国公报》，详文照录：

碧莲后学殿士夏振榜直叙苏慧廉牧师寓瓯十九年行述[257]

苏公慧廉者英国伟人也自幼穷圣经多妙语迨稍长以传道救人为己任因闻中华有误人迷途者心窃忧之于是被圣灵感动遂历艰险涉重洋于光绪壬午秋至华暂栖甬旋抵瓯居郡城西嘉会里窃恐言语未达真理难明文字未通福音莫布乃延名师讲音义岁余学成即宣道施医在在为下民拯陷溺不但性情温厚行谊光明独善而已斯诚吾道之干城也然而圣道初行积习难化虽勤训导人鲜听从况复恶魔妒忌捏造流言谓西人至此阳名传教阴蓄奸谋必非有利于我国者往往主日登堂礼拜时恶党拥入扰乱喧哗吾牧忍耐无少愠怒自是凶焰未熄恶胆愈张至甲申中秋翌日晚间变作诸教堂尽毁吾牧幸有文武员弁护卫得保无恙迨蒙大宪奏闻　　上谕叠颁条教森严梗顽敛迹民教始和是岁冬赴申行亲迎礼婚毕挈眷旋温重建教堂立书塾施医药戒洋烟种种善功有加无已而犹虑囿守一隅福音或阻缘此跋涉山川栉沐风雨既逢人以说道复善气以迎人俾僻壤遐陬咸得与闻圣道纵有村落恶少众喙交攻吾牧不惟忍受且为之祈祷其甘心为道受屈如此而顽愚卒因以化嗣是设教规译圣经朝夕讲求夫人复能相助为理举凡温之山川风土俗谚乡谈及教中之规礼度皆详明汇集翻译成书俾后之西士来温者取其所载诵之宛示南针导我先路在温十稔得支会分立者二十余所各派宣讲由是承天眷弄璋弄瓦先偕夫人言旋是岁秋吾牧例得归国将教事托海君和德掌管临歧饯别人士赠遗诗歌颂德甚至泪数行下阅二载割爱子女独与夫人来瓯时适海君调甬吾牧独肩斯任劳瘁倍前见温人疾病有以药误者创医院延霍先生诊之并施以药见吾温格致失传开艺文学堂课以中西两学

见温以教中闺秀目不识丁设女塾夫人亲教以读书兼训针黹至戊戌圣
道加隆城西圣殿实不能容因而继长增高胜前四倍十九年来久道化成
昔则信从皆愚鲁辈今则缙绅之家贤智之士亦多升堂入室争自濯磨并
支会分立者九十余所领首礼拜者几增百人虽赖神恩亦藉人力今者吾
牧例得第二次回国同人留之不得从之不能惟有共述吾牧阅历之甘苦
功德之高深以表各教会悦服之诚而已

四、偕我会初传温州的几位华人牧者（四）——戚瀛茂

戚瀛茂（1841-1911），又名戚品三，曾为温州教会中少有的秀才，为苏慧
廉牧师培养的第一代牧师之一。莫法有在《温州基督教史》中记载："1891 年，
偕我会先后按立本地信徒夏殿士、戚品三（第一批）盛岩如、吴保年（第二
批）、汤复三、卢源生（第三批）为牧师。选立本地信徒金国良、周佩武、戚
臣昌三人为教师。他们是第一批温州籍教牧人员。"[258]

温州偕我会知名牧师

苏慧廉回忆起戚瀛茂时说："受过良好的教育，现在是一个大联区的牧
师。"[259]他也记载戚氏最初接触福音时的情形，他说："我清楚记得，十七八
年前我们一起出去传教。有四个青年男子进城做礼拜有好长一段时间，他们
来自桥下，现在是我们外西溪联区总部，离瓯江有十五英里，这些年轻人急
于在他们村里建一个分会。"[260]此事发生在 1887 年，很快他带领自己的阿姨
信主。[261]

王神荫在《赞美诗（新编）史话》中介绍戚氏的生平为："戚瀛茂出生于
温州永嘉桥下街，自幼聪颖好学，出身科举秀才。有较好的文学修养；因不
善于趋炎附势，家道中落，以致靠算命谋生。约在 50 岁时，他抛弃问卦算命
的旧业，受洗归主，后来成为温州循道公会（当时称偕我会）的牧师。他为
人谦和，工作踏实。深受家乡信徒尊敬。他亲手所筹建的桥下街教堂至今仍
完好。1911 年他归天时，500 余位信徒在该教堂内为他送殡。"[262]

---

258 莫法有：《温州基督教史》，第 60 页。

259 苏慧廉：《晚清温州纪事》，第 85 页。

260 苏慧廉：《晚清温州纪事》，第 84-85 页。

261 沈迦：《寻找·苏慧廉》，第 77 页。

262 王神荫编著：《赞美诗（新编）史话》，第 295 页。

戚瀛茂于 1891 年被苏慧廉按立为牧师，从此在温州教会历史中成为举足轻重的人物。陈伯融牧师在 1938 年"温州循道公会六十周年纪念序文"中提到首批华人牧者的名字，其中戚品三（即戚瀛茂）列于夏殿士（即夏振榜）之后。文称："幸苏牧惨淡经营，且得海牧之助，辄遣派夏公殿士，戚公品三，盛公崮如，吴公保年，戚公臣倡，分赴各区工作。"[263]此文勒石存于城西礼拜堂。

富有恩赐的传道者

戚瀛茂是一位富有恩赐的传道者。苏慧廉曾在其《晚清温州纪事》中的"本土化传道"一章里特别介绍戚氏的讲道风格。苏慧廉详述戚氏在两个不同的场合里的讲道。第一个场合是对面信徒与慕道者，揭露偶像崇拜的愚蠢，并呼吁既不要崇拜，也不要害怕这些木雕泥塑的神像：

> 他用生动口吻告诫他们"那些神又聋又瞎没有生命"，然后他突然话题一转，对听众说："你们不相信我吧？那好，让我告诉你一些你可能会愿意相信的。"他提高声音，装出预言家的腔调，摆弄着他的高大身躯，开始活灵活现地表演，我第一次见到中国人装神弄鬼的样子：

> "我站在山上，高高的山，全是黄泥的山，我站在那里，心想这山怎么会那么大？我十分惊讶地看到，远处的山巅上一个巨块开始凸出，膨胀。我看到它渐渐地，顶部冒出一个球体，随后最下面分为两部分。这时我站在那里看着，大吃一惊，黄泥山孕育并产下了一个人形的东西，我看到分为两部分的下部变成两条腿，两边伸出的变成了手，顶部的球体成了头。看哪，黄泥山生下一个神！出生了下一个神！"

> 戚先生仔细审视听众神情迷惑的脸，说道："你们还不相信我？我怎么说你们才会相信呢？我说过泥作的神是死的，你们不信，我说他们是活的，还能生儿育女，你们还不信，我说什么你们才会信？"于是，他接着就告诉他们上帝不是泥土做的，而是圣灵，人的灵魂都是上帝赐予的。[264]

---

263 吴廷扬编，《夏铎——中华循道公会温州宁波两教区月刊》，第 1 卷第 9、10 期，温州循道公会宗教教育部夏铎月刊社，1938 年 1 月 1 日，第 30 页。

264 苏慧廉：《晚清温州纪事》，第 96 页。

第二个场合是在本地传道人的圣经课上，苏慧廉要他即兴发言，戏剧性地描述了上帝对那些寻求宽恕之人的态度。他引用马太福音6：15的经文："你们不饶恕人的过犯，你们的天父也必不饶恕你们的过犯。"

> 他说："你跪在上帝宝座之前，恳求主宽恕你的众多罪孽。看，天父怜悯你！他要原谅你的过失！他决定免去你所有深重的罪责！看！他打开他面前的书，他拿起君王的羽毛笔，只要挥了一下，你所有罪责就马上会一笔勾销。但稍等，他说，还有件小事，某某人的忏悔怎么样了？已经原谅他了吗？如果没有，那么，愿意现在就原谅他吗？你愿意吗？上帝要求你原谅。你会原谅因小事得罪你的那个人吗？不，主啊，你不能，我希望你原谅我，但我不能放他一马。主的朱笔放下了，你的罪责还在。主说，我们要看看要求怜悯的都是什么样的人。上帝会看穿你贪得无厌、一毛不拔的本性。走吧！你走吧！'你们不饶恕人的过犯、你们的天父也必不饶恕你们的过犯。'" [265]

苏慧廉总结他的讲道风格："戚先生戏剧性的话语总是让他的听众有所期待，在他面前没有人会打哈欠，也没有人闭目沉思，除了他自己，有时他在讲道的大部分时间里一直闭着眼睛。" [266]

爱国爱教的诗人

戚瀛茂牧师是一位爱国爱教的诗人。他曾与苏路熙合作一首中国曲调的诗歌，题为《为国求福歌》。该诗载于《（新编）赞美诗》第175首。"他富有民族自尊心，看到19世纪末叶教案迭起，西籍传教士歧视中国教牧人员，深感只有国家康泰富强，才能免遭欺侮。在这首诗内，他首先'求主眷顾万国万族'，但'更为我国求主赐福'，说明基督教是国际性的宗教，但不能因此而失去爱自己祖国的心。他还提到爱国的理由：'此处有我先贤列祖，原是我家故里，有我亲友兄弟父母，别处那能相比？'（第二节）他所求的是国家受保全，行仁政，土地出产丰盛，人民相爱无困苦……温州信徒唱时感到非常亲切，因此深入人心。有一位八十多岁高龄的老信徒，在1981年时尚能一字不差地背诵此歌。" [267]

---

265 苏慧廉：《晚清温州纪事》，第96-97页。
266 苏慧廉：《晚清温州纪事》，第97页。
267 王神荫编著：《赞美诗（新编）史话》，第295页。

该诗全文抄录如下：

> 求主眷顾万国万族，仁慈遍及四方，
> 更为我国求主赐福，永远常被恩光。
> 此处有我先贤列祖，原是我家故里，
> 有我亲友兄弟父母，别处那能相比？
> 为此求主保全我国，可以广行仁政，
> 令我本国众民同乐，土地所产丰盛。
> 我愿本国人民安泰，家家永无困苦，
> 同守律法彼此相爱，靠赖全能恩主。

第八节　早期温州内地会与偕我会的交流与合作

从我们一般的理解来看，基督新教有许多宗派，且各宗派之间互相排斥，甚至有许多冲突。我们也自然地认为来到温州传教不同宗派的外国传教士可能也会老死不相往来，可能也会为共同的传教区域而产生一些冲突，相互之间会为着神学的差异而相互批评。不过，阅读早期温州教会历史，我们不难发现，早期来温州传教的内地会与偕我会，相互间的关系极其和谐，他们是相互帮助、各尽其职、患难与共、彼此合作。无疑是传教史上的一个美好见证。

早在偕我会英籍传教士阚斐迪牧师一行于 1875 年 4 月 16 日抵达温州视察的五天之内，先是受到已在温州传道逾八年之久的内地会曹雅直牧师夫妇和蔡文才夫人的热烈欢迎，并且曹雅直成为阚斐迪的向导，陪同他们了解温州城与青田县。同行的莱昂牧师（D.N.Lyon）对温州有如下的描述："从星期五到下星期二晚，我们一直待在温州。对温州及周边的环境了解越多，越能感受它作为传教中心的重要性与合适性。这是我所见过的最干净的城市。风景简直是迷人的。一边是拍打城墙的大江，另一边是美丽宽广的护城河。河岸群山连绵，共同组成一座清洁的城市。美丽的建筑、宏伟的商业大街，很早以前就为它赢得了'小杭州'的美誉。瓯江及其支流，可让大小船只通往周边的十四个县城，包括处州府。"[268]

---

268 转引自：沈迦：《一条开往中国的船》，第 177-178 页。

这趟旅程让阚斐迪留下深刻的印象，他于 1877 年回英休假的时候，向委员会提交报告，建议温州成为偕我会的传教范围。后来，偕我会接纳他的建议，第一位传教士李华庆于 1877 年 10 月底抵达温州。初来乍到的李华庆得到内地会蔡文才牧师的帮助，于 1878 年 2 月在嘉会里巷找到一个住处。他于 1878 年 2 月 5 日在给英国偕我会总部的一封信中写道："我成功地找了一个住处，可用十年，花了三百八十个墨西哥元。当然，它还得另外开支一百美元，以便改造得适合英国人生活。"[269]

偕我会苏慧廉于 1883 年来到温州之后，与内地会传教士保持密切的交往。特别是在 1884 年的甲申教案中，他们可谓是患难与共。当 10 月 4 日晚上，城西堂率先被温州民众烧毁之后，苏慧廉先逃到内地会与蔡文才牧师会合，并跟他一起去见官。[270]

1885 年，苏慧廉开始向农村传福音，最先来到瓯江对岸的江北岸，但发现该地区也曾有外国传教士去过，回到温州，就与内地会曹雅直牧师商量传教区域的问题。沈迦先生在其《寻找·苏慧廉》一书中说："后来苏慧廉与曹雅直商量划分传教区，瓯江西北的归苏，城区以南归曹。后来温州教会的发展，基本就沿着这次的划界。北面永嘉、乐清的基督徒多是偕我公会的，南边平阳、苍南，一问渊源，多与内地会有关。瓯江与飞云江之间的温州城区及瑞安，则是两会共建区。"[271]笔者认为，沈迦的推断并无确切的证据，温州地区各宗派教会的布局也不完全如沈氏所说。其实，除了温州城区与瑞安之外，现永嘉县、平阳县、苍南县、乐清市等，均有内地会与偕我会的教会，仅在比例上有差别。

《中华归主》记载来浙江传教的各大差会之间有项"睦谊协约"，提出有关温州的情况，其中特别指出温州地区是没有协约之说的。现将全文摘录如下："据报告，本省各大差会之间均订有口头或书面睦谊协约。如英圣公会报告，该会关于区界问题各总堂均有一定谅解。英圣公会与内地会关于台州（临海）四境订有特别协约。英圣公会与北长老会关于义乌城区也订有同样协约。圣道公会报告，该会与内地会及北长老会订有协约，双方必须遵守'凡他会已设布道区之五里内，不得另设新堂'。温州（永嘉）地区独无协约之说。内

---

269 The United Methodist Free Churches Magazine，1878，p.447.

270 苏慧廉：《晚清温州纪事》，第 82 页。

271 沈迦：《寻找·苏慧廉》，第 72 页。

地会与英圣公会关于天台、黄岩、太平（温岭）等县之区界亦订有书面协约。北长老会与圣道公会都报告订有协约，规定'在已设总堂十里之内，双方不再开设新堂'，'非经协商，在已工作区二十里之内亦不得推行新事业'云云。浸礼会与其他几个宣教会报告，关于城市与乡镇范围只有普通协约。基督徒公会与基督复临安息日会报称无口头及书面协约。"[272]文中所示的"温州（永嘉）地区独无协约之说"就表明了早期温州内地会与偕我会的和谐关系。

内地会与偕我会在事工上有交流，特别是曹雅直牧师离温并去世之后，苏慧廉经常去帮助内地会事工。如：1888 年 3 月 20 日，在江心屿英国领事馆和温州内地会教堂里，偕我公会苏慧廉牧师为内地会的朱德盛（Robert Grierson）和珍妮（Jenny C. Oliver）主持婚礼。[273]1890 年，苏慧廉受邀为有史料记载的首场温州本地基督徒中西结合的婚礼主持，婚礼双方分别是温州内地会的男校（仁爱义塾）与女校的学生。[274]

曹明道记载 1890 年继续开展传道人的季度聚会，该聚会与偕我会合作，且已持续了两三年之久，聚会地点在苏慧廉与曹明道家轮流进行。曹明道记载 1890 年首次聚会的详情："当下，我们开始今年首次传道人季度聚会。季度会已持续了两、三年，地点选在苏慧廉先生家或我们家，轮流进行。尽管平阳和桐岭的人没来，参加这次聚会的人数仍不少于 26 人。聚会中，大家用不少时间同心祷告。他们几乎每次都提到，二十年前，曹雅直先生独自前来拓荒布道的时候，那时没有人认识神。我们看到一张张热切的脸庞，想到他们都已是传道人，眼泪一次次流下来，心里有声音说：'神啊，你所成就的！'苏先生藉着经文'若不用比喻，就不对他们讲'鼓励大家讲道要简单、明了、简短，总要精心藉着祷告预备，万不可说没时间准备。他还讲到《哥林多前书》14 章 23-33 节。之后，我们和本地传道人一同用了中餐，弟兄们一个房间，姊妹们一个房间。下午，我分享《罗马书》12 章 1-2 节，第一，'将身体献上'等内容；第二，成圣与差遣（《约翰福音》17 章 16-18 节）；第三，圣餐与见证（《约翰福音》15 章 27 节；《使徒行传》4 章 13 节）；第四，爱基督

272 中华续行委办会调查特委会编，《中华归主——中国基督教事业统计（1901-1920）》，蔡咏春、文庸、杨周怀、段琦译，中国社会科学院世界宗教研究所，1985 年 2 月，第 126 页。

273 Lodwick, Kathleen L, Chinese Recorder and Missionary Journal, Volume XIX, 1888, p.196.

274 曹明道：《二十六年：曹雅直夫妇温州宣教回忆录》，第 182 页。

先于服事（《约翰福音》21 章 15-17 节）；第五，被光照就要照亮别人（《哥林多后书》13 章 14 节）。讲完后，大家祷告，祷告之后，传道人做了一些分享，大家就散了，都觉得这天过得很美好。"[275]

　　1895 年 3 月 12 日，温州内地会举行一场特殊的记念活动，为纪念曹师母 25 年在温传教暨 50 周岁。苏慧廉牧师为受邀嘉宾，在记念会上第一个讲话，追溯曹雅直与师母曹明道对温州教会的贡献，内地会吴教士记载详情："他讲起曹雅直先生，说出了我们每个人的心声。他说，他多么希望曹雅直先生离开的时候他能够在场，但上帝把他接到祂那里去了，有祂的美意。'但是，'他又接着说，'或许上帝已经告诉他了，他已知道我们现在的光景。我很想拿二十五年前的情况和今天比较一下。那时处境多么困难，温州人反对、痛恨外国人，对外国人充满着猜疑。曹雅直夫人来之前，曹雅直先生是这里唯一一个外国人。曹雅直夫人过来后，他们住在一套有三间房子的民房里。'他记得早些年曹雅直夫人曾病得很厉害。他说：'让我们想想夫人当时的处境，她是这个地方唯一一个外国女人，如果是你，你会怎么样呢？会不会抱怨丈夫：为什么把我带到这样一个陌生的地方？离家一万两千多公里，又住这样的房子呢？然而，曹雅直夫人却勇敢地站起来，鼓励丈夫事工。那个时候，只有两个人悔改信主，但是现在，整个温州地区包括循道公会有 1050 个信徒。此外，还有二千人在安息日聚会，一共有三千多人。首先，我求大家代祷，我们以曹雅直先生为榜样，我相信下一个 25 年，不是三千人信主，而是三万人信主。25年以前，只在曹雅直先生三间房子里进行主日敬拜，现在有 60 多个地方举行主日敬拜。我真心希望，你能用你的生命、你的才能、你的一切所有来传扬神的福音，花尽你生命的每一分钟来服事上帝，传扬他的国度和福音。"[276]

　　早在 1890 年，苏慧廉所编的罗马字温州话方案也得到温州内地会的欢迎，他们借苏慧廉的课本教授内地会仁爱义塾的男生，也让教会里不识字的姊妹学习。[277]1904 年，苏慧廉正式出版的温州方言本的新约全书译本[278]，就是由大英圣书公会出资在温州出版。[279]而协助出版的，就是温州内地会的衡秉钧

275　曹明道：《二十六年：曹雅直夫妇温州宣教回忆录》，第 192 页。

276　曹明道：《二十六年：曹雅直夫妇温州宣教回忆录》，第 284-285 页。

277　曹明道：《二十六年：曹雅直夫妇温州宣教回忆录》，第 191 页。

278　*The New Testament*, *in Romanized form in the Wenchow spee*ch ,Shanghai: Brit. And Foreign Bible Society，1904.

279　W.E. Soothill, *A Mission in China*, p.206.

与余思恩。大英圣书公会在 1903 年发表一项重要宣布："今年在中国，一本新的《温州话新约圣经》正在印刷中，我们衷心感谢偕我会借出苏慧廉牧师，让他这数年来、专心一意地完成全部翻译工作。并获得内地会的衡平均和余思恩两教士鼎力相助，衡教士的评论和建议，以及余教士教导训练本地印刷工人、排版妥善，终于完成此具历史性之重要翻译本。" [280]

第九节　苏慧廉离温及其功业

1907 年，对于温州偕我会是不同寻常的一年，其中影响最大的就是苏慧廉受李提摩太之邀，离温赴山西大学任校长。

苏慧廉与李提摩太的友谊在其著作《李提摩太在中国》中阐述出来，也就为此他最终接受邀请赴任。他说："多次亲密交往后，我们的友谊更加巩固。对灵感如此丰富的人，我从来没有碰到过或与之同住过。和他在一起，就是从日复一日、平凡而琐碎的工作中解脱出来，站在山巅眺望远处的风景。我之所以接受山西大学的职位，是因为它对我而言，是宽容的基督教精神的一个具体实例，也来自我对教育的信心。" [281]

苏慧廉在赴山西之前，经历了一些心里的纠结。在 1907 年 1 月 11 日，苏慧廉给远在英国的母亲写信，商量自己面临的抉择，因为李提摩太给他发来电报，邀请他去山西太原任山西国立大学校长一职。他说：

> 你可能已经听说了国立山西大学堂要聘请我担任校长的消息。这个聘任让我自豪，当然我也希望差会能同意我接受此职务。山西是在 1900 年中牺牲传教士最多的一个省份，不过这种局面现在已被李提摩太博士改变。他认为恐怖事件源于人们的无知，尤其是那些受过教育的士子阶层的无知。他推动中国政府在山西成立大学，劝说教会放弃索要遇难者的赔偿。启动大学的经费正是教会本可以获得的赔偿金。最终的成果就是一个月前，二十五名山西大学堂的学生在政府公费支持下来到英国，并将在这里用五年的时间完成学业。这是前进的一大步。我受邀前往的正是这所大学。我也愿意去那里，已有五六位英国人在那里教书。我不用承担教学任务，我应做的是去督导他们正确地教学，当然我也要尽自己最大的努力，去吸引并

---

280 黄锡培：《昔我往矣：内地会赴温州宣教士行传》，第 8 页。
281 苏慧廉：《李提摩太在中国》，第 249 页。

影响当地官僚和士子阶层投入到曾使英国走向伟大的启蒙运动中去。同时作为一个传教士，我确信，只要有益于基督信仰，就是我们事业的基础。

因此你想，我可能成为上帝启蒙一个差不多有两千万人口的省份快速迈向天国的工具。大学所在地的太原府是个省会，海拔接近三千英尺，据说非常宜居，和温州潮湿阴沉的气候截然相反。从健康角度考虑，我也会喜欢这样的调换，它会使我和路熙都更加振奋。另一方面，尽管这份工作和我目前所做的有非常大的不同，但对我而言还是适合的。我必须要和当地高官充分接触，并且要提供给他们一种与目前所做的截然不同的精神食粮。这个过程将会充满不确定，但作为自己的主人，我能够克服，并在正确的方向上前行。此外，两地的语言也很不同。那里说的是官话，中国绝大部分地区都讲这种叫做 Mandarin 的语言。我知道一些，并且能够在和官员们见面时聊上几句，但是和我应用自如的英语相比，还是相当贫乏的。不过我还没有老到无法学习的地步，我想我能掌握它。

当然，如果我接受这一任命并能够成功开展工作，它将开启怎样的局面还难以预测。也许有人会说这并非是传教工作，但对我而言，如果能够智慧地开展，这就是大写的传教工作。不同于将水逆引上山，这项工作更像是往山下倾水那样顺势而为。如果士子们一旦能认识到上帝的力量，并接受祂，那我们将在远东看到一个基督国度，比印度或南欧来得更早。而且如果新教能够做到这一点，我们就能够阻止天主教的进入。

当然，差会也可能会拒绝接受。如果是这样，对我而言也就很有必要正确面对此事，并且努力去思考这到底是不是上帝的呼召。如果是，那么不管差会说什么，我都将接受这份邀请。不过我还是希望事情不会变得如此糟糕。我只接受一年的聘期，这一年教会不必承担我的薪水和其他费用，大学将承担一切。

我写这封信给你，是想让你了解事情的进展。至于温州的工作，我想不会因为我的离开而有所耽搁。我还打算在新年期间回来一个月，而不是像往常那样休假。明年七月我也会再次回来。同时，我和谢道培正在考虑按立四个本地的牧师，给予他们洗礼的权力，这将给他们更多的责任，也许这正是他们获得提高的东西。我和他们在一起时，他们总会看着我。一年的放权也许能给他们带来不同凡响的收获。

如果有人认为我对温州留恋不多，那他们一定错了。如果我不惦念那里的工作，不惦念我第一个孩子出生的地方，不惦念那喜欢程度甚至超过喜欢自己孩子的地方，那恐怕也就没有人再会惦念它了。正是在这里，我开始从事差会交办的工作。这份工作比我的生命重要，过去如是，现在依然如是。

我要说的就是这些了。您怎么样？一切都好吗？[282]

而在苏路熙的《乐往中国》中，则描述了苏慧廉离开温州更深层次的原因：

如果一个人年轻时就身负重任，并且重担并非一下子落在他身上，而是随着时间慢慢加重，这对于他身心都是个沉重的负担。苏慧廉就是这样。温州的事情越来越多，每一年都跳跃增长，但幸运的是，他的处事方式获得中外同事的一致赞同。在二十五年后，事业的方方面面都获得发展了。

但是苏慧廉撑不住了。我发现他平躺在楼上寂静书房的地板上——他不是摔倒了，而是觉得这样能早点复原。疟疾让他眉头紧皱浑身发抖。

他叹息说："看来要回英国休假几年。"

一天我们新装的电报机来了一条讯息，让我们目瞪口呆。

上面说："你愿意担任山西国立大学的校长一职吗？"

我们第一个想法是：我们怎么可以离开我们热爱的城市和爱我们的信徒们，他们以自己的牺牲证明了他们信仰的虔诚。[283]

7月（农历六月），苏慧廉离温，正式赴山西，其职位是山西大学西斋总教习[284]。他的学生刘廷芳在《通问报》撰文〈文旌北向〉，简述苏慧廉在温功绩。详文如下：

---

282 此信缩微胶卷藏伦敦大学亚非学院图书馆，译文转引自：沈迦：《寻找·苏慧廉》，第 225-227 页。

283 苏路熙：《乐往中国》，第 362-363 页。

284 南桂馨：〈山西大学纪略〉，载于中国人民政治协商会议全国委员会文史资料研究委员会本书编辑部编，《文史资料选辑》第 8 辑（总 108 辑），北京：中国文史出版社，1987 年，第 162 页。

文旌北向（温州）[285]

苏慧廉先生。浙温偕我会会牧。离英莅温。已二十余载。为布道会中在浙温诸会员之再先辈。盖前先生而来。暨与先生仝来者。固不仅先生一人。而求其历年至今。尚在温郡。为主作工者。惟先生一人而已。先生在瓯两次建筑医院。两次创办学务。设立支会百余。迄今散步瓯城北带。见巍巍高立。点缀胜景者。白雷累医院。艺文中学。艺文高初等小学。皆先生创始发起以助厥成者也。先生为诸西牧中。最善操瓯音者。而经理会务。对付内外。莫不以老手称之。本岁五月间。得山西大学堂总理李提摩太先生信。请任该大学监督。先生以权理一年为答。乃于上月起程。先游历日本考察亚东学务。待返自东瀛。即直赴该任。起程时教会中诸会老送别如仪。今该会会务。除医院与中学。有英国包莅茂医士。蔡博敏监督。诸君原职分任外。初高等小学学务。百余支会会务。皆英会牧谢道培先生。一肩独任。会务鞅掌。日不暇给。佥望上主速备圣仆。任该大学监督之职。俾先生早得回瓯作工焉。刘廷芳志

另外，我们又可以从偕我会 1908 年 4 月的第 51 次年报中的数据，窥见苏慧廉在温州 25 年的功绩：传教士 3 人，本地传道人 177 名，教徒 2553 人，慕道友 6232 人，教堂 10 座，其他聚会点 152 处，学校 36 所，教师 64 人，学生 1257 人。[286]

苏慧廉在《晚清温州纪事》一书中的自我总结："我们在温州的传教团在统计数字上有优势，在过去的二十五年时间里，我们收获了二千二百个领圣餐者，六千个慕道者，加上孩童总数达一万个灵魂。一个原本生活在黑暗与死亡阴影中的民族，现在上帝永恒之光透过异教徒生命的黑暗与坟墓的阴森凄凉，亮起来了。"[287]

---

285 《通问报》，第 267 回，丁未（1907 年）八月，第 2 页。

286 转引自沈迦：《寻找·苏慧廉》，第 229 页。

287 苏慧廉：《晚清温州纪事》，第 218 页。

第三章　清末温州教案

基督信仰传入中国，理性看待历史，无法避开一个事实，就是教案。教案的产生，源于"基督教与中国人之间的误会、以及因误会而产生的冲突"[1]，即由不平等条约积存的仇教反教心理，每每因冲突而引发不同规模的暴动。虽然诸多的教案中"十有八九天主教有关"[2]，但少有与基督新教相关的教案，甚或是被"殃及渔池"的案件，对于民教关系始终是进一步的伤害。

温州基督教历史上有四次规模不一的教案，分别是：温州"甲申教案"、平阳"乙未教案"、永嘉"枫林教案"及庚子教案。在此，我们详细追溯此四个教案的经过。

第一节　温州"甲申教案"

自 1867 年 11 月开始，温州城陆续有外国传教士到来，他们在城内租房定居，买房建教堂，又到处传布中国人闻所未闻的信仰。对于温州民众来说，这些蓝眼睛、白皮肤的"番人"来者不善，他们借不平等条约的便利强行进入中国内地，他们的到来，引起民众们极大的仇视心理。而 1883 年中法战争的爆发，危及温州，使得民众的反洋仇教的心理被激发，从而酿成著名的"甲申教案"。

1　梁家麟：《福临中华——中国近代教会史十讲》，香港：天道书楼，2002 年 11 月，第 102 页。
2　郭廷以：《近代中国史纲》（上册），香港：中文大学出版社，1989 年，第 204 页。

一、案件发生

1884 年 10 月 4 日（农历八月十五日）晚，部分温州民众在泽雅人柴岩荣带领下烧毁温州 6 座教堂。"民众首先冲向花园巷（英国）基督教堂，次向城西礼拜堂，再转到周宅祠巷（法国）天主堂，均浇泼煤油火药予以烧毁。然后开赴瓯海关署办，但因戒备森严，只有档案等被焚。此即史称'温州甲申教案'"。[3] "英国先后派 2 艘军舰进泊瓯江相威胁，结果赔偿新教 27641 银元，天主教 7359 银元"，[4] 此案才告段落。

清光绪九年（1883）中法战争爆发，法军侵入安南（越南），犯我东南沿海。温州市"龙湾炮台"建于该年，用以巩固国防，抗击入侵之敌。1884 年（清光绪十年）3 月，宁波镇海口有 10 艘法国军舰在游弋；4 月，又驶来 2 军舰，浙江告急。8 月，法军攻陷我国台湾基隆，又炮击福建马尾和鼓浪屿，福建水师船舰大部分被毁。温州城闻讯，自感危在旦夕。此时，城内谣言四起，全城为之惊恐不安。

〈李希程[5]自定年谱及书札〉中记载：

> "法人因越南事起衅，七月，毁我兵轮于福建之马江，南洋水师覆焉。八月，温城民教失和，教堂全毁，海关及洋人各寓，一毁而尽，幸官绅弥缝，赔偿之速，得以转危而安。余有力焉。先一月，已哄传'洋人大礼择日起手内应'之谣。余闻风知照地方官设法消弭。上《防患未然策》，不省。且有谮余不可信者，几几乎反受其累，直令热肠冰冷，志士灰心，可慨也！岂非余不善阿谀所自贻愤懑者乎？"[6]

天主教温州本堂意籍董增德神父在 9 月 6 日写道："事因该年农历七月初六夜，有人在府头门张贴'天主堂将于明后天集会，有 300 名教徒参加，准

3　方志刚译编，〈温州"甲申教案前后"〉，《温州文史资料（第 9 辑）》，第 240-253 页。

4　《温州市志》，北京：中华书局，1998 年，第 475 页。

5　李懋勋（1841-1908），字熙臣，号希程，原籍安徽合肥，迁居南京，曾参与镇压太平军及捻军，升迁至淮军副将。光绪三年，得同军洋友好博逊推荐任瓯海关文案，后任新关会办委员兼洋务暨稽查兵轮出入差。娶妻杨氏（温籍），遂定居温州。所著《退思纪年》，实即自定年谱。胡珠生辑，〈李希程自定年谱及书札〉，《温州文史资料（第 9 辑）》，第 272 页。

6　胡珠生辑，〈李希程自定年谱及书札〉，《温州文史资料（第 9 辑）》，第 275 页。

备向温城发动突然袭击'一标语。次日上午 8 时，堂外喧扰，路满人流，但也有静坐以待者。我即将情况报知税务司，他也立即转告永嘉知县。时近 12 时，永嘉知县带着衙役和四名秀才（士绅）来堂，并在查看教堂内外后，嘱咐我等不要为民间谣传所扰惑而惊慌。"[7]

在此情况下，部分温州民众对法国侵略者的仇恨之火转嫁到驻温外国传教士及其教会身上。不论是英国传教士建立的内地会、偕我会，还是法国神父建立的天主教会，凡被称为"番人教"的，都成为温州民众仇恨的对象。城内的基督徒为了避嫌，深怕民众分不清天主教与基督教，就在礼拜堂前贴出大字一张："基督教信上帝与天主教不同……"。驻温的英国领事柏尔干和税务司侯博迤因怕事态恶化，从而给予永嘉知县施加压力，迫使知县张宝琳出示一张安民告示。然而事与愿违，温州民众愤恨填膺，誓要杀死外国传教士与教民。8 月 30 日（农历七月初十日）夜，在府前、县前衙门以及教堂墙上张贴了以"浙江省温州民众大会"为署名的多幅标语传单。

贴在衙门墙上的一张传单说："众所周知，法国人背信弃义，破坏条约，进攻我军，占领我福建省属台湾基隆，我军无力还击，复仇雪耻。温州将会如何？温州地接福建又是重要港口，势必在劫难逃。敌舰一旦进犯，我港口虽有重兵防守，亦恐难以抵御。且我温城之内设有法属教堂，早已成为一批城狐社鼠的阴暗洞穴及其罪恶活动场所。吾侪岂能仍如往日袖手旁观而不采取行动，防患于未然？故凡我英勇男儿，当思肩负保卫祖国，救护父母妻子兄弟姊妹之重任，应各自认真戒备，严阵以待。及至天明或午时三刻，一闻锣声响，各应毅然决然拿起刀枪棍棒，冲向教堂，围攻杀入，所遇不分洋人华人，悉数斩尽杀绝，务使这一偌大而阴险的团体，祖国的败类，永远除灭净尽。吾有如此严厉行事，并非过份，实为温和有度，且全为有利救亡图存而出发，故凡赞同吾侪决计切望其成者，务请振作精神，激发心火，狠狠烧杀，报我所受耻辱，勇往直前，义无反顾为要！"

贴在教堂墙上的一张传单说："中国向来重仁义道德，一向与各国人民礼尚往来，而各国元首亦咸知敬之以礼，献之以仪。奈何来华洋人中，外表道貌岸然，内则狼子野心。禁祭祀、除香火、易我民俗，弃我祖礼。其言其行，离经叛道，落拓不羁，且又诱人信其邪妄。置人于违法乱纪。而愚夫愚妇盲

---

7 方志刚译编，〈温州"甲申教案前后"〉，《温州文史资料（第 9 辑）》，第 240-253 页。

从其言行，亦自失其天赋矣。为此行为，别无他果，唯招天怒而已。今者洋人既与我为敌，自当离去，但我仍崇礼尚，给其所需准备时间，务须不失良机及早启程回去。倘若仍留不走，必将见以刀枪，恐非所待，特于明告，勿谓言之不预也。"

偕我公会英籍传教士苏慧廉在其回忆录中记载事件的原因："这是令人焦虑的时期，法国与中国已开战，法国海军离这儿不远。此外，道台虽然不是故意，但还是进一步激发民众的情绪，他让每家每户在门口堆积石头。这些石头，他让人收集起来，放入他所建造的几艘'挪亚方舟'——大木箱里，然后拖到瓯江口，沉入水底，构成水上屏障，阻挡法国军舰进入瓯江。大约在这段时间，就是我们以南的港口福州爆发了海战，中国舰队被彻底摧毁。但完全不同的消息很快在温州人中流传，据他们说，中国舰队已在海上歼灭'番人'。我记得，暴乱前一两天，一名男子在城市的主要街道看到我大吃一惊，大声地说：'哇！怎么还有番人在我们的街上走呢？'"[8]

天主教董增德神父极其恐慌，求助于英国领事和税务司。在英国领事与税务司的压力下，永嘉知县于 8 月 31 日（农历七月十一日）张贴了一张息事宁人的告示，内文为："事为平息民情。随着越南战争的发展，战事延及我沿海口岸。但查此事，实与本城洋人，不论其为商人或传教士，均属无关。前时，洋人过街，有人无理取闹，妄加谩骂。更有歹徒竟敢擅闯洋人机关住宅，并在其墙上张贴标语传单，无事生非。激起他们的愤怒，迫使本府出此告示。最近几天，民间又讹传本月十一日，天主堂将举行盛大节日庆典，将有大批教民前来参加，今定期已逾；仍杳无音信。当天，本府曾亲率数人前往天主堂查访，并未发现任何异常现象，足见所传纯属谣言，无非出自刁民捏造。本府为此忧心忡忡，无奈出此告示，责令诸地保衙役认真维护社会治安，还望全体民众体谅本府苦衷，好自为之。凡为父母兄长者，各应告诫子女弟妹，切勿听信谣言，切勿以讹传讹，自相惊忧。务应按照条约，与洋人以礼相待，相安无事。倘若地保发现有人再在墙上张贴无名传单标语，且不论何地何人，必将予以拘捕，送交公堂审究，严惩不贷。本府定将按两公告办事，决不后退半步。唯希众百姓安居乐业，严谨遵令勿违。"

8 苏慧廉：《晚清温州纪事》，第 81-82 页。

二、案件经过

永嘉知县的告示贴出后，事态得以缓和。但到10月4日（农历八月十五日）晚，"甲申教案"发生。

方志刚记载："民众首先冲向花园巷（英国）基督教堂，次向城西礼拜堂，再转到周宅祠巷（法国）天主堂，均浇泼煤油火药予以烧毁。然后开赴瓯海关署办，但因戒备森严，只有档案等被焚"。[9]

光绪二十年进士、曾任浙江教育总会会长的瑞安文人项崧于1909年4月（农历）所作的《记甲申八月十六日事》一文中，详细记载整个过程："十五日，郡花园巷教堂聚众礼拜，有小孩扣门求观，门不启，喧嚷不已，聚者益众。忽教民数十人开门攫一人入，声音欲送官治之，且有持刀作欲杀状者。其时，众皆愤怒，遂毁门以入，以所贮火油遍洒堂中，纵火焚之。时夷教诸人纷纷逃窜，众见其室内有火药洋枪等物，草鞋满间，妇女数十人，遂谓教民果反，竞往他所焚毁，而郡城内外，同时火起，且及北门之税务司焉。"[10]

许多记录据以上两段记载断定民众最先将花园巷堂烧毁，继而殃及其它教堂与传教士建筑。但从当事者苏慧廉的记载显示，第一把火是从城西堂开始的。有两个原因：第一，城西教堂被烧后，苏慧廉还去过内地会花园巷堂，得与蔡文才一起去见官。显然，那时花园巷还没有出事。第二、永嘉县衙位于县前头，花园巷离县衙比城西堂近，而后来花园巷出事之后，曹雅直与玛高温逃到县衙时，苏慧廉已经在那里避难。

英国偕我公会会刊（The United Methodist Free Churches Magazine）1885年卷1月号（第75-76页）登载苏慧廉于10月8日（即"甲申教案"发生后四日），在江心屿英领事馆内写给英国父母的信：

> 温州，中国，10月8日，1884年
>
> 亲爱的爸爸妈妈：
>
> 今天要禀告的是则坏消息，并且事出意外。我想在此信到达之前，你们定已从报章获知我这里的麻烦，并且深为我担忧。我可以想见媒体记者的报道，正如今上午我对蔡文才（Josiah Alexander

---

9　方志刚译编，〈温州"甲申教案前后"〉，《温州文史资料（第9辑）》，第240-253页。

10　项崧：《记甲申八月十六日事》，乙酉（宣统元年、1909）四月作，摘自：张宪文辑录，《温州文史资料（第9辑）》，第226-229页。

Jackson）先生所说："如果家乡的第一则报道仅是温州大暴乱，所有涉外寓所被毁，领事安全，传教士情况不明。第二天才说传教士安全。期间，整整有二十四小时，我们亲爱的家人将饱受煎熬。"事情常常这样！我可希望不是！

现我将实情告诉你，如果写得不够清楚，请不要诧异，因为我正非常忙碌：帮助领事处理文件、看望本地基督徒，等等。同时也正给阙斐迪（Frederick Galpin）牧师写封长信。给南奥威勒（译按：原文为 Southwram，应为 Southowram。苏慧廉妻子路熙之故乡，位于约克郡，隶属于哈利法克斯市）或阿德科克（J. Adcock）牧师的信倒不用现在写，因为轮船今上午才开走。

由上所述，你们也可知我现正在女王陛下的领事馆内，它坐落于瓯江一小岛上，此前我已对你们提及多次。我们这帮外侨都在这里了，除了曹雅直夫人（译按：原文为 Mr. Stott，疑是笔误，径改）、董增德（D.Y. Procacci）神父（罗马天主教神父）。曹雅直夫人上一班轮船去了上海，Whiller 夫妇还未从芝罘返回。玛高温（Daniel Jerome MacGowan）医生（海关医生）、曹雅直先生、蔡文才先生、纪默理（E.H.Grimani）先生（海关税务司）、Hanisch 先生（海关供事），还有我。我们现一无所有，除了逃难时所穿的衣裳。

现在让我一一告诉你们所发生的一切：那是周六，灾难来临前一切静好，宛如暴风雨前的平静。日子如常：晨早，七时前，骑马绕城外的练兵校场晨练，既为马也为自己。其间没听到一句脏话。白天我比平日更忙碌，仅外出吃个午饭。我的讲道辞完成在即，所以上午需做些收尾的工作。这篇讲道落款 10 月 5 日。你也许会说，阿诺德（译按：应指 Thomas Arnold，英国十九世纪著名教育家、神学家，著有《罗马史》及一系列布道文章）博士的做法与我正相反，他从不预先准备讲章。他认为，在做预备到真正宣讲期间没人知道会发生什么。说实话，这也是我上周的感受。这天是周六，我已接受邀请，中午一点与海关税务司（纪默理先生）共进午餐。蔡文才先生来叫我，我们一同前往，路上顺利，实际上路人还与我们相处甚欢。之后，独自归。约五时，在城墙外骑马沿网球场转悠，然后去看曹雅直先生。这期间一切正常并和谐。七点一刻在家喝茶，七点三刻与我年轻助手的兄弟（刚从乡村来城，看望患肺病的兄弟），还有其它几人有个面谈，正商议能为他做点什么。一位几月前经我施洗的好心并爱主的姊妹，还准备将他带到自己家里，尝试照顾他一月。此前我反对过几次，毕竟她丈夫是一个水手，不常在家。但在周六晚，我们做出了一个尽可能周全的安排，以免她那些异教徒的邻居闲言碎语。

　　约在八时半前后，我进教堂去主持周六晚的祷告。这不是个大型的集会，也就二十五人左右。我用一首他们都甚喜欢的赞美诗（第35首）《耶稣爱我我知道》开始，不过，仅须臾，就有人猛烈捶打教堂大门。因为类似情况此前发生过，所以我们起初不是很在意。但当敲门声一直持续并越来越激烈时，年迈的教堂看门人就从我身后的门出来，准备将骚扰者赶走。当他一出现，那些人就跑走了。看门人返回，不过，刚到原位，声音又响起。这一次他从边门出，两三位基督徒弟兄陪同，扰事者又跑了。当他第二次回来，那些人又故伎重演。这次，他把门闩取下了，想突然打开大门，看到底是谁在捣乱。之后有段时间安静，圣经售书员继续讲道。讲道结束（约八点四十分），我领唱的最后一首赞美诗也快要结束时，敲门声又很猛烈地响起。正那时，看门人及另两三位信徒突然把门打开了。这些人要逃走时，他们抓住了其中一位的辫子，并将其拉入屋内。教堂大门随后砰然关上，街面上则尖叫声四起，石块及其他杂物纷乱地砸在门上。敲打声、叫嚷声乱成一团，以致我几乎没听见老传道人如何结束礼拜，尽管他的声音也属大嗓门。我们迅速将擒获之人转移至走廊，并派遣我们中的两人持我名片去县衙门求救。那个被我们抓住的人倒一直在笑，好像这是场很好玩的游戏。从其衣着，我判断他是某店的一个伙计。不过当时是夜晚，他又赤膊，像另几位被我撇到一眼的人一样，我相信这是他们统一的行动。我必须告诉你们的是，两周前，曹雅直的一位仆人曾被三四个人以类似方式调戏，他们抓获了其中一位，据说已受严惩（官府说法），但奇怪的是，此人已被释放（准确时间不能确认），或周五晚，或周六，亦或周日——换言之，由这次我们受到的骚扰，我想他应是周六上午获释的。有人认为，他和其朋友决意报复，才做下此事。

当我们还只走到走廊，石头便如雨淋般由教堂墙外飞射而来，外面的尖叫声也如着了魔一般（中国式的）。我又派了两个人去衙门，送他们从前门出，穿过花园来到前门的大街上。外面的人群已汇集如潮，离我们抓拿那人其实还不到十分钟。他们从房屋后面开始攻击，不到三分钟，厨房里的瓶瓶罐罐就化为灰烬。由于破坏行为着实恐怖，我决定放了刚才抓住的那人，其实他在里面也就待了十一二分钟，我希望由此息事宁人。

永远爱你的儿子

苏慧廉[11]

苏慧廉在《晚清温州纪事》中又记载："就在这难忘的周六晚，我们相聚在一起，我们再相聚已是很久以后了。此刻，我执笔在手，当时的情景又浮现眼前：小小的礼拜堂，昏暗的油灯，几个疲惫的信徒，尖声的传道人，虔诚的祈祷者……骤然间，情况突变：猛烈的敲门声，呼啸的暴徒；石块飞了进来，打破窗户；一群赤膊狂徒冲进我们下人的外屋；地板上闪动着耀眼的灯火；一看到我，暴徒就逃，我在后面门阶徒劳地呼喊他们；'嗖'一块大石头擦着我帽子的边缘飞过，'哇'的一声，我身后的一个基督教徒被击中头部；我们只好匆匆逃离，狼狈不堪；很快石头雨点般砸进我房间的大门。前街聚集大批围观者，大多是邻居，他们默默地给青年人让路，而年轻人则尽可能镇定，穿过人群。随后县衙门的人来了，衙役和守门人跑过去，挡住外国人去见知县大人的路；我仓促步行到内地会的大院，并迅速跟随蔡文才先生回来；同意我们去见官了，虽然我们曾派四个不同的信使去见他都没用；官家穿上他的官服，坐上轿子往出事地去了，但为时已晚：我家燃烧的熊熊烈火映红天空。"[12]

在城西教堂被烧后，苏慧廉逃往县衙，经过花园巷，后与蔡文才一同去见官。那些焚烧城西堂的民众，随后来到花园巷堂。1885 年 *China's Millions* 登载一篇曹雅直的妻子曹明道（Mrs. Stott）的文章，名为〈温州难处〉（The Troubles at Wun-chow），内文是：

---

11 沈迦：〈甲申教案的导火索——释读一封新发现的苏慧廉家书〉，刊于《温州读书报》第 207 期，2014 年 8 月。

12 苏慧廉：《晚清温州纪事》，第 82 页。

"早前你们听说有关温州的消息无疑是一个噩耗。我们的房子、学校、教堂以及所有财产都被付之一炬。我们的人民陷在极度惊慌和种种难处之中。就在我离开一周之前，家里所有都很平静，但这一切的宁静，被暴动所打破。我亲爱的丈夫穿着法兰绒睡衣逃了出来，孩子们也穿着睡衣直接从床上被拽了出来。我丈夫、孩子们以及来帮助他们的玛高温医生[13]都被枪林弹雨似的石头赶到衙门里。甚至有些孩子逃走后不知去向，直到第二天才找到。其中一位年仅三、四岁的女孩就再也找不到了，最后一面见到她是在暴民的手里。我丈夫将所有女孩及保姆都带到宁波，将他们安置在宁波的学校里。他们受到 Lord 医生夫妇的热情接待，直到我们找到新家。

"我们花了一礼拜时间为他们预备衣服和床铺。现在什么都过去了，我们明天会去上海拿来许多必需品。很快，领事答应我丈夫回温州并尝试去租一套当地房子，以致我们回去的时候，可以聚集我们亲爱的会友。

"我们心里为生命得以保全而感恩，其他财产的失去与生命相比实在不算什么。我们心中最大的叹息就是会友们。他们当中有许多人还是初信者，在信仰上还很年轻，其中有 39 人今年才接受基督。但我们相信主耶稣拯救他们也必保守他们。

"这是我们从未走过的路。主赐福给我们的工作。灵魂得拯救，不是我们能做得到的。当恶者来破坏的时候，好像什么都改变了。不过，我们知道主的工作是永远坚立的。恶者无法夺去我们心中的信心和盼望。我们可以依然唱出感恩的诗歌，因为我们是配为这名受辱的。我们也知道主必在这些事上带出他的美意，使这事发生之后带出福音进一步地复兴。若为主名得荣耀，我们就乐意行在其间。"[14]

曹明道在其《Twenty-Six Years of Missionary Work in China》一书中详述曹雅直在美籍传教士玛高温（时任温州海关帮办兼医生）的帮助下逃到永嘉

---

13 玛高温医生英文名为 Daniel Jerome Macgowan，美国浸礼会传教士，于 1843 年 11 月 11 日到宁波，为第一位到达宁波传教的基督新教传教士。后受聘为温州海关要职，对于温州福音工作有一定的贡献。

14 Edited by J. Hudson Taylor, M.R.C.S., F.R.G.S., *China's Millions*, 1885, p.24.

县衙门："海关的玛高温先生不顾个人安危来帮助曹雅直，他们快速集合起我们学校里的十六个孩子（那些小的是从床上被拖起的），还有仆人，决定一起到衙门避难。他们刚跑到后门，暴徒中的先头部队已从前门进来，不一会儿就占据了整个院子。幸运的是衙门就在不远处，但他们沿路还是饱尝了飞来的石头，一块把曹雅直的帽子打落在地，随后飞舞而来的石块直接落在他的头上。玛高温落在后面，也饱受惊吓，原先躲在他大衣底下的孩子都四散逃命。"[15]

该案件发生在苏慧廉的未婚妻苏路熙（Lucy Soothill）到达温州的两个月之前，她在其著作《A Passport to China》中详细记载：

"一个星期六晚上，二三十名中国基督教徒，按期集中在毗连苏慧廉住处的一间房子里做礼拜。开头的赞美诗还未唱完，房前就出现了异常情况：一群暴民在苏慧廉住所前汇聚，当他们发觉苏宅前门紧闭不能闯入时，就转到屋后，在那里，他们如愿以偿。瞬间，无数石头'嗖嗖'地向门窗飞来。过了一会儿，木制的后门支撑不住轰然倒下，乱哄哄的人群如潮水般地涌入院内。这时，苏慧廉正急匆匆地赶往前门，他看到一股可怕的火光正从仆人的住处升起，于是马上转身返回后门。他看到院子里已聚集了一大群男子，由于天气火热，许多人光着上身。这些人手持棍棒，乱扔石头，欣赏着用"洋油"点燃的地板在浓烟滚滚中燃烧。

"叫了几位朋友把火扑灭后，苏慧廉毫不畏惧地朝暴民们走去；暴民们看到苏慧廉朝自己走来，就纷纷逃走。苏慧廉跟在后面，不厌其烦地劝说他们；但得到的唯一回答是一块呼啸而来的石头。石头打偏了，击中苏慧廉身边一位基督教徒的头。苏慧廉一次又一次地派人给温州道台送信，请求援助。他既没有向道台提出保护财产的要求；也没有提及自己可以享受的治外法权。在遭到攻击时，他仅呼吁人们要保持冷静。事态已变得越来越严重。苏慧廉手持用以自卫的马鞭，亲自来到官府求援，他问道，道台是外出了呢，还是在睡觉？他要求一定要叫醒他。但温州道台开始迟迟不肯接见，在苏慧廉的一再要求下，道台最后作了一点妥协，说愿意听听他有什么话要说。道台经过长时间的犹豫和反复的思考，然后出来坐在公

15 *Twenty-Six Years of Missionary Work in China*，pp.100-101.

堂上，开始着手平息这起烦人的事件。但他的所作所为，是推诿、塘塞、徒劳无功。暴民人数迅速增多，他们警告官方不要插手此事。而后他们四处出动，有目的地放火烧屋，首先被点燃的是苏慧廉的房子，接着，全城其他六名欧洲人的房屋也被烧毁。

"苏慧廉要求道台和他一起回家看看，道台却粗暴地说，这是不允许的，他（指苏慧廉）必须呆在衙门里。苏慧廉实际上成了一名囚犯，但呆在衙门里比回去却要安全得多。不久，衙门里又多了两个避难者：一位是美国老人；另一位是跛脚的苏格兰人。他们是费了很大的劲，才逃离浓烟滚滚的家和暴民的袭击，在雨点般的乱石和"打死"的吼声中，他们逃了出来。当时，机敏的苏格兰人看到衙门紧闭，无法进去时，就把一支拐杖插入门缝，撬开一条口挤了进去，而后把沉重的大门重新关好。就这样，他们总算捡回了一条命。

……"星期天拂晓，苏慧廉那姓张的仆人被带来了，他含泪拉着年轻主人的手说：'牧师，我不知道您究竟出了什么事。'他抽泣着继续说，'我整夜都在寻找您的下落，并为您的安全祈祷。'那个星期天，因苏慧廉那所简朴的教堂（即现在的城西教堂旧址），已在昨夜的大火中化为灰烬；他只得在大锁的保护下，和一群勇敢的中国教徒，在衙门的一间房子里聚会做礼拜，向上帝禀告那可恨、可鄙的法国人给他们带来这场浩劫。他们祈求上帝，不要遗弃那些在中国房子被毁、无任何保护、无家可归的可怜的人们。[16]

三、案件处理

宁波教区《简讯》报道说："这次灾难，不但使天主堂房屋成为大火的牺牲品而化为废墟，而且在这以前，民众把基督教牧师的不动产（房屋）也付之一炬，乃至企图将瓯海关办事处也同付祝融。整个在温洋人的小团体处于危险威胁之中。上海英国总领事和海军司令接到通知后，即令停泊在甬江的'健飞'号（Zephyr）军舰由宁波开入温州瓯江，摆开架势，引起全城惶恐不安。"[17]该舰于10月5日进港，炮口对准温州城。

16　（英）苏露丝：《走向中国（节选）》，周朝森译，《温州文史资料（第9缉）》，第254-258页。

17　方志刚：〈温州'甲申教案'前后〉，载于《温州文史资料》第9辑，第251页。

苏慧廉与曹雅直、玛高温等人在县衙里待了一天。于 5 日晚，在一小队士兵的护卫下，渡过瓯江到江心屿，在英国领事馆里避难。就在教案发生的夜晚（4 日），温州民众想到江心屿的英国领事馆，但温州道台担心民众与洋人发生更大的冲突，就事先下令将所有的船只撤离到民众不能接触的海域。苏路熙记录了英国领事庄延龄当晚的处境："领事馆内，大不列颠王国领事正紧绷着脸，正襟危坐，他头戴三角帽，身穿银饰花边制服，他想以这身打扮吓退前来进犯的敌人。然而，敌人却一直没有露面。"[18]天主教的董增德神父在 6 日被找到，他得到一位当地老妇人的帮助，藏在一堆木柴中。9 日，所有传教士乘坐"永宁"号轮前往宁波。

英国领事庄延龄在 1903 年出版的《中国的过去和现在》一书中，给我们一个侧面的了解："在法国人炮轰福州水师和军械所后不久，一天晚上，我正在走廊上吸水烟，突然看见市中心有闪耀的亮光，直觉告诉我'有突发情况'。几分钟后，我的信使长便渡江来到岛上。他住在市里。他告诉我苏慧廉先生的偕我公会教堂着火了，并且所有欧洲人的房子那一晚上也全部要被摧毁。又过了不久，海关的几个主要人员带着他们的枪支和细软也来了。就在这时，又有六个地方起了大火。午夜之前，三处教会的房子，两处海关人员的住宅，海关主楼和天主教教堂全部被毁。所有海关人员都与我在一起，仅一人除外，那是一位年近八旬的前传教士，他只身勇敢前往援助其他传教士。经过慎重考虑，最后我们还是认为把所有的海关人员撤往海上比较好，他们已经损失了全部的财产，已经倒塌的旧领事馆也不值得这么多人冒着生命危险去守卫。我对中国人比较了解，因此认为，我留在后面比较安全，或者至少比较让人放心。另外，没人知道那些传教士们身在何处，是否危险。长话短说，中国总兵带着他的炮舰和军队及时来营救领事馆了，遵照他的命令，海关人员跟随着另一艘炮舰，第二天被安全送返。不久之后，三名失踪人员也被送到我这里，他们逃进了中国衙门，只是受了些轻伤。他们看上去像火车里的印第安人，因为没有帽子和正常的衣服，只能蹲着。中国人给了他们一些慰问品，每人一条红色的毯子和二十元钱。第三天，那位意大利神父也被发现，住在他隔壁的一位'异教'老妇人好心地把他藏在了一堆木柴中。第一艘轮船到了之后，所有的传教士都前往宁波。意大利神父戴着我的一项旧毡帽，穿着

---

18 （英）苏露丝：〈走向中国（节选）〉，周朝森译，《温州文史资料（第 9 辑）》，第 254-258 页。

一件袍子，其他人都穿着破破烂烂的衣服。幸运的是，因预见会有暴乱，所有的女士都已经被送往宁波。"[19]

10月21日，温州府向英国代表大献殷勤，对所遭遇事表示歉疚，并表示愿意赔偿损失，认定赔偿银洋3.5万元，并愿意现款一次付清。项崧在《记甲申八月十六日事》提到："十六日，民情大恐，市为大罢，且有为守御计者。而邑侯张宝麟，府尊胡元洁，道宪温忠翰惧甚，心疑诸团练所为，一切军械尽吊缴，且云不日夷兵将至。于是民心益恐，迁徙一空。事后，各宪于江心领事馆议和，数日始定，偿英洋三万五千，藩库发银万两，馀皆出之富户。绅董之年利者，又从而苛索，有因不遂被羁者。"[20]同一天（10月21日），由道台、镇台、知府、知县联合署名，发出公告："温城发生如此惨剧，实属不幸，令人痛心之至。洋人本欲摧毁府城，只因我辈从中周旋，始获宽容，幸免灭顶之灾。今已太平无事，凡诸逃往乡间者可以放心回城，保证不予追究。同时，众所周知，我们所查找的唯独谋划排外的罪魁祸首，一旦查获，必将斩决不贷。"[21]

10月28日，意大利使节卢嘉德向朝廷递交《意使卢嘉德为请拿办温州拆毁教士房屋首犯事致总署照会》，内文：

> 光绪十年九月初十日（1884年10月28日）
>
> 大义钦差入华便宜行事大臣卢，为照会事。
>
> 照得本国教士董增德在温州传教有年，讵该处乱民于日前猝然起衅，将该教士所有房屋及什物等件拆毁无遗，该教士隐匿丛木之下二昼夜，虽获生全，情殊堪悯。现闻该处地方官并未将渠魁严拿惩治，而该教士已蒙赔补，虽属公允，究觉办理未为尽善。本大臣查该处为各国人辐辏之区，岂仅本国一教士。若该地方官不将首犯拿办，则在温各国人心，恐无以安。相应备文照会，为此照会贵王贝勒大臣，请即行知该地方员弁，迅速查拿，以安人心。须至照会者。
>
> 右照会大清钦命总理各国事务王贝勒大臣。[22]

---

19 Parker, *China:Past and Present*, pp.109-110.译文取自沈迦：《寻找·苏慧廉》，第51页。

20 项崧：《记甲申八月十六日事》，乙酉（宣统元年、1909）四月作，摘自：张宪文辑录，《温州文史资料（第9辑）》，第226-229页。

21 方志刚：〈温州'甲申教案'前后〉，载于《温州文史资料》第9辑，第251页。

22 朱金甫主编，中国第一历史档案馆，福建师范大学历史系合编，《清末教案》第2册，第406页。

11月5日（光绪十年九月十八日），浙江巡抚刘秉璋向朝廷递送《奏报温郡焚毁外国教堂现已议结仍饬拿犯惩办摺》，报告教案详情及处理经过：

头品顶戴·浙江巡抚臣刘秉璋跪奏，为温郡刁民藉词滋闹，焚毁外国教堂，现已议结，仍饬拿犯惩办，以昭炯戒，恭摺仰祈圣鉴事。

窃据温处道温忠翰等禀称，温郡办防以来，民间深恶洋人，尝有匿名揭帖，语多悖谬，即经出示晓谕，并令绅士剀切开导。不意八月十六夜间城西街耶稣教堂讲教之期，凡入教男妇纷往听讲，有民人经过门外停看即走。堂内洋人出捕，误拿一人拉至堂内关闭，外间居民见而诧异。旋闻被拿之人在内喊叫，忿忿不平，聚众愈多，即有打门入堂夺取被拿之人。仓猝之间，激成众怒，致将城西耶稣教堂及周宅巷、岑山寺巷、五马街、泉坊巷、花园巷各处教堂及洋人寓所同时焚毁。其余洋人寓所及税务司新关等处竭力阻止，屋宇未毁。当时拿获四人带县看管，所有各教堂及寓居教士洋人保护无恙。城外领事公署经温州镇先时驰往保护，未遭损失，禀请查办等情。臣当以该郡民间既有谣言，何以地方官不早为查办禁止，致酿事端。且起衅甚微，何致烧毁教堂数处，其中必有不逞之徒显违谕旨，乘机滋事，亟应密速查办，以儆刁风。批饬该道等严缉首从各犯，从重究拟；一面会同领事将被累洋人妥为位置，不准诿卸，并将大概情形电呈总理各国事务衙门察照在案。

旋又据禀，所属瑞安县二十八都曹教士分寓三间，于十九日夜间亦被焚毁，原系空屋，未伤人物等情。嗣奉八月二十五日谕旨：潮州、温州均有毁掳教堂之事，著各将军督抚饬属妥筹保护，随时弹压，是为至要。等因。钦此。当又通饬遵办在案。

兹于九月初三日接温处道温忠翰、署温州府知府胡元洁、永嘉县知县张宝琳等禀称，查八月十六日夜间民教滋事，洋房之被焚者六处，被毁什物者三处。十九夜瑞安县乡间，又被焚烧一处。核其起衅之由，因堂内误拿旁人关闭，逞一时血气之勇，打门入内，立时放火，一呼百应，塞巷填街，连烧六处。以细故而激成大案，难为殴民曲讳其过。英国领事庄延龄以寓居之教士洋人均获保护完善，因与地方官绅和衷商议，合计被焚教堂暨洋人寓居七处，赔洋二万五千圆；其洋关暨税务司关帮办二人寓中所毁衣物等件，皆非办公之物，并由领事代估洋一万圆，合共鹰洋一万七千五百圆，以儆将来。该地方官疏于防范，咎亦难辞，拟由温处道温忠翰捐廉一千五百圆，署温州府知府胡元洁捐洋一千圆，永嘉县知县张宝琳捐洋三千圆，其余不敷禀请筹拨，抄录会议条款禀报前来。

臣查民教滋事，日久拖延，愈生枝节。此次办理迅速，未始不是了事之法。当经批饬照办，仍令查拿纵火首祸之人，务获究办。窃维此案起事之由，实因是日夜间为各衙门救护月食之期，居民聚观，系属常情。仍仓猝变生，致成巨案。地方官虽未能防患未然，而于教士洋人尚能保护无恙。驻温英领事庄延龄于事定后即日致函该道，持论近理，俾得迅速办结，免致别滋事端。所有此次议赔洋三万五千圆，除官绅捐助外，计不敷洋一万二千圆，合无仰恳天恩俯准，在于温州厘金项下明数动拨，作正开销，按期付给，以昭信义。

除将所议条款咨呈总理各国事务衙门备查处，臣谨会同南洋大臣、两江总督臣曾国荃、闽浙总督臣杨昌浚恭摺具奏，伏乞皇太后、皇上圣鉴训示。谨奏。[23]

11 月 15 日（光绪十年九月二十八日），军机大臣奉旨结案，批复："览奏已悉。办理尚为妥速，准照所请，于厘金项下动拨银两，作正开销。余依议。该衙门知道。钦此。" [24]

至于该案的案犯抓捕与审判，1886 年 6 月 11 日（光绪十二年五月初十日），浙江巡抚刘秉璋向朝廷递送的《奏报审明拿获温郡焚毁外国教堂各犯按例定拟摺》中有详细记录，文中还将案件过程作了比较详细的报道，只是该案的首犯依然在逃：

头品顶戴・浙江巡抚臣刘秉璋跪奏，为审明拿获温郡焚毁外国教堂各犯，分别按例定拟，恭摺仰祈圣鉴事。

窃照光绪十年八月十六日夜，温州府城西街等处外国教堂、洋房被温民焚毁一案，经臣将滋事情形，并英国领事庄延龄与地方官

---

23 朱金甫主编，中国第一历史档案馆，福建师范大学历史系合编，《清末教案》第 2 册，第 407-409 页。

24 朱金甫主编，中国第一历史档案馆，福建师范大学历史系合编，《清末教案》第 2 册，第 407-409 页。

绅和衷商议，合计被焚教堂暨洋人寓居各处分别估价赔交洋银完结原由，会同南洋大臣·两江督臣曾国荃、闽浙督臣杨昌浚恭摺具奏。光绪十年十月初九日准兵部火票递回原摺，后开军机大臣奉旨：览奏已悉。办理尚为妥速，准照所请，于厘金项下动拨银两，作正开销。余依议。该衙门知道。钦此钦遵。行民饬遵，并饬缉滋事各犯讯办去后。

兹据臬司孙翼谋详称，此案饬据该县先后获犯七名，讯缘李阿溁、胡杨明、郑碎起分隶永嘉、乐清并福建惠安等县。胡培沅、刘振镐、孙得淦、梅阿郎均系永嘉人。温州郡城西街设有耶稣教堂，光绪十年八月十六日夜为该堂讲教之期，入教男妇纷往听讲，门外经过民人，停住观看，来去不一。李阿溁与在逃之施溃发亦在其内。俄见教堂洋人出来捕拿不识姓名一人，拉至堂内关禁喊叫。外间观看民人闻而诧异，疑被凌虐，忿忿不平。施溃发起意救援，一呼百应，登时率同民众打门入内，找寻被拿之人无着，将堂内存储洋油倾泼放火。是夜正值救护月食，游观人多，仓猝之间，激成众怒，致周宅巷、岑山寺巷、五马街、泉坊巷、花园巷等处教堂洋房同时被民众纷往焚毁。复至双门打毁税务司洋关房屋，并将洋人器皿什物搬出关外空地，举火焚烧。李阿溁听从施溃发在西街五马街教堂打毁门窗，倾泼洋油，帮同放火。胡扬明因在双门外住宿，邀允郑碎起借名救火，乘便攫抢洋书等物。胡培沅、刘振镐、孙得淦、梅阿郎仅在西街花园巷双门外随众观看热闹，附和呐喊，并未动手，亦无随从放火毁抢情事。经同城文武带兵分投扑救，弹压保护，并将李阿溁及胡扬明等先后拿获。李阿溁乘间脱逃，复经弋获。据前任永嘉县知县张宝琳提犯讯详，旋即卸事。该署县周熙抵任接审，据各供悉前情不讳。因逸犯施溃发弋获无期，先提现犯覆讯议拟，解经署温州府知府李士彬、温处道温忠翰勘审，咨由臬司孙翼谋核拟相同，详情具奏前来。

臣覆核无异。查例载：挟仇放火，烧毁房屋未伤人，为从者发近边充军。又借名放火，乘机抢掠财物者，照抢夺律加一等，分别首从治罪。又律载：抢夺人财物者，杖一百、徒三年各等语。此案李阿溁因教堂洋人误拿民人关禁，致激众忿，辄听从施溃发打门入内，帮同放火，烧毁洋房，即与挟仇放火无异，自应按例问拟。李阿漤合依挟仇放火，烧毁房屋，未伤人为从者发近边充军例，发近边充军。该犯于拿获后乘间脱逃，再加逃罪二等，拟发极边足四千里充军，至配杖一百、折责安置。据供在逃之施溃发为首，恐致避就，仍应照例监候，待质十年，俟限满分别逸犯有无弋获，再行核办。胡扬明起意纠同郑碎起借名救火，乘机抢掠财物者，照抢夺律加一等，分别首从治罪例，于抢夺人财物杖一百、徒三年律上加一等，拟杖一百，流二千里。郑碎起照为从减一等律，拟杖一百、徒三年分别定地发折责安置充徒，均照例刺字。胡培沅、刘振镐、孙得淦、梅阿郎据讯均止随众观看，并无动手放火毁抢情事。惟附和呐喊，究有不合，应如拟杖一百、枷号两个月，以示惩儆。该犯等事犯到官，均在光绪十一年正月初四日恩旨以前，李阿漤、胡扬明、郑碎起所犯系放火抢夺，情节较重，不准援减。胡培沅、刘振镐、孙得淦、梅阿郎所得枷杖，均予援免，交保管束，被毁洋房器物先已议赔完结，应毋庸议。教堂关禁民人，查已逸出，起获洋书，先经给主认领，亦毋庸议。施溃发饬缉获日另结。

　　除供招咨送刑部查照外，理合恭摺具奏，伏乞皇太后、皇上圣鉴，敕部核覆施行。谨奏。[25]

光绪十二年六月十一日军机大臣奉旨批复：刑部议奏。钦此。[26]

　　值得留意的是该案祸首在史料中记录不相一致。在方志刚的〈温州'甲申教案'前后〉中称祸首为柴岩荣，文称："据传说，这次为首肇事者系一名唤柴岩荣者，系藤桥泽雅人（因谐音，浑呼泽雅荣），曾被政府捉拿归案，但未判死刑，数年后因人干预得赦免，充任狱卒（牢头）。"[27]然而，在《教务教案档》与《清末教案》中，称该案首犯为施溃发。由于方志刚此文于1992年完成，其"据传说"与实际有出入也属可能。因此，我们以1886年浙江巡抚刘秉璋的奏摺记载为准，因此该案的首犯为施溃发。

---

25 朱金甫主编，中国第一历史档案馆，福建师范大学历史系合编，《清末教案》第2
　　册，第425-427页。

26 朱金甫主编，中国第一历史档案馆，福建师范大学历史系合编，《清末教案》第2
　　册，第427页。

27 方志刚：〈温州'甲申教案'前后〉，载于《温州文史资料》第9辑，第251页。

而传说中的"柴岩荣"一名是从哪里而来？可能与该案主要案犯李阿渫有关。"阿渫"在温州话中与"阿荣"相近，而"柴岩荣"混呼"泽雅荣"，只取了单字"荣"。很有可能在 1886 年案审中的主要案犯李阿渫就被误认为是首犯。另外，刘秉璋的奏摺中显示李阿渫虽已被判处"发极边足四千里充军，至配杖一百、折责安置"，[28]但他并没有马上被发配充军，而是以"据供在逃之施渍发为首，恐致避就，仍应照例监候，待质十年，俟限满分别逸犯有无弋获，再行核办。"[29]这与方志刚的传说相似："曾被政府捉拿归案，但未判死刑，数年后因人干预得赦免，充任狱卒（牢头）。"[30]

与刘秉璋所报有出入的，就是参与谈判交涉的常关会办李希程于 1885 年 3 月就已记录首犯已被抓获。他说："上年八月纵火案内首犯已审定不诬、至今未决。闻当道有怜之之意，谓其虽无知，然似出于义愤，可原也。"[31]对于这些不一致的说法，我们尚无史料可以定论，但此案据刘秉璋所说已告结束，他说："被毁洋房器物先已议赔完结，应毋庸议。教堂关禁民人，查已逸出，起获洋书，先经给主认领，亦毋庸议。施渍发饬缉获日另结。"[32]

案件结束，在温州流传着童谣〈甲申教案谣〉：

金锁匙巷一爿桥，一班细儿拿底摇。

米筛巷，打声喊，番人馆，烧亡罢！

蹩脚番人逃出先，跑到永嘉县叫皇天。

永嘉县讲：老先生，你勿急，

番钱送你两百七，讨只轮船回大英国。

大英国，倒走转，温州造成番人馆。[33]

正如童谣所说，"大英国，倒走转，温州造成番人馆。"不久之后，在温州传教的英籍传教士曹雅直（内地会）、苏慧廉（偕我公会）等偕家眷从宁波回

---

28 朱金甫主编，中国第一历史档案馆，福建师范大学历史系合编，《清末教案》第 2 册，第 426 页。

29 朱金甫主编，中国第一历史档案馆，福建师范大学历史系合编，《清末教案》第 2 册，第 426 页。

30 方志刚：〈温州'甲申教案'前后〉，载于《温州文史资料》第 9 辑，第 251 页。

31 李希程：《二致宣楼》，1885 年 3 月 11 日。

32 朱金甫主编，中国第一历史档案馆，福建师范大学历史系合编，《清末教案》第 2 册，第 427 页。

33 胡珠生：《温州近代史》，第 115 页。

到温州，恢复传教工作，在教案所得赔款的基础上，得英国差会与教会的资助重建教堂[34]，并借办教会学校、创立医院等，服务温州民众，得以被温州人所接纳。

第二节　平阳教案

自 1874 年，英籍传教士曹雅直牧师到平阳西门传教，经历 20 多年，虽然经历过不少闹教之事，但经地方官出面晓谕，就可得了结。因此，内地会在平阳传道分书，教会日渐兴旺。然而，1895 年 6 月 17 日（农历五月廿五日）至 7 月 13 日（闰五月廿一日），发生以教民盗挖佛眼神脏为由，在平阳各地发生焚烧拆毁教堂、教民房屋、抢掠财物及殴打教民等事，经英国驻温领事、英国驻华公使从中周旋，由温处道于 11 月（农历九月）间结案，史称"乙未教案"。

一、各地闹教的过程

案件发端于平阳三十三都河头地方，该地有教友黄宗斛，全家于 1894 年信主，为该都唯一信徒。黄宗斛在信主之前食斋 20 余年，信主之后开荤。黄宗斛的作法引起该都民众的反感。6 月 17 日（农历五月廿五日），该都民众齐集庙董数十人在庙内设筵。筵席中途，有人宣布在该都下回地方，据说有教民盗挖佛眼神脏，就建议查看该庙是否有被盗。查看后，声称该庙也有被盗，就认定是该地唯一教民黄宗斛所为。庙董王光珍、金大从，率党到黄宗斛家。黄宗斛出来迎见，以礼相待，他们未能找到把柄，就到团练绅董黄桂馨家商议。[35]

在黄桂馨的主使下，第二天拿着团旗在庙里放炮鸣锣，纠集民众数千人，在庙里同吃香灰酒（香灰酒表示同心之意）。继而，民众同心拥到黄宗斛家。黄家十余人，闻讯从后门逃脱。黄宗斛则逃至十余里外，在萧家渡教堂找到

---

34 1885 年（光绪十一年），苏慧廉用"甲申教案"的赔款、英国教会的捐赠并苏氏夫妇的积蓄，在被焚毁原地重建偕我会城西教堂。苏路熙：《乐往中国》，第 28 页。1885 年，China's Millions 登载了曹明道 5 月 18 日写的一封信，信中提到 5 月 17 日温州内地会有一次大型的聚会，共有 200 人参加，聚会的地点是在"新礼拜堂里"。Edited by J. Hudson Taylor, M.R.C.S., F.R.G.S., *China's Millions*, 1885, p.116.

35 《中西教会报》，光绪 22 年 1 月，1896 年 2 月，第 8 页。

住堂教师林庆贤，与林庆贤同往平阳县城，向英籍传教士梅启文寻求保护。不久后，民间传言王光珍等扬言要焚烧教堂及教友房屋。梅启文牧师致信县令沈懋嘉，要求对各乡有教民之处，出示晓谕，并令各乡绅董保护教民，以保民教相安。沈懋嘉派两差役林彩、邵荣查勘，但两差役到平阳内地会教堂拿了盘川之后，没有到黄宗斛家查勘，反而到团总贡士黄桂馨家，听其一面之词就回禀说事已了结。而传教士梅启文牧师心存疑虑，致信给县令沈懋嘉，称"谣言愈盛。后患定来。教堂并教友房屋。必致焚烧"。然而，县令沈懋嘉听信差役的话，认为事已了结，并称黄宗斛不需要留宿教堂，自可放心回家。[36]

不久后，梅启文牧师派黄东福教师至乡间礼拜，在平阳县七都二沙地方，与教友陈昌富、陈裕良等为该地沾染严重伤寒的李姓农民祷告治病。三人在李家住了两昼夜，计划第二日回平阳。但在当晚有民众数十人，蜂拥到李家，诬告他们是洋贼，盗挖庙里佛眼神脏。将黄东福、陈裕良殴打（陈昌富逃脱），并捆绑他们直拖到海边（该地沿海），想要将他们投入海中。幸好得地保保护，幸免于难。[37]

6月23日（闰五月初一），在平阳九都郑家墩地方，地保李阿珍同胞弟李珍宝，"背摇团旗。鸣锣纠众。亦吃香灰酒。放帖招党。"到教友陈昌顺家，将昌顺父子捆绑悬梁，并捏称他们盗取佛眼神脏。随后，民众将陈昌顺家一所草屋拆毁，劫掠其中所有物件。接着，地保李阿珍鼓弄九都后半厂民众，将端午节赛龙舟失利之事嫁祸于该地基督徒开志一家，认为开志一家挖取神脏，以致菩萨不灵。民众听信谣言，蜂拥至开志家，逞凶殴打。[38]

6月29日（闰五月初七）早上八点钟，数千民众被纠集到萧家渡教堂。当时喊声震天，民众拆毁教堂，并付之一炬。住堂教师林庆贤一家逃脱，财物无一幸免。民众随即拥至三十三都下回地方，对五家基督徒进行焚烧房屋、劫掠物件。接着，他们又将河头黄宗斛家新建的五间房屋焚毁、劫掠一空。第二天，三十二都半垟、河山、栏杆桥等处，又有三家基督徒的房屋被焚毁、物件被劫掠。[39]

---

36 《中西教会报》，光绪 22 年 1 月，1896 年 2 月，第 9 页。

37 《中西教会报》，光绪 22 年 1 月，1896 年 2 月，第 9 页。

38 《中西教会报》，光绪 22 年 1 月，1896 年 2 月，第 9 页。

39 《中西教会报》，光绪 22 年 1 月，1896 年 2 月，第 9 页。

原平阳县以鳌江为界，有江西和江南之分。以上闹教事件，均发生在江西。7月1日（闰五月初九），江南片民众见闻江西闹教之事发生，官府没有动静。该地吴孔喜就效仿江西，鸣锣纠众数百人，蜂拥至教友吴绍璧、吴阿交家，将房屋物件拆毁劫掠无遗。7月2日（闰五月初十），鉴尾垟地方杨亚洋父子串通冯阿睡、冯阿狗，率同土兵十余人，于早晨六点钟，将江南龙船争地方教友杨上渠家新建大屋五间焚烧劫掠无遗。[40]

教案发生后，教友纷纷逃到平阳西门内地会教堂避难，向梅启文牧师寻求帮助。温州道台派兵二百余人赴平阳西门教堂，保护教堂及梅牧师房屋。仅一月，平阳县属共有21家基督徒房屋被焚烧、捣荡、劫掠。梅牧师将事件报告给驻温英领事傅夏礼及温处道台。[41]

二、平阳教案的处理

很明显，平阳教案始于各地关于教民挖佛眼盗神脏的谣言，闹教事件发酵之后，各地教友共21家房屋被焚毁、物件被劫掠。在英领事与温处道台出面处理事件时，究其缘由，还是离不开挖佛眼、盗神脏的谣言。

7月13日（闰五月廿一日）早上九点钟，十余名差役，在九都郑家墩将教友陈昌顺提拿，声称陈昌顺盗挖佛眼神脏被差役亲获。陈昌顺被押至县衙，沿途民众欢天喜地，喊声震天。然而，令人不解的是，陈昌顺家房屋于6月23日（闰五月初一）被焚拆毁之后，梅启文牧师致函沈县令，县令派差役至该处查勘，地保李阿珍、李珍宝及党羽周家修等自知理亏，明认赔还一切。当时梅牧师以为该事可以了结，"深为大幸。多一事。不若少一事。"[42]

据"悲惨子"描述，温处道台派差官卢统带到关家墩戴四侯王庙查勘，该地无赖周家修"亲在庙中搜出陈昌顺身边佛脏一副。"然而，周家修的供词与地保李阿珍不相吻合，李称"在昌顺家亲获神脏一副。"另外，更加令人觉得不可思议的是，地保李阿珍发出谣言，称"梅牧师雇教友在外盗取神脏。熬药服下。眼目立见光亮。"[43]

---

40 《中西教会报》，光绪22年2月，1896年3月，第8页。

41 《中西教会报》，光绪22年2月，1896年3月，第8页。

42 《中西教会报》，光绪22年1月，1896年2月，第9页。

43 《中西教会报》，光绪22年2月，1896年3月，第8-9页。

8 月 8 日（六月十八日），英国公使欧格讷[44]照会中称陈昌顺盗取神脏一事证据不足，且他在与总理衙门官员会晤时，官员们也认定陈昌顺为人误控。他说："温州府平阳教案。迭经本大臣与朱参赞在贵署面陈一切。查此案之缘起。谣传教民盗取神脏以致闰五月初旬将教堂及教民住房焚拆一空。旋由温州署领事官照会该处署关道。当经出示。派兵弹压。其势暂息。后有陈昌顺者。在教士谓其奉教。被平阳县以其盗取神脏传提到案。其盗脏与否。别无证据。仅有周家修一人自称亲见。所供恐不足凭。前数日在贵署会晤时。即贵署亦以陈昌顺为人误控。事虽如此。而此人仍系图圄。至滋事为首之人。早经领事官将其姓名达知地方官矣。迄今并未惩办一人。足见地方官并不以此事为应办之办。应请贵署迅电该省。即将为首之人公然惩办。并将陈昌顺立即释放。"[45]

英国公使于 8 月 8 日（六月十八日）发出照会之后，总理衙门于 8 月 10 日（六月二十日）回复："查此案前经贵大臣来署晤谈后。本衙门即电查浙省。嗣接浙江巡抚覆电内称。据温处道禀。先因匪徒窃挖各庙神像。毁及教民房屋。有乡民周家修见陈昌顺在像后挖开神背。于其身边及其屋内搜出神脏二具。交与地保。由县提同三面环质。供涉陈昌顺之姪陈裕良。惟教士梅奄文疑为串诬。多言诘驳。幸英领事谓衅由毁像。如获犯审出实性。无论是教非教。均应究办。此语极为公允。已饬该道持平办理。从速了结。除将拆屋妥修。并派队防护教堂外。合先电复等语。兹准照会前因。本衙门复电致浙江巡抚。饬令温处道与领事妥议速结。除俟该省具报办结到日。再行布达外。相应照复贵大臣查照可也。"[46]很显然，总理衙门虽然前称陈昌顺是被误控，但此时他们已经相信确有其事。

11 月 5 日（九月十九日），平阳教案结案，浙江巡抚廖寿丰递交给总理衙门的文中称平阳教案的祸始"若无陈昌顺之藏脏。陈裕良之窃脏。何致于此。"[47]在 1896 年 1 月 31 的文中将赔偿详情详述如下："十二月十七日。浙江巡抚廖寿丰文称。光绪二十一年十一月初二日。准贵衙门电开。平阳教案。英使

---

44 欧格讷（Nicholas Roderick O'Conor, 1843-1908），英国外交官，生于爱尔兰，1892 年 11 月起任英国驻华公使，1895 年 9 月调任驻俄大使。后死于君士坦丁堡。

45 吕实强主编，中国近代史资料汇编，《教务教案档》第 5 辑（三），第 1819 页。

46 吕实强主编，中国近代史资料汇编，《教务教案档》第 5 辑（三），第 1820 页。

47 吕实强主编，中国近代史资料汇编，《教务教案档》第 5 辑（三），第 1837-1838 页。

催覆。究竟已议结否等因。准此。查平阳县萧家渡教堂一案。衅由挖取神臓。业据平阳县沈令懋嘉具禀。该教堂系华式平屋三间。左偏楼屋二小间。披屋一小间。又教民卢大宏等房屋。其中或全行催毁。或仅捣门壁。或并无损坏。或草屋。或瓦屋。遵经会同委员与梅教士商议分赔。计赔教堂英洋五百元。各教民房屋英洋三千五百元。立单各执。挖毁神臓起衅肇事之教民陈裕良。经梅教士送案。供认在堂戒烟。归教听讲。偶在空庙乘凉。见有泥塑神像。把像拖倒。背后露有神臓。道是银的。挖出两付带回家里。又有窃贼李大窗偷取神腹钱线。在堂听讲。姓名未入教册之陈昌顺。代其姪陈裕良收藏神臓。均由县讯明。一并枷号发落。以明不袒教民。及挖毁神像亦有窃贼。非尽教民之过。开录供摺讯结缘由。请予销案。并据温处道宗源瀚禀。前案议赔洋四千元。已由县分期付给。教士签字函允。英领事照会称谢各在案。是此案赔洋已清。早经了结。准电前因。除先已电复外。相应录案咨呈。为此咨呈贵衙门。谨请察照施行。"[48]

第三节　永嘉枫林教案

1892 年，英籍传教士苏慧廉夫妇回英度假[49]，至 1894 年 12 月 1 日回到温州。[50]在此期间，温州范围内出现两起教案，分别是平阳萧家渡教案与永嘉枫林教案。其中，枫林教案从 1894 年 8 月直到 1896 年 3 月，耗时一年多，其案情的复杂可见一斑。

一、岩头事件与枫林教案的肇始

随着炮舰传入中国的福音，在 19 世纪的温州民众心里，基督教"洋教"面貌表露无遗的。偕我公会传教士苏慧廉在温州城西嘉会里巷建立教堂之后，将福音传到周边乡村。按照 1895 年 10 月笔名"浪回子"在《中西教会报》发表的文章〈温州嘉会分设支会事历〉中记载：由城西嘉会里教堂分出三个支会，分别是乐清虹桥、永嘉小源桥下街、处州青田；由桥下街分出四个支会，分别是山根、梅川、碧莲、小山坟；继而由碧莲分出五个支会，分别是

---

48 吕实强主编，中国近代史资料汇编，《教务教案档》第 5 辑（三），第 1865 页。

49 永嘉夏振榜在苏慧廉回国时，撰诗〈恭送慧廉苏先生回国〉，发表于《中西教会报》，第 22 卷，上海美华书馆，光绪 18 年（1892 年）11 月，第 30 页。

50 The Chinese Recorder 26（1895），p50.

剩庄、平坑、小溪、东山、岩头；接着由岩头分出三个支会，即枫林、麻车、上埠。[51]

按夏振榜的描述，他于 1892 年（壬辰岁）将福音传入岩头[52]。他说："回忆三年前。仆传道至永邑楠溪岩头。……迨壬辰岁。仆有戚属金则其之兄。被邪魔缠扰。病势垂危。耗费资财。绝无见效。不得已延仆。诊治。仆乘此机会。苦口劝导。勉其依从圣教。替其祷告。幸蒙真神垂怜。即庆生还。而邪魔退厥疾瘳矣。此非仆之功。是耶稣所赐耳。斯时信道者有人。听道者亦接踵而至。仆遂邀同乡友徐日淦。设立。戒烟局于其地。仆兼施医药。有初断烟瘾之金锦祥。仆即租彼家庙为宣讲之所。意欲挽回颓风。极力劝勉。"[53]

然而，不能忽视的是，基督教所到之处，教民与民众之间的矛盾与冲突很快就会突显。就如，在岩头建立聚会点之后，因为迎神赛会的原因，曾发生激烈的冲突。夏振榜曾详述其经过："正值元宵之际。迎神赛会。议捐筑鹿台。以作卢氏娘娘诞辰之需。勒派教友捐项不遂。遂于礼拜六夜。正礼拜时。该地有凶恶之人。约有百余。拥至教堂。不问是否。即行捣毁。焚抛圣书。余被其凌辱。且有教友遍体被其鳞伤。以及堂内器用什物。均被抢夺。甚至议立禁条。勒令教友画押。始免斥逐等情。其中有懦弱者。彼偷生以害仁。棹其陷阱。有信心坚忍者。宁杀身以成仁。百折不回。次日黎明。若有不愿画押者。将其家人斥逐房屋。封锁。乃乡人见有封条被风吹坏者。诬其抗违禁令。私启门户。即鸣锣击鼓。哄动数百人。各执器械。捣其房屋。殴其家人。斯时信道奉主之家妻子离散。老幼失所。使见之人。酸鼻堕泪者有之。揶揄非笑者有之。是日乡人犹恐教友逃匿。特邀无赖之徒。各持洋枪。将土城四门看守。惟仆赖主救获。避至山径。脱却凶人之手。"[54]夏振榜无奈将事件报告给城内偕我公会牧师，牧师转讼于英国领事，领事与温州府交涉。正月十八日，温州府派委员至岩头勘察详情之后，在强压之下得到平息，夏振榜说："后遂重修住屋。再整教堂。家人团叙。而教友复会。"[55]

---

51 《中西教会报》，光绪 21 年 9 月（1895 年 10 月），第 3-5 页。

52 《中西教会报》，光绪 21 年 10 月（1895 年 11 月），第 3-4 页。

53 《中西教会报》，光绪 21 年 10 月（1895 年 11 月），第 3-4 页。

54 《中西教会报》，光绪 21 年 10 月（1895 年 11 月），第 3-4 页。

55 《中西教会报》，光绪 21 年 10 月（1895 年 11 月），第 3-4 页。

然而，岩头民众不服于政府的强压，经过商议重立私约。夏振榜描述："斯时乡人虽被官法压制。奈毒心未息。仍起奸谋。复纠众商议。谓斯时食教者虽少。若不芟除。惟恐后起者渐多。则宗庙冷落无人献祭。殿宇坍坏。无人修葺。遂设席议禁。重立私约。如有人入堂听道者。罚洋三十元。如延教士治病者。罚洋十五元。如违禁信从者。将其宗谱除名。祀产褫革。田垟门户。垟头亦不管矣。以作异邦人视之。与之绝交。不相往来。则其教不待驱而自息矣。"[56]

枫林地方，徐定鳌于 1893 年受洗归入基督[57]，至 1895 年，枫林已经有六人正式受洗入教，分别是：徐定鳌、徐定左、徐起兆、徐象龙、徐定永、徐定信等。他们每逢主日，到岩头镇金氏祠堂做礼拜。枫林的六位入教者，都是徐姓同门。受到岩头民众反教事件的影响，枫林镇全体徐氏宗族成员 1894年 8 月 8 日（光绪二十年七月初八），在该镇张贴公告，公告全文为：

> 此公告旨在告知全体民众，以定鳌、定左为首的男男女女数十人，被基督邪教影响已误入歧途。他们背叛祖宗，欺师灭祖，男女混杂，不知廉仪。宗族全民在祠堂讨论他们的恶行，一致认为应将此众从宗族中驱逐出去，但万事不可草率，需循序而行。为此，我们决定，如果定鳌等人立即改邪归正，放弃洋教，重归正途，我们将既往不咎。

> 此告公布后，如若你们不听劝阻，一意孤行，我们将把你们从族谱上除名，收回你们的权利——柴火权、用水权等。你们名下的土地和房屋也将一并收回。迷途知返，刻不容缓，否则，你们将失去最后的机会！众人已怒火中烧，不会再给你们更多的机会了。

> 特此通告，予以警示。[58]

很明显，徐氏宗族在接下来的时间里，就按该公告的威胁来应验在枫林镇的基督徒身上。海和德在当年 11 月 16 日写给英国驻温州领事的信中，将枫林基督徒受到的逼迫作了详细地描述：

---

56 《中西教会报》，光绪 21 年 10 月（1895 年 11 月），第 3-4 页。

57 吕实强主编，中国近代史资料汇编，《教务教案档》第 5 辑（三），第 1830-1837页。

58 J.W.Heywood, Maple Grove,, Chapter Ⅱ, *The Missionary Echo*, 1901, p18.原公告已失，英文版乃海和德的翻译，由沈迦译为中文。摘自沈迦：《寻找·苏慧廉》，第 103 页。

　　先生，我恳请您关注一下枫林事件的进展情况。事情的解决非常缓慢，而枫林以及更多地方的基督徒将会遭受更大的凌辱。

　　我以前的担心都已成真。上个星期六，有人从楠溪，距枫林大约十里远，回来告诉我，在这个镇里统一分配木柴的季节，枫林基督徒的柴火权已经被剥夺了。另外，星期天有两位男性基督徒想要去参加在岩头的聚会，被同镇人在半路截了下来。在枫林所属的楠溪区中，基督徒受到的威胁恐吓正慢慢扩大，其他城镇中所有与"洋教"有联系的人都无法幸免于难。

　　在岩头，也就是我们的聚会点所在地，很多针对基督信仰者的迫害行动屡见不鲜。两年前，就在这个地方爆发了一场严重的打击基督徒的运动，而这样的运动，现在时常发生。今天早晨，从枫林来的信使说，上个星期天，也就是 11 月 11 日，当得知基督徒都去参加礼拜后，一伙人便打落了他们种植的乌桕树的果实，共计四斗（约为四蒲式耳）左右。更糟糕的是，他们不仅打落了果实，还锯掉了不少树枝，这样一来，明年结果也无望了。

　　所以，先生，我现在恳求您能让这种恶劣的形势停止下来，使当地政府不再推诿。在 9 月 17 号的时候，我曾将事情原委告诉您，并得到了您的及时回复。道台也表示"已交由永嘉县处理，赔偿受害者的损失，按照法律程序审理被告。"可是，县衙从未付诸行动，9 月 23 号和 25 号依然发生了逼迫基督徒的事件。

　　在您 10 月 1 日的回信中，您提道，"纵观在枫林发生的一系列事件，也许当地的知县也倍感尴尬，毕竟被告是有很大影响力的上层阶级。因为知县无法解决，于是我便请求道台亲自出面解决此事。"

　　正如您所知，先生，道台并未采取任何措施，对于我们提交的这样一份合情合理的申请，他在 10 月 13 日回复说，已责令基督徒去县衙接受审问。他的这项指令很快得以实施，在 10 月 15 日的时候，受害的基督徒上呈了第一份诉状，可惜未取得任何成效。10 月 29 日，他们又上呈了另一份诉状，结果还是没有得到回应。

　　我必须指出的是，首先，案中的受害者没有任何过错，他们最大的错便是信仰了基督教，并试图让自己的生活变得更好。其次，两个在公告中受到"全体民众"威胁的人已经遭到了各种迫害，人们可以轻易推断出问题所在。第三，距离第一起敌对基督徒事件发生的时间（9 月 14 日）已经过去了两个月，可是当地政府未曾采取任何措施。第四，我们一直在冷静等待，可是一无所获。这也证明，我们不能再坐以待毙了。

所以，我希望先生您能对那些能够尽快了结此事的官员施加影响，毕竟这些事情的发生是对法律明目张胆的蔑视。[59]

不久，苏慧廉从英国度假回到温州，开始着手处理该案件，于 1895 年 1 月 23 日达成和解方案：基督徒获赔 45 美元，弥补损失；获得与非基督徒享受同等权利，包括祖产继承、土地耕种及其他权利；可因信仰的缘故拒绝参加宗族祭典。[60]因此，该案件得一时的平息。

二、教案重燃与事件发酵

教案的重燃是徐定鳌组织枫林基督徒在自家的前厅开设礼拜引起的。徐定鳌本身是一位贫民，住在一座由 28 户人家共居的大宅里。此宅共有三进，徐定鳌住在最后一进的左首，仅一间半。而大宅的众厅是 28 户人家共用的场地。徐定鳌与其他同姓基督徒在苏慧廉还未回到温州之前，就已经向海和德提出在枫林镇建立教堂。由于海和德初到温州不久[61]，遂不敢冒然答应，他说："我告诉他们，在我的同仁苏慧廉先生从英国回中国之前，我是无法胜任建造一座教堂的重任的。为了不打击他们的积极性，我指示在岩头做礼拜的教徒也到枫林去，和那里的教徒一起聚会。"[62]

得到海和德的首肯，徐定鳌希望尽快在枫林组织基督徒开设礼拜。但他们的入教一事遭到徐氏宗族的强烈反对，且造成一系列地逼迫运动，致使开设礼拜一度被搁置。1895 年初，苏慧廉与温州府之间达成的和解方案，使得枫林基督徒的权利得到保护。在和约的保护下，徐定鳌于 7 月 21 日（闰五月二十九）公然在徐家大宅的众厅开设礼拜，引来不少小孩围观。[63]此事引起徐氏宗族的强烈反应，徐定鳌的供词中显示：7 月 22 日（六月初一），徐

59 J.W.Heywood, Maple Grove,, ChapterⅡ, *The Missionary Echo*, 1901, p19-20.中文摘自沈迦：《寻找·苏慧廉》，第 104-105 页。

60 J.W.Heywood, Maple Grove,, ChapterⅡ, *The Missionary Echo*, 1901, p21.

61 海和德于 1891 年到达温州。

62 沈迦：《寻找·苏慧廉》，第 102-103 页。

63 吕实强主编，中国近代史资料汇编，《教务教案档》第 5 辑（三），第 1830-1837 页。

象严在徐氏大宅的徐定崇家吃酒，主唆要将徐定鳌等逐出，不让他们在众厅礼拜。徐定鳌知道后，就于第二天（六月初二）到象严的书馆中理论，但象严不理。[64] 几天后，温处道于 7 月 25 日（六月初四）发布了支持基督徒的公告，希望民教平等相处。[65]

事件发生在 7 月 26 日，即温处道公告发布的第二天。当天的情形，英国公使欧格讷于七月初二（8 月 21 日）发出的照会中有记录："今温州府属南溪镇枫林地方复出滋扰教民之案。显系平阳之案匪犯未行惩办之故。据该领事官详报情形如左。据称本年六月初五日。枫林地方教民数人聚会徐定鳌家讲道。忽有匪徒聚众五六百人。在房前叫骂。嗣经闯入屋内。将什物连抢带毁。嗣有教女被匪党肆行侮辱。又入教民数家抢掠一空。复令素不安分之二人。占踞之室。教民无奈逃往温州。至今未回。此次衅端。并非招惹。实属无故而来。确系生员徐象严主谋。公然以欲枫林入教之民全行逐□境外之语出诸其口各等语。本大臣查以上乃此案大略情形。"[66]

另外，海和德对此案的发生过程也作了详细的记录：

> （7 月 26 日晚）黄昏时分，基督徒聚集起来为星期六的晚祷做准备。他们刚刚踏入聚会点，就听到祠堂里传出急促的鼓声。只有很重要或很紧急时，才会这样敲鼓。仅片刻，基督徒举行祈祷的地方就被百余位年轻人包围。很快，增援又至，暴民人数增至三四百人。有个来参加晚祷的人迟到了，当他试图穿过人群时，遭到了无礼的谩骂。事态发展得越来越严重，所有的基督徒都退到了内室。人们开始扔石子，所幸的是，除了打碎不少砖瓦外，没有其他损失。人数还在继续增加，最后约有六百人围堵在聚会点外。
>
> 其中一个教徒有个十八岁的女儿，被眼前发生的事情吓坏了，她不顾一切冲了出去，结果受到了不可想象的迫害。为什么那群暴徒没有闯进屋内？用中国教徒自己的话说就是："上帝保佑。"直至午夜，还有暴徒在屋外走动。[67]

---

64 吕实强主编，中国近代史资料汇编，《教务教案档》第 5 辑（三），第 1830-1837 页。

65 沈迦：《寻找·苏慧廉》，第 105 页。

66 吕实强主编，中国近代史资料汇编，《教务教案档》第 5 辑（三），第 1821-1822页。

67 J.W.Heywood, Maple Grove,, Chapter Ⅱ, *The Missionary Echo*，1901，p38.中文摘自沈迦：《寻找·苏慧廉》，第 107 页。

在欧格讷的照会中，首先显示徐定鳌、徐定左、徐启兆、徐象龙等枫林基督徒逃至温州避难，经苏慧廉等传教士，将案件报告给英国驻温州领事。其次，他指出该案件的发生"显系平阳之案匪未行惩办之故"。最后，他直指浙江巡抚与温州道台对案件处理不当，他说："当此事未起之先。领事官逆料必至偾事。曾于前七日函告巡道。催其预行防范。乃巡道概行置若罔闻。即事出以后。巡道所设施者。亦属一律未妥。不但不以此事为重大之案认真办理。竟派委把总未弁会同主谋徐象严之友查办此案缘由。似此滥派查办。难怪查办之员皂白不分。是非未确。妄以虚情禀复。而巡道即据伊等禀复之词。敷衍了事。不肯实力究办。"[68] 值得注意的是，欧格纳在照会中指出徐象严是此案的主谋，无奈在查办中"皂白不分"、"是非未确"，是因为温州道台委派徐象严的好友去查办此案。[69]

三、温州堂审与双方僵持

由于英国驻温领事、英国公使的介入，浙江巡抚和温州道台不得不重视此案，遂决定于 9 月 13 日（七月二十五）在温州府举行堂审。

在堂审前一天[70]，温处道委员叶昭敦拜访苏慧廉，商讨会审之事："未审之前一日。委员亲晤教士苏慧廉。告以审如虚诬。应教册除名。教士亦云。同是中国子民。不法则例应照办。旋录供照会领事。请将教册除名。以凭研审。至徐定鳌徐定左徐启兆徐象龙皆因欠粮被押。定左等三人俟完粮即释。请照会英国驻京大臣。转饬于教册内将徐定鳌除名。俾以后不致生事等语。"[71]

海和德对此次会晤的过程作了负面的追溯：

> 9 月 10 日，星期二，道台最得力的副手，同时也是道台的亲戚，给苏慧廉送上了拜帖。当天下午三点钟，叶昭敦就来了。在一个半小时的时间里，他一直都在试图强调所有的错误均出在基督徒身上，他们没有权利在枫林做礼拜。……不过他的离开带给我们一种不可

---

68 吕实强主编，中国近代史资料汇编，《教务教案档》第 5 辑（三），第 1821-1822 页。

69 吕实强主编，中国近代史资料汇编，《教务教案档》第 5 辑（三），第 1821-1822 页。

70 海和德回忆为前三天，而温州道台给欧格纳的照会中指出为前一天。

71 吕实强主编，中国近代史资料汇编，《教务教案档》第 5 辑（三），第 1839-1840 页。

名状的感觉，那就是不久将有大麻烦。他的造访说明，不仅枫林的文人敌视基督徒，连那些当官的也不例外。后来发生的事情充分证明了这一点。[72]

9月13日（七月二十五），庭审由叶昭敦与永嘉知县沈寿铭共同主持。海和德对整个堂审的过程作了详细的记录：

> 从早上八点到中午十二点，四个原告一直都只能跪在官员们面前。任何想把手撑在地上以减轻膝盖压力的举动都会被站着的衙役制止。在此过程中，不管他们说什么，都被官员们严词否决掉了。十二点，暂时休庭用餐。下午两点到三点半，四个原告遭遇了和上午一样的待遇，他们的膝盖已经不能完全伸直了，而那些被告，却对案件的发展乐见其成。三点半时，案件出现了重大的危机。

> 这时，叶昭敦把主簿叫到跟前，让他撰写一份处理方案，并且一式五份。这方案是他个人的臆想，并没有和原告或被告商量。堂审因此一度中断，直至这份文书完成。随后，他要求包括几个秀才和两三个定鳌的邻居在内的被告走上前来，对文书签字画押。叶昭敦还要求主簿将文书上的条款大声宣读出来，以便堂上所有人都能听到。以下便是那位叶大人"杰作"的主要内容：

> 一、定鳌无故控告秀才徐象严和其他一干人盗窃他的财物。

> 二、定鳌必须前往岩头礼拜，从此不得在枫林进行崇拜活动。

> 三、邻居们从他家中拿走的家当均是为了保护他的财产。它们现已全数归还，没有一件遗漏。

> 四、往后你们所有人都必须老实本分，和平相处。

> 这些条款宣读完毕后，官员便询问被告："你们同意这个解决方案吗？"他们回复道："大老爷！如此公正的判决，我们还有什么不愿意的？"

> 随后官员说："所有人都必须签字画押。"

> 被告们签好文书后，叶昭敦让定鳌和其他三个原告也签字画押。他们说道："我们怎么能在这样一份文书上画押？除非所有的东西都还给我们。我们不同意如此解决！"

---

72 J.W.Heywood, Maple Grove,, Chapter Ⅱ, *The Missionary Echo*, 1901, p107.中文摘自沈迦：《寻找·苏慧廉》，第108页。

听了这话，叶昭敦大发雷霆，要让衙役们痛打他们一顿。按照中国的惯例，他的属下会竭力劝阻，让他不必对此等恶人大动肝火，并对他们开恩。他们问了三次，原告们也拒绝了三次，绝不在这份给基督徒蒙上耻辱的文书上签字。官员也三次威胁要杖责他们。定鳌说，"为什么你要打我？就算你要砍我的脑袋，我也不签字画押！"

官员们无计可施，只得再次审讯他：

叶昭敦："你们基督徒吃鸦片吗？"

定鳌："不！大老爷。"

叶昭敦："你们基督徒赌博吗？"

定鳌："不！大老爷。"

叶昭敦："你们基督徒喝酒吗？"

定鳌："如果必须喝，也喝一点，但不过量。"

叶昭敦："你们基督徒欠钱都还了吗？"

定鳌："如果我欠了钱，就肯定会还；如果其他人欠我的钱，我也会让他还。"

叶昭敦："听了你的话，结合你以前说的话，真是说得太动听了。你根本就没有把你的债务还掉！你欠着田赋没交。为何不交田赋？真是罪大恶极！"随后，他下令将四个原告拖到牢里去了。而那些蔑视法律，为非作歹数月之久的被告却"平安无事"地离开了县衙。他们带着官员站在自己这边的好消息，回到他们的宗族去。[73]

苏慧廉的妻子苏路熙对堂审的记载与海和德的描述完全雷同，她将徐定鳌在狱中的遭遇详细地描述出来："这些可怜的人差不多失去所有在地上的财产，而且他们被再次监禁。监狱的看守用绳子绑住他们的脖子，给他们戴上手铐，把他们吊起来，吊了八个小时。半夜，我们给监狱看守送了贿赂，他们才被微微松绑，至少可以站住，但一站就站到第二天中午。"[74]而关于他们拖欠田赋，苏路熙说他们只是拖欠了一点点，苏慧廉和海和德把税款送了上去，并交了保释金，但是没有用。[75]

73 J.W.Heywood, Maple Grove,, Chapter Ⅱ, *The Missionary Echo*, 1901, pp.107-108. 中文摘自沈迦：《寻找·苏慧廉》，第 109-110 页。

74 苏路熙：《乐往中国》，第 90-91 页。

75 苏路熙：《乐往中国》，第 91 页。

苏慧廉只好向温州领事傅夏礼求助。事件发生的时候，傅夏礼正好在青田，苏慧廉派人去找他。回来后，他就穿上官服，直接去见道台，抗议不公道的审判。几天后，除了定鳌之外的三个人都释放了，而定鳌又多关了三个多星期。继而，傅夏礼也向英国公使写信。英国公使将冤情告诉清政府的总理衙门。总理衙门给浙江巡抚施压，在巡抚廖寿丰的授意下，温州道台宗源瀚于 10 月 19 日将徐定鳌释放。但在释放前，徐定鳌受尽侮辱。苏路熙记录："定鳌被带到道台的亲戚家，受尽折磨侮辱。打他的竹棒很吓人，他被打了一千多棒。……看见殴打没有效果，亲戚把他关进监狱，用监狱的酷刑想让他屈打成招。不见效，他们把他绑起来，狱卒拿着他的手画了押。他大声抗议，但没有用。他被释放了。"[76]

英国公使欧格讷在 10 月 2 日（八月十四）给总理衙门的照会中对此次堂审以及后续的作法表示极大的愤慨。他说："照得温州府属南溪枫林地方。本年六月初五日。出有滋扰教民之案。曾于七月初二日。由本大臣将此事情形。备文照会贵署。并请电饬温处道。将逐出枫林之教民等各送归家。及赔补其亏累。并请设法究惩滋事匪徒。庶免教民再罹其虐等语各在案。乃迄今尚未接准复文。虽该处领事官竭力催办。而于被逐教民安置复业。及补偿所受亏累之处。毫无举办。是以教民无可奈何。将欺侮之徒控告。于七月二十五日。在温州府审讯。此案经温处道派委员叶昭敦承审。有该教堂中国教士二人在场。据领事官所禀过一时甚不公允。华官一味袒护被告。勒令原告教民四人挺跪四点钟之久。经皂隶大言恫喝。各加责打。而被告反蒙优待。站立不跪。审毕发下一纸。令两造具结画供。勒令原告具结。以被告并无不合。不再追控。赔偿一层。置而不提。并迫令应承不再聚会枫林讲书等语此等缪结原告敢能妄具。是以不肯具结。至此委员忽问教民。汝等应纳地丁钱粮是否交纳。内有二人回称。皆已纳清。余二人回称。所欠甚微。合算不过银洋三元上下。该委员即将教民徐定鳌徐定龙徐启兆徐定左四人收禁图圄。系伊等手腕悬诸梁间十二点钟之久。内有二人其足指将及著地。旋经伊等之友屡次代完所欠钱粮。而官役竟不接收。复经领事官迭次文致。并面晤巡道。请其释放四人。皆未允许。嗣后数日方准复文。将该教民三人释放。其原告徐定鳌仍禁不放。称其为诬告者。似此办法。领事官以为甚属未合。盖教民已被骚扰凌虐。家宝抢掠一空。器物田禾同归于尽。是以投县控告。虽所控各节未遭驳斥。而

76 苏路熙：《乐往中国》，第 91-92 页。吴慧将定鳌误译为"定国"。

反噬之情亦毫无确证。及竟被系在监。痛遭蹂躏。反视被告为无罪之人。据领事所称。此案情形传布一方。人心甚属惶惑。诚恐不久。各处将有滋扰教民之祸事。既如此。则此案之责。专归温处道一人承担。缘该处滋闹之先。虽经领事官预为知照。而该道毫未先事防范。萧家渡匪党亦未惩办。续又将无罪入教之四人滥收囹圄。惨被非刑。致与天理条约均不相符。此事若传播四达。必至天下有教化各国人民同声骇叹。是以中国国家应行严禁此等四行骚扰之端。今本大臣仅将此案实情备文照知。想贵王大臣阅悉之余。必以该道所办为不合严加申黜也。须至照会者。"[77]

至于海和德形容的"叶大人的'杰作'"在浙江巡抚廖寿丰递交总理衙门的奏摺中已详细记录："据署温处道宗源瀚详称。据署永嘉县知县沈寿铭会同委员候补知县叶昭敦禀称。本年六月初九日。卑职寿铭奉道札开。内本月初八日。准英领事以枫林一带有地棍五六百人向教民寻衅。不准讲道。抛石辱骂。时有邻居教女闻警出视。棍徒将其推倒。剥去上下衣服。身遭荼毒。含羞觅死。尚有地棍二人在家盘踞。日索钱饭。形同寇盗。有徐象严在众人前说已唆使。照请亲提究惩等因。札县确查禀办。遵即选派干差。并函请办团催粮傅委员王森暨就地绅士徐寿萱等分别查理去后。旋据教民徐定鳌等。以生员徐象严等聚集多人。喝令地内恶党拥入教堂。逼令出教。伊等不即允诺。将伊定鳌定左启兆三家银钱米谷箱柜衣饰猪牛鸡犬门窗板壁毁抢一光。又众言挖毁神像均伊教中人。呈请惩追。并据傅委员及差役等先后查复。中间又由道改委永嘉县教谕郑一夔诣查。核与领事照会暨教民控情大相迳庭。即经卑职寿铭分分饬传未到。随挠徐姓合族士庶。以伊等世居枫林。俗安耕读。地广人稠。良莠不一。素称教意劝人为善。乃族人徐定鳌自归教后。即冒称教士。将屋为堂。以公众之厅房。作一已之私用。以宣讲之大声。惊婴孩之胆魄。倚势横行。邻皆含怨。尤以盘踞抢夺。凌辱妇女等危词。谣耸领事。大题证制。伊等与鳌虽分民教。究系一本。总期日久相安。以免不测之祸。佥请示谕。而安民教等情。又经卑职寿铭明查暗访。委员查复及差禀公词。均非虚语。第卑职寿铭究未亲履其地目覩者。其情终未深信。厥后因公下乡。迂道前往。勘得徐定鳌等同门二十八家。有公共坐东朝而房屋一所。前后三进。仅第三进左首正房一间半。系该教民徐定鳌之屋。屋内门窗板壁完整如

---

77 吕实强主编，中国近代史资料汇编，《教务教案档》第 5 辑（三），第 1822-1823 页。

旧。并无捣毁痕迹。又勘得教民徐定左家另有坐西朝东住房三间。门壁均属完固。又教民徐启兆家仅有坐北朝南住屋一间。门壁虽已完固。而屋内泥灶破坏过半。又勘得枫林下社庙殿宇广阔。中座神像左目。左判两目。下座神像右目。劝善圣僧神像两目。孟将军神像右目。及门外龙将。均有挖毁痕迹。勘毕查讯同居之生员徐定禄邻佑李阿发地保徐思饶。金以教民徐定鳌等所称被抢各物。均各搬藏别屋。事后早已收回。并非被人搬抢。时因人证未齐。无凭质讯。谕令两造来县候审。奉委卑职昭敦会同提鞫。兹于七月二十五日。饬集两造及应质人证到案研讯。徐定鳌所控地棍五六百人拥入教堂一节。查该教民等向在岩头礼拜。甫于本年五月间。在公共众厅排列桌椅。纠约周教按期宣讲。同往者二十余家。大小男妇一百数十余口。罕闻罕见之事。拥入观看。嘈杂喧嚷在所不免。并无五六百人之多。况该族聚族而居。不但同姓者均系徐姓。即前后左右无非族众。焉有匪棍。又凌辱教女剥衣荼毒一节。查徐定左之女在外观看。被无之幼孩以竹筒喷水溅湿衣服而脱换。并无推倒在地剥去上下衣服。有何含羞觅死之事。是以奉文饬徐定左带同妻女赴县。而妻女不来。其在县具呈。亦无一语及此。又搬抢衣服牲畜一节。查讯地保与同门邻舍证佐及寄藏之李阿发等。金以徐定鳌等所称被抢各物。均系各自搬藏。事后均已收回。并无被人抢去。捏开失单器物多种。金谓该民等住屋无多。何从存储。即如耕牛。已于无心流露供未被抢。他物何知。徐定鳌亦自称一虚百虚也。又其在县候讯之时。忽以危词捏报教堂。谓枫林与岩头溪南芙蓉苍坡港头等处各团董会集相商。先割教民田稻。后再驱逐出境。并用教堂洋纸开称。伊之田稻已被众人割去二亩半。除岩头等处经郑教谕查复。并无其事外。其徐定鳌等田稻。查讯地保暨其族人。金称徐定左三角田稻。系同族弟兄徐象火等因其在城外回。稻已成熟。虑被偷窃。好意代割少许。全交地保收存。徐定鳌一角四稻。系其妻自割尝新。象龙之稻。系属祖祠公产。经其族人割存。以作祭享之用。既非有人抢割。亦委无二亩半之多。众所共知。且团董廪生徐寿萱系伊在县先称为公正之人。乃又捏称团董聚议割稻。未免丧良。又称徐存悌徐定永被逼出教一节。其在教堂则称徐芝豪威逼。徐存悌存有字据为证。奉饬令传谕徐存悌持据赴县讯办。至今杳然。其控县又改指徐象严逼令画押。查传徐存悌定永不到。据存悌胞叔徐思五定永堂叔徐存邦声称。伊侄存悌等因定鳌为人不端。与村族未洽。惧被累。是以出教。并非为人所逼。又未立有字样。又称徐象严主谋唆使一节。于郑教谕在领事署时。定鳌称徐象严摆酒请客。指为主谋之据。堂讯徐象严坚称并无摆酒请客情事。诘之定鳌。谓在徐定崇家摆酒。讯之案证。知徐定崇即与定鳌同门。因起造房屋请酒三桌。并无徐象严同席。即讯之徐芝豪徐定谦徐子源。其时亦未在家。且果谋逐徐定鳌等。亦必无在其门内摆酒设谋之理。查此案事起口角。衅由在在家礼拜。先问同门二十七家。皆不入教。卑职寿铭亲诣枫林。查明不入教者二十五家。定鳌在县先称。同门二十余家。均愿其门内礼拜。并有租洋三元交徐进德收去。履勘时查讯同居之徐定禄等。均称定鳌在公共众厅设堂礼拜。群聚宣讲。伊等各家不安。曾向劝阻。不允搬让。同居徐进德亦未得受租洋。卑职昭敦昨经面询苏教士慧廉。据称有洋三元交定鳌租屋。乃现讯无人收受。殆在教堂则捏称租屋。其在家礼拜则为侵吞租洋。领事教堂均在郡城。相去枫林百数十里。彼地情事何由而知。无非听诸教民。然不传集被控人证虚衷质讯。无以昭信服。故此次先讯被控主谋之生员徐象严及徐定谦徐芝豪徐子元。反复穷究。恐有遁词。乃不但徐象严等坚请查主谋证据何在。即徐定鳌亦无能寔指。而案证一二十人。于所控主谋及抢物割稻。逼令出教咸。证其虚。徐定鳌理屈词穷。仍思赔物。卑职等问以众未失。应以何人之言为主。定鳌请以同门内之言为主。讯之同门诸人。佥称寄存之物悉已搬回。并未见有一人入门抢物。试问令何人赔缴。而其情节尤重者。先曾挖去关庙神睛。有同门之徐定禄亲见。现在社庙神睛被挖多处。经卑职寿铭亲勘属寔。无怪群疑定鳌所为。尚枫林未致如平阳酿事。然履霜水至不可不防。徐定鳌徐定左徐启兆徐象龙均有抗欠钱粮。迭经派令书差委员赴枫林催征。始终不完。平时念系小户。未予提究。兹既到堂讯明控案之后。不得不押交正赋。定左虽诬族叔窃开起衅。惟其到堂时与启兆象龙尚循规钜。已谕令速完欠粮。即可发落保释。徐定鳌有挖毁神睛重情。而又妄称公共之厅为教堂。在心巨测。到堂倔强非常。若予轻纵。万一酿成平阳事端。卑职寿铭寔难当此重咎。其应如何办理之处。合将审各供连同在乡所讯同门徐定禄供词。开摺禀呈。仰祈察核示遵等情。道查此案初准英领事傅夏礼照请委员酌带兵勇究惩。当派带勇之把总潘镇陞前往。查明事起口角。中多孩童妇女。无须用兵。该弁另有公事。即委现驻枫林傅委员玉森。又面商英领事改委郑教谕一夔节次查复。均经文函照复。郑教谕并晤英领事。面述细情。嗣奉抚院电饬另委干员。当饬永嘉县亲赴枫林。躬往勘查摘讯。回城又经传集人证二十余人。另补候补知县叶令帮同讯明。徐定鳌等所控无一不虚。照中国定律。应办诬告。况该教民等又皆杭欠钱粮。徐定鳌在县堂尤倔常非强。目无官长。不但诬告之事肆口强辩。且恃系入教。口称欠粮亦不要紧。而其情节尤重在曾挖关庙神目。现在社庙被挖多处。群疑定鳌所为。职道始悟领事六月初二日来函。其时枫林尚无口角滋闹。即言枫林将效平阳之尤。初八日照会更复述之。皆由徐定鳌自己情虚。事前事后来城播谣而起。盖枫林百姓虽未效平阳之尤。而枫林教民实已效平阳之尤也。平阳教民陈昌顺陈裕民。一藏神赃。一挖神赃。教士梅启文事后听一面之词。函致平阳县。称为教友力剖冤诬。县官遂未深究。冀以敷衍了事。逾数目遂有拆毁教堂。并拆教屋多处。今徐定鳌所为如此。若又不予深究。是官又效平阳之尤矣。惟教士苏慧廉见教民被押躁急。一日三函向县请释。事关中外交涉。除徐启兆徐象龙尚未有人指挖神目。尚可从宽。徐定左虽其家以神庵有字香炉猥猪。已据缴县。该三人欠粮一完。即由县照定例发落。先行保释外。惟徐定鳌诬童雅妇女为匪棍。诬生员为匪。谋造谣扇惑。笔渎领事请兵。迭经委查。领事始于六月十四来函。言案非重大。民教均系中国子民。地方官自能办理。乃该教民仍笔令上渎总理衙门。捏称委员为徐象严之友。今经印官亲查。另委干员会审。未审之前一日。委员叶令亲晤教士苏慧廉。言审如虚诬。即非安分无过。应令教册除名。教士亦云。同是中国子民。不法自应照办。而徐定鳌挖取神目。明效阳教民陈裕良等之尤。妄称其家为教堂。无怪该县谓其心怀叵测。查中英条约第八款。传教系为善之道。徐人如已。其安分无过之条约。平阳毁像教民。领事印文曾允教册除名。今徐定鳌事同一律。而供词狡展。除备叙县禀。照录供摺。照会英领事。将徐定鳌教册除名。再行研审。冀杜后患外。理合照录供摺。详祈鉴核批准。照饬领事教册除名。并求先行电请总理衙门。照会英国大臣转饬教册除名。俾永嘉各教堂不致生事。地方官得以尽心保护。寔为公便。再枫林对港岩头地方。曾于光绪十八年正月。准英国领事照称。苏教士禀岩头租有祠堂一所。传教之地。礼拜所用。是以徐定鳌等本年闰五月以前。皆在岩头礼拜。此系有案之事。无人阻止。徐定鳌一家同门二十余户。断非其比。乃该教民在教士前则捏称租屋礼拜。在乡间则擅用众厅。吞洋入己。亦属教中败类。不为查禁。必滋事端。至此案业委永嘉沈令亲赴枫林查勘。并就近查讯大概。回城传齐衿董邻证地保人等与教民徐定鳌等。于七月二十五日。三面质审。并经职道札委候补知县叶令会同讯明。徐定鳌以同姓童雅妇女指为匪棍。以同门徐姓请客。座中并无生员徐象严。乃证指为徐象严设席主谋。讯之案证地保人等。绝无逐教民出境及占其室之事。事缘徐定鳌向在对港岩头礼拜。前两月忽以其家为拜所。同门妇雅围观。因而口角。徐定鳌来城诬所。自将什物存同门之家。现经逐一交还。乃藉此诬人抢取。众证分明之后。他无可狡犹。狡称失物。意在图赖。照案定例。已应究以诬告。而情节尤重者。徐定鳌曾挖取关庙神睛。有同门徐定禄亲见。近日枫林社庙神睛被挖。致同族村众群指徐定鳌所为。若循领事教士之意宽释不究。诚恐如平阳之酿成事端。转非保护之道。地方官亦难当此重咎。附禀声明等情。据此。查此案徐定鳌所控各情。县委讯明皆虚。业经本部院撮要先行电达贵衙门在案。" [78]

四、案件白热化与"钦差"结案

10 月 19 日（九月初二），徐定鳌经历"最卑鄙" [79] 的释放后，回到枫林。令人意想不到的是，徐定鳌居然于 10 月 27 日（九月初十），又在徐氏大宅子众厅举行礼拜。11 月 3 日（九月十七），参加聚会的基督徒多达数十人。徐定鳌重新在众厅举行礼拜，又致使徐氏宗族枫林地保徐思饶、同门邻居徐进德、徐存忝等人到永嘉县衙控告。于是，怒火中烧的温州道台宗源瀚于 11 月 8 日派三名衙役重新到枫林缉捕徐定鳌。此次缉捕收押的理由是："照得教民徐定鳌桀鳌不驯。挖神睛与诬告暨擅在二十八家众厅礼拜等事。饬县传集多人。讯明收押。" [80]

按照徐定鳌的供词，他如此大胆再度礼拜，与教士苏慧廉在背后的支持有关。他说："小的前蒙释回。蒙谕嗣后不准再在众厅礼拜。须要另迁。小的在堂已曾允过的。蒙派差保带小的至事处。领事亦吩咐小的另迁地方礼拜。其时是教士苏先生传话。小的回家。于九月初十七两日仍在众厅礼拜。亦是有的。记是苏先生说过。仍可在原处礼拜。即公共之众堂。候这班轮船。抚台必有公文到。事会完结。好另起屋礼拜的话。蒙问。大家不愿意。如若闹事。那个人承担。小的却不晓得。初十七两次礼拜。不是前次之夏先生讲道理。现在苏教士派在岩头教堂里的王先生来到小的处讲。有派单一纸。

78 吕实强主编，中国近代史资料汇编，《教务教案档》第 5 辑（三），第 1824-1829 页。

79 苏路熙：《乐往中国》，第 91 页。

80 吕实强主编，中国近代史资料汇编，《教务教案档》第 5 辑（三），第 1841-1848 页。

上写枫林公会字样。小的贴在灶房里。蒙问。派单是否写明在小的家公厅礼拜。这却没有写明。"[81]

从不同文本中可见，徐定鳌得释放之前，洋务委员郭钟岳曾与传教士苏慧廉、英国领事傅夏礼达成另迁礼拜的共识，文称："本道先遣委员郭丞面商贵领事。筹一民教相安之法。方可保释。贵领事允定。如释后该教民滋事。由官商同贵领事惩办各在案。查徐定鳌房屋为二十八家公共。并非该教民一人之屋。众人未受租洋。徐定鳌擅在众厅礼拜。众情不愿。为滋事之第一关系。屡经郭丞面商教士。允定另迁。贵领事亦面允另迁。意见相同。内地传教数十年。从无不卖地而建堂。不租屋而礼拜之理。"[82]但徐定鳌却仍然在众厅举行礼拜，使官府很愤怒。

徐定鳌再度入狱之后，苏慧廉催促英领事，英领事直接派人至北京申诉。后来，"我们胜利了。一位钦差从北京来温州审理此事。他提审了定国。在这个比较公正的官员前面，定国陈述了他的事情。最后钦差说：'你是好了，我相信你'。"[83]该钦差下令赔偿定鳌的损失，并于12月31日释放定鳌。

苏路熙追溯徐定鳌得到释放的情形："中国新年，按习俗官员们要互赠礼物。道台给领事准备了一份大礼，一个曾在他们中间造成很多摩擦的活人——定鳌。在年底最后一天的晚上，定鳌被送到领事那里。领事准备留下定鳌，把他当新年礼物再转送给苏慧廉。但定鳌实在等不住了，元旦一早就跑了出来。早上七点他就来到白屋，不经通报就跑到苏慧廉的卧室，哭着说：'我等不及了'。"[84]苏慧廉回忆说："1896年1月的第一天，有位很好的基督徒，为了基督曾遭受长期坐牢刚刚被释放，虽然有更好的理由，高兴得连我不穿衣服也无所谓，一大早自己找到我的卧室，扑在我的床边，流下高兴的眼泪，弄得我也陪他哭。"[85]

根据浙江巡抚廖寿丰于1896年3月5日（光绪二十二年正月二十二日）呈给总理衙门的奏折显示，该案于1896年1月1日（光绪二十一年十一月十七日）结案。廖寿丰在奏折中描述的案情过程，已明显较之前委婉得多，可见出于维稳考虑，双方都有让步。案件的几个问题，巡抚的解释与决断是：

---

81 吕实强主编，中国近代史资料汇编，《教务教案档》第5辑（三），第1841-1848页。
82 吕实强主编，中国近代史资料汇编，《教务教案档》第5辑（三），第1841-1848页。
83 苏路熙：《乐往中国》，第93页。
84 Lucy Soothill, A Passport to China, pp.91-92.译文转自沈迦：《寻找·苏慧廉》，第112页。
85 苏慧廉：《晚清温州纪事》，第49页。

关于徐定鳌占众厅礼拜："徐定鳌释回后。原欲另觅房屋礼拜。因一时无处可移。礼拜期不可误。是以仍在众厅暂时礼拜。徐氏族中恐其久占不让。复行指告。此既息复控。宗道不能不提究之衅在情形也。"

关于徐定鳌财产："徐定鳌田产讯据供称。只有祖遗塗田一亩零并三年一轮之祀田。每岁出息不过二十余洋。即家中衣服器具亦甚有限。从前徐定鳌所开失单县中早已讯明。且经该教民与徐定左徐启兆徐象武徐存波李三年等均各具结。业经陆续收还。其所失木器挽供不值拾洋。已谕令地邻人等代为查还。"

关于徐定鳌被控挖挖神眼一事："挖毁神眼一节。徐定鳌坚供不敢干此等事。自认原控失实。乞恩免究。愿具从此安分切结。求转告领事。姑免教册除名等语。……社庙神睛何人所挖。由县另行查究。……嗣后该教民不准再行入庙。以释群疑。"

关于枫林基督徒开设礼拜一事："由该委员等查明礼拜堂已经教士另行租设。……徐定鳌既知不应强用未租公厅礼拜。认错具结。由领事商请结释。应准从宽释放。以后如再滋事。定行严究。至礼拜所该教士已租屋另迁。并饬该地方官按约出示保护。以期民教相安。"[86]

3 月 14 日，英国驻华公使宝克乐[87]在递交给总理衙门的照会中，对该案的最终定论不太满意，但也没有再做追究，文称："据印委各员禀。已于去年十一月十七日结案等因。兹据该处领事官申详结案。虽所报此案缘由与来文所述不同。案既完结姑不具论。"[88]

第四节　庚子温州教案

1898 年戊戌政变翻转了清政府的权力结构，汉人激进派和温和派势力被削弱，而反动的满人重新居要职。受到顽固保守的军机大臣刚毅的影响，慈禧太后拒绝外交，提倡与各国顽固抵制的政策。同时，强烈的排外情绪充满着宫廷、士人、官员、士绅以及广大民众。"半个世纪的外来羞辱，无论战争还是媾和，都深深地伤害了他们的民族自豪感和自尊心。在中国土地上趾高

---

86 吕实强主编，中国近代史资料汇编，《教务教案档》第 6 辑（二），光绪二十二年-光绪二十五年，中央研究院近代史研究所编，第 1337-1339 页。

87 宝克乐（1849-1908），英国人，驻华公使。

88 吕实强主编，中国近代史资料汇编，《教务教案档》第 6 辑（二），第 1337-1339 页。

气扬的外国公使、咄咄逼人的领事、气势汹汹的传教士和自私自利的商人经常使他们想起中国的不幸。折磨人的不公正的感觉产生出一种强烈的报复欲，直至一场广泛的排外运动中爆发出来。"[89]

这场广泛的排外运动，针对的主要对象就是基督教。中国人憎恶在炮艇保护下进入中国的基督教，在发起排外运动时，将主要矛头指向基督教外国传教士以及在他们的"保护伞"下的中国基督徒，将愤怒发泄在教会在内地所建立的教堂。

一、庚子教案的前奏

在甲申教案之后，来温传教士并未因为民众的反教情绪而停止温州传教工作，反而用教案的赔款迅速重建教堂。1885 年，苏慧廉用赔款与英国教会的捐赠以及自己的积蓄，在被焚毁原地重建偕我会城西教堂[90]。如苏慧廉在〈重建圣殿记〉中所载："次年英会捐资建造圣殿。主日聚集者尚寥寥无几，并未分设友会。"内地会曹雅直牧师也于 1885 年建成新礼拜堂，曹雅直夫人（Mrs.Stott）在 China's Millions 发表了于该年 5 月 18 日写的一封信，信中提到 5 月 17 日温州内地会有一次大型的聚会，共有 200 人参加，聚会的地点是在"新礼拜堂里"。[91]

继此，温州偕我公会迅速从三个方向传入各地。1895 年 10 月（农历九月），《中西教会报》登载由"浪回子"撰写的文章〈温州嘉会分设支会事历〉，其中详细记载由城西嘉会里偕我公会分出的支会：虹桥、桥下街、青田。文称："兹更以其数计之。会之就地而立。三十有五。人之洁己以进。六百有三。共襄执事者十有一。而并轮往宣传。统三十三。专守主日者千有三。而兼居家守诚。约近二千。"[92]而内地会曹雅直牧师集中在温州南边地带传教，在平阳一带福音特别兴旺。林领第于 1896 年 4 月（农历三月）在《中西教会报》登载〈论温州圣道之繁盛〉一文，其中提到"五县乡村分立教堂。而平邑各处之信道者。日增一日。……所以现在温州一带。信道者。不下千余人矣。"[93]

---

89 徐中约：《中国近代史》（上册），第 389 页。

90 苏路熙：《乐往中国》，第 28 页。

91 Edited by J. Hudson Taylor, M.R.C.S., F.R.G.S. *China's Millions*, 1885, p.116.

92 《中西教会报》，光绪 21 年 9 月（1895 年 10 月），第 3-5 页。

93 《中西教会报》，光绪 22 年 3 月（1896 年 4 月），第 12-13 页。

至 1895 年，温州内地会与偕我公会分别陷入教案危机。"平阳教案"于 6 月发生，"永嘉枫林教案"于 7 月爆发，其案件的议结都以西教士、英国领事，甚至是英国驻华公使的介入，在强压之下得以平息，但填膺的民愤却不能强制去除。在之后的几年里，温州兴起"神拳会"组织，且其人数迅速增多，成为日渐复兴的温州基督教的隐患。

1898 年上半年，在北方义和团运动的影响下，瑞安仙篁竹（今属江溪镇）人许阿擂和陈飞龙、伍矋廊及武举人曾光阳等组织神拳会，宣称"玉皇大帝遣我赤脚大仙，教我辈神拳法，炮火不能伤。今番人所恃者枪炮耳，枪炮无其用，则彼无能为，我大唐可以驱之出境，绝其阑入也"。[94]许阿擂后来得到一位在南洋经商的"财主"张新栋[95]的资助，使其神拳会得以迅速壮大。1899 年（光绪二十五年），张新栋回华表探亲，见其兄学法后发狂，"常揭尿盘盖作藤牌舞，升屋脊自谓上天，掷屋瓦以为打番人"。[96]张新栋得知其兄病因，就取木棒欲毁神拳会坛场，后反被许阿擂蒙骗，转而在自家设坛场，并倾资助神拳会。"由是神拳大盛，自城厢以及清泉、崇泰、帆游三乡十二都，恶番人教者，皆乐为神拳弟子，读书人亦多附和。番人教徒敛迹，不敢为非者数阅月。"[97]

后来，神拳会迅速扩展至平阳。平阳蔡郎桥人金宗财与圆通教主陈有理之妻陈章氏、景雪和尚等在郑家墩组织神拳会，"散卖双龙票布"。《平志县志》卷十八武卫志二中记载："德宗光绪二十六年庚子六月（1900 年 9 月）蔡郎桥神拳会金宗财聚众作乱，散卖双龙票布，影借北洋义和拳匪，借名除灭洋教，诱民入会，从者蜂起。"[98]至 1900 年夏，仙居、陈家堡、监后垟等村几乎全村百姓入会，会众发展达三千五百人。[99]

---

94 张明东：〈记族人新栋公事〉，载于温州市教育局、中学历史教学研究会编，《温州近代史资料》，1957 年 10 月，第 185 页。

95 张新栋（1841-1907），字良东，瑞安莘塍华表人。早年家贫，无法支持家用，就改农为商。然而，苦无资储，就"以袭父绿营军籍，卖之得钱"，到福建以卖麦芽糖为生。后来，张新栋投靠一位到南洋经商的福建人，又转而自己经商，获得成功。参温州市教育局、中学历史教学研究会编，《温州近代史资料》，第 184 页。

96 温州市教育局、中学历史教学研究会编，《温州近代史资料》，第 185 页。

97 温州市教育局、中学历史教学研究会编，《温州近代史资料》，第 186 页。

98 温州市教育局、中学历史教学研究会编，《温州近代史资料》，第 163 页。

99 沈迦：《寻找·苏慧廉》，第 144 页。

神拳会的兴起，引起官府的不安，更使得地主士绅惊恐万分。特别风闻"神拳将于七月半起事，……倘不急图，势必蔓延不可收拾。"[100]便纷纷提出筹办团练，以防万一。1900 年 7 月（农历六月），平阳县江南、金乡筹设团防总局于宜山，议定《团练章程》、《禀帖》、《知单》。举杨镜澄为总董，陈锡琛、夏贤申、黄庆澄、刘绍宽等为副董，又在各都设分董。[101]同时，瑞安县也筹设团练，著名学人孙诒让任团防总董。[102]

二、庚子教案的缘起

早在 19 世纪 90 年代，山东拳民在大刀会的名号下大行其道。他们得到山东巡抚李秉衡的暗中鼓励。1899 年 3 月，毓贤继任山东巡抚，支持拳民和大刀会。他命令各府县官员和地方官无需理会传教士和教民的请求与抱怨。因此，巡抚毓贤以新名"义和团"来尊称拳民，用白银资助他们，并邀请他们设立拳坛来教练士兵，拳民则竖起"扶清灭洋"的旗帜。1899 年 12 月，清廷近于外国压力将毓贤撤职，毓贤在北京极力推崇义和团，得到端亲王、庄亲王和军机大臣刚毅的支持，他们一致向慈禧太后建议利用拳民。1900 年 1 月 12 日，朝廷颁布召令，凡为自卫和保护村庄而练兵者不应被视为土匪。4 月 17 日，朝廷又宣布，安分守法的村民设团自卫符合古代"守望相助"之义。5 月，在刚毅的安排下，拳民被召至北京，在宫廷表演中得到太后的"肯定"，并下令包括侍女在内的宫廷侍从练拳。从而引来王公大臣及军队拳练之风，致使拳民的激情被完全激发，使得矛盾激化时形势完全失控。最终酿成举世震惊的义和团运动。

当 1900 年 6 月 21 日，清廷向外国列强宣战之时，东南部的省级官员，包括广东李鸿章、南京刘坤一、武汉张之洞、山东袁世凯等，"一致拒绝承认其有效性，坚持认为它是一个乱命、未经皇室适当授权的非法召令。他们封锁了宣战声明的消息；……他们也封锁了组织拳民抵抗外国侵略的命令。张之洞巧妙地把 6 月 20 日的关于各总督联合起来保卫他们辖区的命令曲解为他们应该合作，以镇压拳民和保护外国人。"[103]在铁路和电信督办盛宣怀的建议

---

100 刘绍宽〈厚庄日记〉摘抄，第 232-239 页。
101 刘绍宽〈厚庄日记〉摘抄，第 232-239 页。
102 胡珠生：《温州近代史》，第 158 页。
103 徐中约：《中国近代史》（上册），计秋枫、朱庆葆译，香港：中文大学出版社，2001 年，第 397 页。

下，长江流域总督张之洞和刘坤一与上海的外国领事达成一项非正式的协定，该协定得到李鸿章、袁世凯，以及闽浙总督的同意，从而使整个东南中国避免了拳乱与外国的入侵，即"东南互保章程"。该章程共九款，其原文为：

一、上海道台余现奉南洋大臣刘两湖督宪张电示与各国驻沪领事官会商办法、上海租界归各国公同保护，长江及苏杭内地均归各督抚保护，两不相扰。以保全中外商民人命产业为主。

二、上海租界公同保护章程已另立条款。

三、长江及苏杭内地各国商民教士产业均归南洋大臣刘两湖督宪张允认切实保护，并移知各省督抚及严饬各该文武官员一体认真保护，现已出示禁止谣言，严拏匪徒。

四、长江内地中国兵力已足使地方安静，各口岸已有各国兵轮者，仍照常停泊，惟须约束水手人等不可登岸。

五、各国以后如不待中国督抚商允，竟至多派兵轮驶入长江等处，以致百姓怀疑，藉端启衅，毁坏洋商教士人命产业，事后中国不认赔偿。

六、吴淞及长江各炮台各国兵轮切不可近台停泊，及紧对炮台之处，兵轮水手亦不可在炮台附近地方操练，彼此免致误犯。

七、上海制造局火药局一带各国允兵轮勿往游弋驻泊、及派洋兵巡捕前往，有期各不相扰，此局军火专为防剿长江内地土匪，保护中外商民之用，设有督抚提用，各国毋厢惊疑。

八、内地如有各国洋教士及游历各洋人遇偏僻未经设防地方，切勿冒险前往。

九、凡租界内一切设法防护之事均须安静办理，切勿张皇，以摇人心云。[104]

在温州，由于"东南互保章程"，于7月9日上任的英国驻温州领事额必廉[105]到任后当天就写信给道台王祖光，要求道台出示保护。他在《第263件

---

[104] 中国史学会主编：《义和团》（第3册），上海：神州国光社，1951年9月再版，第338-339页。

[105] 额必廉（Pierce Essex O'Brien-Bultler，1858-1954），英国领事官，1880年为驻华使馆翻译学生，历任烟台、厦门、云南、奉天等地领事。1900-1901年任温州领事。摘自沈迦：《寻找·苏慧廉》，第151页注2。

额必廉致索尔兹伯理侯爵函》中追溯："华中和华南的最高当局已同北方断绝关系，因此，中国的那些地区同所有各国处于和平状态。我请求他立即发布一个告示，将这个事实告诉人们，使他们可以放心，同时，对任何人胆敢欺凌外国人或基督教徒，或是损坏他们的财产，则将处以严厉的惩罚。我进一步告诉道台说：如果有任何外国军舰访问这个口岸，应以友好的方式接待它，因为它是属于一个友好国家的。"[106]

但是由于"东南互保章程"与清廷的圣旨不相一致，温州官员无所适从，因此分为两派：一是道台准备按"东南互保章程"，二是知府与总兵要遵守皇上的圣旨。额必廉在到达温州后的第二天，即7月10日（农历六月十四）去拜访道台王祖光。他说："我反复谈了我前一天信中所提的问题，对它们作了更详细的解释，并告诉他：我抱着诚挚的希望，相信他将保护外国人及其财产，然后我对他的能力抱有很大的怀疑。我告诉他说：新任知府和署理总兵都是极端排外的，而且关于反对基督教徒的骚乱，已有消息传来。道台装模作样地认为这个消息不过是毫无根据的谣言，对城内或附近义和拳的想法认为荒唐可笑。他向我保证说，一切事情都十分平静，没有任何理由感到惊恐。他承认，他不能控制署理总兵，并且不想否认此人的排外情绪。他还请求任何外国军队不要前来温州，因为这肯定会惹起麻烦。"[107]

然而，温州知府满人启续于7月9日（农历六月十三）已经到达平阳，刘绍宽记载："府尊启迪斋太守续来平，拟招抚金宗财、许阿雷云。"[108]启续的招抚使得神拳会的嚣张气焰被鼓动，从而使案件一发不可收拾。温州偕我公会华人牧师夏正邦（振榜）于7月23日给英国驻温使馆写信，叙述启续的行径及后果。他说："在接到上级的公文前，知府启续去了平阳和瑞安。他向义和团宣称，如若他们响应召抚便可获得奖励。这直接鼓动了他们，于是人们聚集起来，举旗前进，一路毁坏教堂与基督徒的房子，并掠夺他们的财产。"[109]

此外，瑞安孙诒让也指出拳民在瑞安的肆虐与县令华松年有关，他在〈孙诒让致刘绍宽言瑞安拳乱书〉中说："缘前任华令专事姑息，以致匪焰大炽。"

---

106 载于《英国蓝皮书有关义和团运动资料选译》，第195页。

107 载于《英国蓝皮书有关义和团运动资料选译》，第196页。

108 温州市教育局、中学历史教学研究会编，《温州近代史资料》，第167页。

109 转引自沈迦：《寻找·苏慧廉》，第164-165页。

刘绍宽介绍各地官员对神拳会的态度时说："启太守主抚，王观察得刘中丞批主剿，平阳令亦出赏格捕拿金匪等，此温属剿抚各行之情形也。"[110]

三、庚子教案的经过

神拳会的兴起，其矛头明显指向"番人"与"番人教"。因此，在清政府的支持下，温州部分官府的袒护下，借义和团之名大行其道的神拳会，必然将所有对帝国主义的仇恨发泄在外国传教士及其所设的教会之上。

7月2日（农历六月初六），内地会英籍传教士余思恩（Bernard W. Upward）写信给道台，要求采取措施阻止平阳的暴乱与威胁，但未引起重视。7月3日（农历六月初七），余思恩与朱德盛（Robert Grierson）一同去见温州海关税务司，海关税务司正计划第二天通过炮舰将信差带走，以确保所有外国人的安全。7月4日（六月初八），温州城里传言，有五百个本地士兵被派到平阳，准备袭击教堂与教徒，并传温州将于10日遭到攻击，届时外国人将被屠杀，房子和教堂都将被烧掉。7月6日（六月初十），基督教代表（包括内地会、偕我公会）和道台代表会面，道台无力帮助教会，因为镇台范银贵非常排外，且知府也不会有所作为。[111]

7月7日（六月十一），除了少数传教士（如谢道培）之外，几乎所有传教士都到江心屿避难。苏路熙说："这项法令颁布两周后，温州的外国人一无所知。官员们都乐意执行，除了一位最高长官。他不会轻易服从这个自杀性的法令。他不顾同僚的反对，冒着生命危险抵制这个法令。鸦片也不能消磨他的是非观和判断，让他盲从。"[112]苏路熙所指的这位最高长官就是道台王祖光。可以说，对于事件的发展，王祖光虽然不能完全阻止，但他至少还是保护了在温州的外国人。因为按谢道培的日记记载，"端亲王关于屠杀外国人和基督徒的法令早在6月20日已到达温州，这正是镇台很想付诸行动的法令"。[113]因此，道台预先让外国人到江心屿避难。苏路熙说："道台命令外国人离开城市，到江心避难。我们那些人虽然不知道法令，

---

110 刘绍宽：〈厚庄日记汇钞〉（选录），载于温州市教育局、中学历史教学研究会编，《温州近代史资料》，第170页。

111 沈迦：《寻找·苏慧廉》，第147-149页。

112 苏路熙：《乐往中国》，第212页。

113 沈迦：《寻找·苏慧廉》，第149页。

但看到门口'你们要被杀'的布告，加上义和团要来的谣传。他们遵从了道台的命令。"[114]

7月8日（六月十二）星期天，温州城西教堂有主日礼拜，人数大约两百人。下午礼拜时，一个人从江心屿送信过来，要求马上中止聚会且离开。道台来信要求传教士带上家人去上海避难。但传教士们决定仍然留在江心屿与海关人员一起。[115]7月9日（六月十三），英国驻温州领事额必廉到任，他先给道台去信。同日，知府满人启续已经到达平阳，平阳拳民开始行动。刘绍宽在其日记中记载："十三日……午后县城西门教堂滋闹拆毁，幸县宪禁止方退。府尊启迪斋太守续来平，拟招抚金宗财、许阿雷云。外间哗传道、府宪通饬拆毁教堂，乡民哄然而起，乡中教民惊惧，咸思逃遁。是夜各教民家杜官仓之林佩赞、龙船净之杨上瑞、下东庄之陈荣郎以及各乡教堂均被毁。"[116]

7月10日（六月十四），温州官兵在江心屿英国领事馆附近驻扎，保护外国人。道台带着几位官员拜访领事，要求海关人士留下，但坚持让传教士撤离温州。与道台会见之后，额氏依次与时任瓯海关代理税务司李明良以及传教士沟通，随后李明良写信给道台王祖光，决定关闭海关，暂时撤走职员。这一举动引起道台的强烈反应，为了挽回海关，道台出示保护的告示。额必廉说："这件事促使那位死气沉沉的官员行动起来。当天晚上，张贴了类似其他口岸发布的告示，其中包含他所收到的刘坤一总督关于局势以及警告人们不得欺凌外国人等问题的训令。这个告示本应在我到达之前便已公开发表。人们终于知道了道台的意愿，但是已经太迟了；对于乡下人，来不及在农村各地方张贴告示。"[117]确实，道台的告示已经不能挽回局面，平阳拳民的行动已经如火如荼。刘绍宽记载："本日本乡及小南、南北港各乡教民房屋及教堂均被毁。"[118]同日，在温外国人的安危引起英方重视，英国驻上海总领事霍必澜向英国外交大臣索尔兹伯理侯爵发出电报："有人报告说，义和拳已在温州出现，他们在该处公开进行操练，并宣称：他们想杀死所有的中国教徒和外国人。由于这些谣言的结果，一艘炮舰正沿江而上，但我建议：如果危险

---

114 苏路熙：《乐往中国》，第 212 页。

115 沈迦：《寻找·苏慧廉》，第 150 页。

116 温州市教育局、中学历史教学研究会编，《温州近代史资料》，第 167 页。

117 《英国蓝皮书有关义和团运动资料选译》，第 196 页。

118 温州市教育局、中学历史教学研究会编，《温州近代史资料》，第 167 页。

变得严重起来，外国人应当撤退，因为我们不能长期不用该炮舰。我认为，当危险一旦紧迫的时候，人们离开较小的口岸是可取的，因为没有足够的炮舰保护每个口岸。"[119]

7 月 11 日（六月十五），英国外交部回复霍必澜的电报，称："温州的各国人士问题。关于您 7 月 10 日的来电，您应当同高级海军军官磋商，并与他采取一致行动；关于在可能发生的各种情况下撤退外国人的问题，您应该报告你们共同的建议。"[120]沈克成在其《温州历史年表》中记载当日神拳会的活动："许阿擂率会众烧毁了杜山头（今属飞云镇）教堂。之后，金宗财率领数百名神拳会会员，赶到瑞安马屿，同瑞安神拳会会师，联合举行声势浩大的祭旗大会，当场杀死一名为群众所痛恨的洋教士，即挥师南下，至平阳城东，登仙坛山，立神坛，竖起神拳会大旗数面，并烧毁西门外教堂。城内戒严。"[121]被杀的教士并非外国传教士，而是内地会驻堂教士戴阿碎。支华欣牧师在其《温州基督教》中记载了戴氏殉道的过程："马屿神拳弟子，蜂起摧毁新渡桥教堂，将驻堂教士戴阿碎（一说戴日顺）绑解江上宫，逼其跪拜偶像。戴宁死不从，众愤，欲杀他，戴视死如归，唯求准其先祷告。正当祷告时，马屿涂一屠夫，举刀砍下戴首级，将尸身与首级扔进飞云江中。然身首随潮水上漂下流，终未离散，最后停在仙皇竹涂坦上。众见一大白犬守尸。三日后，朝廷令下，命厚葬之。坟在塘下鲍田乡官渎村。"[122]

同日早晨，道台王祖光与额必廉、李明良在瓯海关会晤。道台极力希望海关人员留下，并允诺提供保护。但额必廉最后还是决定离开，因为他从三方面证实，一支约三千人的义和拳队伍，正从一个仅距温州城十英里的地方出发，准备进攻温州城内的教堂和外国人。他们沿途捣毁、祭祀，预计于 7 月 12 日到达温州。[123]当天晚上，领事下令所有外国人都到船上过夜，并且把船泊在离码头有一定距离的地方。[124]天主教神父刘怀德记下当晚的情形："当天晚上，39 名外国侨民上了船，我们的拯灵会修女和孤儿们也一同上了船。大约 9 点钟，有两个邮差前来报信，说有 3000 叛乱分子正向温州进发，他们

119 《英国蓝皮书有关义和团运动资料选译》，第 124 页。
120 《英国蓝皮书有关义和团运动资料选译》，第 126 页。
121 沈克成：《温州历史年表》，第 296 页。
122 支华欣：《温州基督教》，第 29-30 页。
123 沈迦：《寻找·苏慧廉》，第 155 页。
124 沈迦：《寻找·苏慧廉》，第 154 页。

离城只有 15 里路，他们想要拦阻轮船离港，俘获洋人。轮船马上发动机舱动力，乘客个个惊恐万状，有的则去寻找武器。10 时许，一位中国神父给我送来'圣爵'，整个温城都为这消息所惊忧。"[125]《简讯》在摘登刘怀德的信后说："由于'普济'轮须候潮涨离埠，为了防患于未然，船长下令抛锚，把船停在江心之中。次日 6 时，开船前几分钟，船上来了一位送公文的使者，公文声称，道台将负责保护外国侨民的财产。"[126]

7 月 12 日（六月十六），"普济"轮载着外国侨民，包括海关人员、传教士及其家属，离开温州港，到宁波和上海避难。就在当天，"许阿擂率会众与平阳神拳会众联合围攻平阳县城，不克，许阿擂率众退回马屿。清政府急调兵进剿。"[127]同日，平阳鳌江天主教堂被毁。外国人离开温州，对于温州本地的信徒及其教产来说，并未从此免受灾难。如苏路熙所说："外国人的恐惧和中国基督徒和对洋人友好的中国人的相比就微不足道了。在乡村发生许多惨剧。"[128]

在夏正邦写给英国驻温使馆的信中，将温州教徒所遭遇的事情简述了一番："一名传道人（内地会，本地人）被义和团抓住，他的头被粗暴地砍了下来，成为祭品。另一名基督徒企图逃脱追捕，结果淹死在一条水渠里。还有一人被重重包围，在逃生无望的情况下，为避免受折磨而上吊自杀。接着义和团来到瑞安，毁掉了教堂和基督徒的屋子，抢夺他们的财产。在瓯江以北乐清，一名黄姓的举人写信叫来当地土匪，烧掉了白溪的教堂（偕我公会）。这名举人曾攻击一名传道人，几乎要挖出他的眼睛。这位传道人快要被他打死，幸亏举人的父亲出来反对（霍厚福医生七天后见到了这位传道人）。在那里大约有五十户教徒（偕我公会）遭到抢劫，并被敲诈了总共三千元。在楠溪，暴行与掠夺同样在上演。有一伙人威胁一名因为疟疾发烧而卧病在床的传道人（偕我公会），这使得牧师因受惊而死。这些土匪高举'扶清灭洋'的旗帜。在西溪及其他四个地区，暴力和掠夺也在上演。这些土匪完全漠视道台的公告，除了如今已归于平静的平阳外，没有一兵一卒被派去平息骚乱。"[129]

---

125 方志刚编译，〈温州神拳会与天主教会〉，《温州文史资料（第 9 辑）》，第 260-261 页。

126 方志刚编译，〈温州神拳会与天主教会〉，《温州文史资料（第 9 辑）》，第 261 页。

127 沈克成：《温州历史年表》，第 296 页。

128 苏路熙：《乐往中国》，第 213 页。

129 转引自沈迦：《寻找·苏慧廉》，第 165 页。

四、庚子教案的转折

"东南互保章程"在义和团运动中不但保护了东南各省免受荼毒，而且对于清政府的错误决策有所牵制。7 月 14 日，外国部队占领天津，并威胁要开往北京。同一天，十个东南省份的督抚集体敦促朝廷镇压拳民、保护外国人、赔偿损失等。[130]在温州，平阳、瑞安等各地士绅所办的团练对于神拳会的镇压，发挥了极大作用。7 月 13 日（六月十七），外国人乘坐的"普济"轮到达宁波。从该日晚上开始，团练开始行动。"六月十七日晚，神拳会横渡鳌江，经宜山，攻打钱库教堂，因武器简陋失利。此时，江南地主武装团练守住各乡要道，致使后缓拳民无法到达。平阳县令也派武装军队驻扎钱库，守卫教堂。神拳会首领之一景雪和尚被团练捕去。"[131]

刘绍宽记录团练在平阳的行动："六月十七（七月十三日）钱库之匪闻皆散遁。沿途被人劫抢，军械、旗帜、鼓号皆弃去（今按拳匪之直入江南，径往钱库，实缘仙居、陈家堡、监后垟诸村，皆已有接洽。因团练先成，诸村之匪伏不能出，所以致败。亦以见愚楼、小垟之乡望，足以压服陈、扬诸村云）。匪有妇人一名，系第七河陈有理之妻。有理在时，为圆通教主，其妻仍挟其术惑人，自云能遁。其徒林成光为第七河团董，昨亦随往，至钱库遁回。本日，十都皆竖团练旗，唯澄家桥及某村未竖。余至江口阅炮台旧址，周围十六丈，用石须八十馕，工夫须七八十天，大约须百余千文，可以修筑。至九都河底高地，新渡坊额下人皆来，亦本日建旗。留午饭。据其人云，此三村无教民，无拳民。余因激奖之，令其联络声气。人人皆喜。潘桂林都戎义发带楚军驻扎钱库，保护教堂已数日，本日获一僧匪，亦昨日来钱库者。愚楼母舅为作函与谢令协同朱协戎派兵来提，以防劫抢。余与君雅又拟函县令及协戎，陈此匪不可不剿，不可缓剿，协邻县会剿之说。又函与吴学师允为援应。"[132]

平阳神拳会失利之后，部分拳民转移至瑞安马屿，与许阿擂所率拳民会合。7 月 16 日（六月二十）都司蓝蔚廷从平阳进击，许阿擂被俘获。7 月 19 日（六月二十三），平阳县出赏格捉拿金宗财。温处道王祖光也于同日设计诱捕府城里的拳民首领。"道台大人假借为地区的英雄们嘉奖（要授予每人一荣

---

130 徐中约：《中国近代史》（上册），第 397 页。
131 沈克成：《温州历史年表》，第 296 页。
132 刘绍宽：〈厚庄日记汇钞〉（选录），载于温州市教育局、中学历史教学研究会编，《温州近代史资料》，第 169 页。

誉玉块），佯设午宴庆祝叛乱胜利，但当叛乱者莅临衙门时即被扣押投入监狱。全城大为震撼。"[133]

7月14日（六月十八），盛炳纬《致张让三（美翔）函》中抄示《启太守告示》一道，请张电告两江总督刘坤一，即由刘电商浙江巡抚刘树棠，将启续调离"瓯郡，便有辞以谢洋人"。[134]从而，启续于7月23日（六月廿七）被撤任，新太守则于7月21日（六月廿五）到任。《教案奏议汇编》（卷八）中登载题为〈温守启行〉，详情如下：

温守启行[135]

温州访事人云前温州府启迪斋太守交卸时发出六言告示云本府拟即赴省现因绅民留行鉴尔一片诚意只得从缓起程尔等各安生业毋得摇动民心为此出示晓谕其各无疑无惊既而道镇宪恐酿事端复牌示曰照得许阿雷等既经悔过投诚应准从宽办理禀请宪示遵行道府会镇商允尔等各自放心大众不必怀疑其各遵照毋惊牌甫出者民纷纷进署跪禀云许阿雷或释或办吾侪小人不敢置可否实因府大老爷未经接篆先事捐廉平粜以济饥民此等好官民皆感德云云至日堕崦嵫始散去太守旋于二十八夜附新宝顺轮船到省一面发出四言告条曰昨出切示劝尔众民你们留我本是好心若一闹事反害我身南洋定议保护洋人我为官长功令必遵因我闹事我是祸根地方平靖保我众民教堂须护务要两存听我苦劝各自安心等我回任自有公论光绪念六年七月

至此，局势迅速恢复平静。"各教民均已归里，本地拳民上江方宝龙，前陈王阿傑、夏人英、夏可久，黄家宅李家昭，张家庄黄邦松、邦启，浦头汇李瑞芝等皆逃。"[136]继而，金宗才于8月6日（七月十二）被捕，并于8月9日（七月十五）在温州城斩首示众。[137]8月16日（七月廿二），许阿

---

133 政协温州市委文史资料研委会编，《温州文史资料》（第9辑），杭州：浙江人民出版社，1984年3月，第261页。

134 胡珠生：《温州近代史》，第160-161页。

135 （清）程宗裕编，《教案奏议汇编》，上海书局石印，光绪辛丑仲秋（1901年），第291页。

136 刘绍宽：〈厚庄日记汇钞〉（选录），载于温州市教育局、中学历史教学研究会编，《温州近代史资料》，第171页。

137 温州市教育局、中学历史教学研究会编，《温州近代史资料》，第163页。另外，《浙江省天主教教案调解书》称金宗财被判无期监禁。

撂在马屿战斗中被俘，被判刑 15 年。最后，华侨张新栋于次年 1 月 14 日到县投案。[138]

后来，新任知府林祖述向盛宣怀报告神拳会平息之后的情况，特别提到请传教士来温一事："祖述莅任以来，随同祖光暨镇军防练各营，认真保护，广延绅士，明白开导，并出浅明告示，遍张晓谕，解散已聚之众，缉拿未获之犯，除启守招抚之许阿雷等五名现收县署外，迭经营县先后获到著匪章陈氏、僧成运、谢凤标、葛松夏、僧景雪等讯供禀办。而许阿雷等所以尚未讯究之故，缘其投诚之始，由瑞安绅士具保而来，若即示严防，该处绅士既恐匪党寻仇，又虑教民报复，必俟人心稍定，方可再筹办法。现在郡城安帖，惟瑞、平、乐清与台属交界各处，民风尤称蛮悍，纷纷谣诼，时起时止。窃思保护之道固以缉拿匪党为先，尤以安辑民心为要。民教积不相能，滋事在一时，结怨实在平日。……伏乞费神代致瓯领事，务必率同各教士等即乘下次普济来温，并嘱各教士传谕教民安分传习，毋再有恃教欺凌、干预词讼等事，庶几民教永远相安。"[139]

五、庚子教案的议结

神拳会运动对于温州基督教造成的损失，刘绍宽在 1901 年 3 月 27 日的日记中写道："二月初八日甲辰　霁　去年温州通府教案，计毁华式耶苏教堂约三十余座，教民遭殃者七百余家，华式天主堂约十数座，教民遭殃者一百八十七家。耶苏教赔偿抚恤议三万三千元，天主教议五万两，该款议归该管文武公同摊赔。当道欲令文武官一体公摊，以昭平允。"[140]

据宁波领事务谨顺的报道，温州内地会传教士曾于 1900 年 7 月 30 日重新回到温州。他说："所有的天主教传教士和新教传教士已于上月 12 日撤离温州府。中国内地会的三名成员于 7 月 30 日重访了该口岸。他们发现他们的教会大院未受损害，而且在城内已显然恢复平静；但是，没有采取令人满意的步骤制止农村各地对教徒的迫害。总兵、道员和知府都写信劝告他们携带家眷回到该口岸，而且在那里最好是住在那个'被征服的岛屿'上，但无论如何为了更好地保护起见，应住在一起。然而，他们决定'等到那些掌权的

138 沈迦:《寻找·苏慧廉》，第 169 页。张新栋投案的具体经过载于温州市教育局、中学历史教学研究会编，《温州近代史资料》，第 187-188 页。
139 《盛宣怀档案中关于东南互保的资料》，转引自胡珠生:《温州近代史》，第 162 页。
140 刘绍宽:《厚庄日记》，清稿本，第六册。

人不仅愿意而且能够保护外国人不受狂热的秘密会党人物的侵害时再说，因为现在在温州周围的山区内有许许多多的秘密会党人物。'" [141]

由于苏慧廉当时还在英国，因此整个议结赔偿的事宜，均由谢道培负责。早在 1900 年 8 月 30 日，谢道培就在动乱未平息之时，冒着生命危机"潜回"到温州。他与夏正邦一道做教徒与官府的桥梁，直至 10 月 6 日，在英国领事的恐吓下回到宁波。从刘绍宽的日记中所载的赔偿金额来看，基督教对于赔偿有许多让步。谢道培在 1901 年 2 月 1 日给差会的信中提到说："上周四，在本地牧师夏正邦的陪同下，我们去见了温州知府，并与他交谈了很长时间。知府同意赔偿七千元，原我们要求的总额是一万一千元。我们不得不同意他的意见，因为在金钱上追求过多，将在中国官员中坏了我们的名声。知府今年的财政收入不好，商业处于非常低迷的状态，因此要得到全额并不容易。" [142]

温州纵匪仇教的官员中，首推知府启续。他先于 1900 年 7 月 23 日撤任调离。继而，英国驻温州领事额必廉（兼任代理福州领事）于 1901 年 2 月 7 日致浙闽总督许应骙照会称："前温州府知府启续，作为不良，现在中国议偿英、美各国赔款，应着不法之人分别罚偿，启续一员于本罪外，另应罚其缴银至少五千圆。倘其本身未能照缴，即着其同族人等分认罚偿，以昭公道。" [143]浙江承宣布政使司布政使兼管海防事务荣批示，启续因为纵匪仇教而被革职、永不叙用，且责令赔银五千元。[144]

除启续之外，永嘉知县查荫元被革职，"庚子以教案褫职，辛丑被议，重来（永嘉）羁延数月，忧愤成病，而逝于旅店之中，几不能殓"；温州总兵统领范银贵、护镇胡项功被革职，永不叙用，浙江巡抚恽祖翼于 1900 年 12 月 12 日（廿六年十月廿一日）《致军机处电报》中提到："英使照会：以温州六月寇乱，统领范银贵、前护镇胡硕功显与西人为仇，拟请革职永不叙用。现和议将成，未便因此龃龉。……臣查范银贵、胡硕功声名本劣，前值温州匪乱，保护不力，几酿事端，大局攸关，未便姑容。" [145]

---

141 《英国蓝皮书有关义和团运动资料选译》，第 232 页。

142 转引自沈迦：《寻找·苏慧廉》，第 168 页。

143 中国第一历史档案馆编辑部编，《义和团档案史料续编》（下册），北京：中华书局出版，1990 年 8 月第 1 版，第 952-953 页。

144 中国第一历史档案馆编辑部编，《义和团档案史料续编》（下册），第 952 页。

145 中国新史学研究会主编：《义和团》（第 4 册），上海：神州国光社，1953 年 4 月，第 300 页。